中国国际发展研究丛书

China International Development Studies Series

南南合作与中国的国际发展援助

黄梅波 齐国强 吴仪君 主编

中国社会科学出版社

图书在版编目（CIP）数据

南南合作与中国的国际发展援助/黄梅波，齐国强，吴仪君主编.—北京：中国社会科学出版社，2018.5

（中国国际发展研究丛书）

ISBN 978 - 7 - 5203 - 2413 - 7

Ⅰ.①南…　Ⅱ.①黄…②齐…③吴…　Ⅲ.①南南合作—研究②对外援助—研究—中国　Ⅳ.①F114.43②D822.2

中国版本图书馆 CIP 数据核字（2018）第 085138 号

出 版 人	赵剑英
责任编辑	陈雅慧
责任校对	王　斐
责任印制	戴　宽

出　　版	中国社会科学出版社
社　　址	北京鼓楼西大街甲 158 号
邮　　编	100720
网　　址	http://www.csspw.cn
发 行 部	010 - 84083685
门 市 部	010 - 84029450
经　　销	新华书店及其他书店

印　　刷	北京明恒达印务有限公司
装　　订	廊坊市广阳区广增装订厂
版　　次	2018 年 5 月第 1 版
印　　次	2018 年 5 月第 1 次印刷

开　　本	710×1000　1/16
印　　张	19.75
字　　数	315 千字
定　　价	86.00 元

丛　书　序

经过 30 多年的改革开放，中国的经济实力迅速增长，国际政治经济地位逐步上升。中国与亚洲、非洲、拉美等地区的发展中国家的贸易投资关系日益深化，中国的对外援助也开始引起国际社会的广泛关注。根据中国对外援助白皮书（2011 年，2014 年），到 2012 年底，中国共向 166 个国家和国际组织提供了近 4000 亿元人民币的援助，建设了 2700 多个成套工程项目，年均援助资金约 66 亿元。2015 年 9 月，联合国发展峰会通过了 2030 年可持续发展议程，开启了人类发展历史的新纪元。习近平主席在会上宣布了一系列的发展合作举措，代表着中国将会在国际发展领域发挥越来越大的作用。2018 年 4 月 18 日，我国将商务部、外交部等对外援助有关职能整合，组建国家国际发展合作署。在这一历史背景下，中国需要对国际发展理论与政策、中国国际发展援助以及国际开发合作中遇到的重大问题进行研究，为政府和企业的国际发展援助与国际开发合作工作提供理论与政策上的支持。

战后主要发达国家均建立了国际发展理论与政策研究机构，许多大学设有国际发展专业，以加强对国际发展理论与政策的研究和人才的培养。相比之下，中国研究国际发展的研究机构仍然很少，迄今在教育部的专业设置中也还没有国际发展学科。当前中国对国际发展理论与政策问题的研究要么是从国际关系视角、公共管理视角、经济学视角等的研究，抑或是国际发展援助主管部门以及业务部门人员的工作介绍和总结，缺乏系统性的学科建设、人才培养和深入的理论与政策研究，难以满足政府主管部门和实际业务部门科学决策的需要及国际发展人才的需求。中国在崛起，在国际政治经济舞台中的作用越来越大。国际发展援助体系的特点和趋势是什么？中国在国际发展援助体系中应该处于什么地位，应发挥什么作用？中国在对外援助中如何更好地实现供需对接，提高援助的精准度和实施效率，有效帮助发展中国家实现经济社会环境的发展，这些是国际上关注的问题，也是我们自己需要深入研究和把握的事项。而这些都必须以相应的理论和实证研究作为基础。

2006—2007 年我到牛津大学参与其全球经济治理项目（Global Economic Governance Program），开始接触国际发展问题。2010 年经财政部推荐，我成为联合国贸发会议（UNCTAD）"负责任的主权债务的原则"专家组的中方专家，对中国的发展援助特别是政府贷款问题进一步深入探讨和研究。2011 年在联合国贸发会议的支持下我在厦门大学成立了中国国际发展研究中心，开始全方位大规模地研究国际发展援助特别是中国对外援助问题。几年来，我一方面坚持世界经济、区域与国别经济、国际发展基本理论的基础研究，另一方面以科研项目为支撑，积极参与构建中国国际发展合作理论与政策体系及南南国际发展合作体系的建设。2011 年度我获得教育部哲社科研究后期资助重点项目"负责任的主权借贷行为研究：国际规则与中国对策"，2013 年度得到国家社科基金一般项目"援助有效性、发展有效性与中国对外援助的质量研究"的资助，2016 年度获得国家社科基金重大招标项目"中国国际援助和开发合作体系创新研究"，整合国家发改委宏观经济研究院、商务部国际贸易经济合作研究院、厦门大学、四川大学、南开大学的相关研究力量，进一步全面深入地对中国对外援助及开发合作体系问题进行研究。

近年来我在国际发展领域的理论与政策研究主要包括国别与区域经济研究、国际发展合作研究特别是南南发展合作研究、国际发展融资研究以及南南经济合作研究等。其中，在国别与区域经济研究领域，主要是对发展中国家经济研究，非洲经济研究；在国际发展合作领域，主要是对国际发展目标及国际发展议程研究、发达国家发展援助管理体系研究、新兴市场国家发展援助管理体系研究，关注中国发展援助及其在国际援助管理体系中的地位；在国际发展融资领域，主要是对国际发展融资机构特别是亚洲基础设施投资银行、新开发银行的研究；在南南经济合作领域，依据历次中非合作论坛中非合作政策的陆续推出，以及"一带一路"倡议的需求，积极进行中非以及中国与"一带一路"国家援助、贸易与投资关系研究，取得了一系列的重要成果。

除了国际发展领域理论与政策的研究，近年来我也积极参与国内外南南发展合作的学术交流，努力推动中国国际发展合作体系的理论与政策平台的构建。首先，积极参与中国国际发展研究网络（China International Development Research Network，CIDRN）的管理工作和学术活动，协调中国国际发展研究相关研究机构和智库的学术活动；其次，积极参与新兴市场国家发展智库 NeST（Network of Southern Thinktank）关于南南发展合作的研究工作，每年参与联合国经济社会理事会东北亚办公室组织的"东北亚发展合作论坛"，积极同日本、韩国、俄罗斯等东北亚各国同行进行国际发展合作理论与政策方面的交流，探讨国际发展援助的"东亚模式"；最后，2016 年随着联合国南南合作办公室、联合国开发计划署（UNDP）"全球南南合作智库网络联盟"南南合作的概念、态势及能力建设问题的研究工作的开始，我也积极推进此领域的研究和交流工作。

2018 年我加盟上海对外经贸大学，5 月 16 日，上海对外经贸大学党委常委会研究决定成立国际发展合作研究院。应该说，上海对外经贸大学的学科建设和研究实力能够为国际发展合作的教学与研究工作的开展奠定扎实的基础。一方面，上贸大多年来重视理论经济学与应用经济学的教学和研究工作，不论是在国际贸易、国际投资、国际经济、区域与国别经济的理论底蕴方面，还是在具体问题的实证研究、政策研究方面都已经具备很强的研究能力。另一方面，上贸大的国际关系、公共事务、语言学等的学科力量也可以为国际发展合作的研究提供充分的支持。国际发展合作研究院成立后，将充分发挥上海对外经贸大学多学科的综合优势，以上贸大国际经贸学院、法学院国际关系等专业为基础，整合金融管理学院、国际商务外语学院等相关学科资源，在国际发展领域开展高水平的理论研究、政策研究与实证研究，为建设知名的国际发展合作研究机构和具有中国特色的国际发展学科体系，培养一流的国际发展研究与政策咨询人才，并为政府相关部门国际发展政策提供科学化的服务做出重要贡献。

中国国际发展研究丛书是以上海对外经贸大学国际发展合作研究院为主体整合国内国际发展研究力量在国际发展合作领域推出的系列研究

成果，该系列成果的推出，一方面将汇集上贸大国际发展研究的阶段性成果，另一方面也希望由此推动中国国际发展研究学科的建设以及中国国际发展学术研究的进一步深入，为中国的国际发展合作事业做出贡献。

特别希望国内国际发展合作相关领域的专家学者、政府相关部门及国际发展实践者能对我们的成果提出宝贵意见。希望我们共同努力，为推进中国国际发展合作理论与政策的研究工作、为提高中国对外援助政策与实践水平发挥作用，为中国国际发展学科的建设与人才培养发挥应有的作用。

黄梅波

2018 年 5 月

目　　录

第一篇
南南合作与国际发展援助

南南合作与南北援助

——动机、模式与效果比较[*]

黄梅波　唐露萍

摘要：现阶段的国际援助体系由经合组织发展援助委员会建立并主导，是发达国家对发展中国家的援助，体现为南北援助关系，而近年来越来越受到关注的"新兴"援助国的援助则是发展中国家对发展中国家的援助，体现为南南合作关系。北方援助国往往在援助中附加政治条件，其倡导的"援助有效性"更强调援助过程的规范性和有效性，属于过程驱动型的援助模式，而"新兴"援助国的对外援助不附加任何政治条件，其对外援助强调互利双赢和对受援国经济增长以及减贫的作用，属于增长驱动型的援助模式。多年来，西方国家的援助在对发展中国家的经济增长及减贫方面一直相对低效，相比之下，21世纪以来发展中国家的对外援助，由于其倡导的"发展有效性"理念和直接的经济促进效应，得到伙伴国家和国际社会的认可。新型援助模式的出现引起了国际社会对现有国际援助体系的反思，国际援助由"援助有效性"向"发展有效性"转变的趋势初现端倪。

关键词：南北援助；南南合作；过程驱动型援助；增长驱动型援助；援助有效性；发展有效性

---

* 原载于《国际展望》2013年第3期，第8—26页。

从历史上讲，官方发展援助（Official Development Assistance, ODA）起始于美国1947年的"欧洲复兴计划"（即"马歇尔计划"），如今对外援助已经是国际政治经济生活中非常普遍的现象，成为许多国家对外关系中不可或缺的一部分。发达国家一直在对外援助领域占据主导地位，其中最主要的是美国、日本、法国、英国、德国等。2008年经济合作与发展组织（OECD）发展援助委员会（DAC）①成员国提供的对外援助占全球ODA总额的90%以上，当前的国际援助体系或者说西方的国际援助体系也是由DAC建立并规范的。但是，进入21世纪以来，许多发展中国家作为援助国在国际援助体系中扮演着越来越重要的角色，越来越为世界所关注，它们被称作"新的"或者"新兴"援助国（New Donors or Emerging Donors）②。这些不属于DAC成员的援助国或地区可划分为五类：第一类是OECD成员国中的非DAC援助国；第二类是欧盟成员国中的非OECD援助国；第三类是阿拉伯援助国；第四类是金砖国家（BRICS）援助国；第五类是其他援助国。③根据这一分类标准，前两类国家或者是欧盟成员国、或者是OECD成员国或者同时是欧盟和OECD的成员国，所以其在对外援助中都采用DAC的政策和标准，而后三类国家，特别是中国、印度等新兴市场国家，其对外援助的原则和方式与DAC国家有很大的不同。传统的发达国家对外援助体现为南北援助关系，属于南北合作的范畴，而中国、印度等发展中国家提供的对外援助则是发展中国家对发展中国家的援助，属于南南合作的范畴。对外援助中的南南合作与传统的南北援助相比，在援助的目标、原则、特点、管理体系等方面存在很大的不同，各自援助的效果也

---

① 发展援助委员会（Development Assistance Committee, DAC）是经济合作与发展组织（OECD）下属的功能性委员会之一，主要协调发达国家向发展中国家的援助，调整对外援助国的政策，截至2012年，DAC有24个成员。

② 虽然它们被称作"新的"或者"新兴"援助国，但事实上有些国家提供对外援助已有半个多世纪的历史。部分国家冷战期间也曾是活跃的对外援助国，随着冷战的结束，援助的战略性作用下降，这些国家一度把注意力从外部关系转移到国内事务上来，在对外援助体系中的作用下降。

③ 参见刘爱兰、黄梅波《非DAC援助国及其对外援助的特点》，载《国际经济合作》2011年第10期，第72页。

存在差异，国际援助体系随着南南合作援助方式的出现正朝着多元化的方向发展。鉴于上述发展，本文试图从援助的目的和动机、援助的原则和模式以及援助的效用评估等角度对南南合作与南北援助加以比较，据此考察国际援助体系的未来发展。

一 援助的目的和动机

不管是 DAC 国家还是发展中国家，其对外援助的动机都可以从政治、经济、发展和人道主义动机四方面进行分析，其中前两者属于利己性动机，后两者则属于利他性动机。

（一）利他动机
1. 发展动机

援助的发展动机是指通过援助支持被援助国的经济和社会的进步，减少贫困，反映了利他主义的价值观、社会的公正以及援助国的国际团结。冷战后政治议题的降温以及全球化进程的加快使得人口、贫困等全球性发展问题进一步凸显，20 世纪 70 年代，西方发达国家的对外援助开始注重发展目标，援助的领域起初是在经济领域以及直接减贫等方面，后来转向以解决贫困问题为目标的基础设施建设以及社会公共服务领域。进入 21 世纪后，国际发展援助关注的焦点再一次集中于贫困问题以及人道主义援助上，削减贫困成为国际发展援助的核心目标。这一时期召开了一系列国际会议，制定了联合国千年发展目标（UN Millennium Development Goal，MDGs），[①] 并签署了《关于援助有效性的巴黎宣言》《蒙特雷共识》《阿克拉行动议程》《釜山宣言》等国际协定，提出了许多新的援助理念，并促使国际发展援助金额迅速上升。

对外援助的根本动机应该是促进受援国的发展，因此 DAC 国家和

---

① 联合国千年发展目标是 2000 年 9 月在联合国千年首脑会议上正式提出来的，主要包括 8 类目标，核心是试图在 2015 年前消除贫困、饥饿、文盲、环境恶化和对妇女的歧视。

发展中国家对外援助的终极目标是相同的，都是以联合国千年发展目标为最高目标。它们对发展中国家提供援助主要是为了帮助落后国家和地区加强基础设施建设、改善投资环境、解决经济建设中的物资匮乏和技术落后等问题，促进当地社会经济发展，提高当地人民生活水平，减轻并最终消除受援国的贫困状况。在联合国发展筹资高级别会议和联合国千年发展目标高级别会议上，DAC 国家和非 DAC 国家都积极响应联合国的倡议，先后宣布了各项援助发展中国家发展的举措，涉及农业、卫生、基础设施、零关税待遇、人力资源开发、经贸与金融合作等各个领域。

2. 人道主义动机

人道主义援助是以道义原则为出发点、为实现道义价值而进行的援助，具有利他性的特点，对于应对国际突发事件和紧急状况、缓解落后国家的不幸状况和挽救生命等具有非常重要的意义，一些北欧国家所提供的计划援助便有相当浓厚的人道主义色彩。21 世纪以来，DAC 国家提供的人道主义援助呈不断上升的趋势，非 DAC 国家也越来越基于人道主义方面的考虑提供对外援助。例如，2011 年 4 月，中国国务院新闻办公室公布的《中国的对外援助》白皮书指出，中国政府自 2004 年 9 月正式建立人道主义紧急救灾援助应急机制以来，累计开展紧急援助近 200 次，在国际紧急人道主义救援事业中发挥着越来越重要的作用。

（二）利己动机

1. 政治动机

尽管各国的对外援助在任何时候都会体现其政治动机，但是对外援助的政治性在二战后初期到 20 世纪 70 年代中期这一阶段体现得尤为突出：这一时期影响国际格局最大的因素便是"东西关系"，同时期的对外援助体现了资本主义阵营和社会主义阵营意识形态的差异，是"冷战"双方拉拢其他国家、扩大自身势力范围的重要筹码。当时美国对外援助的基本出发点是实现其全球战略，与苏联阵营社会主义国家相抗衡，争夺战略空间和维护国家安全。到 20 世纪 60 年代，恢复了经济发展的西欧国家开始加入援助国的行列。① 在以美苏为首的两大阵营尖锐对立时期，西欧国家追随美国的脚步，以对外援助为手段极力争取"中间地带"国家的支持以壮大自己的阵营，同时巩固在以前殖民地的传统势力范围。② 冷战结束后，虽然对外援助不再是两大阵营争夺自身势力范围的工具，但仍然是发达国家对外关系及全球战略的重要组成要素，如美国便把对外援助当作与外交和国防同等重要的对外关系三大支柱之一。援助国为达成自己的政治目的和推行自己的价值观，在对外援助中往往会对受援国的政治制度施加影响。特别是 90 年代以来，西方对外援助中均附加政治条件，对外援助越来越注重受援国的民主政治、人权和良治等问题，注重援助能否给受援国带来政治和社会进步。

冷战时期，政治因素在中国等发展中援助国的对外援助中也发挥着重要作用。从 1949 年至 20 世纪 60 年代初，中国站在以苏联为首的社会主义阵营一方，执行"一边倒"战略，在无产阶级国际主义理念的指导下开展援外活动，通过支援亚非拉国家的民族解放运动，反对帝国主义和殖民主义。60 年代中期以后，中国开始在第三世界对美苏"两面开弓"，对外援助的重点仍是大力支持第三世界国家的民族解放运动。但改革开放后，特别是 90 年代以来，中国的对外援助就从政治动机更多地转向经济动机。

2. 经济动机

经济动机也是国家提供对外援助时考虑的重要因素。通过对外援助，援助国可以在一定程度上确保资源供应、扩大出口市场和扩展投资场所等，同时促进受援国经济发展，最终为援助国经济发展创造更为有利的外部条件。对于自身是发达国家的援助国来说，发展中国家在西方发达国家的对外经济关系中一直占有非常重要的位置，在能源获得、原材料供应、商品输出和资本输出等方面，发达国家对发展中国家都有较大程度的依赖性。20 世纪 70 年代中期之后，随着"东西关系"的影响

① 周弘：《美国对外援助的历史发展》，中国社会科学院网站，2002 年 1 月 16 日，http：//bic. cass. cn/info/Arcitle_ Show_ Study_ Show。

② 周弘：《对外援助研究：出访瑞典的报告》，中国社会科学院网站，2001 年 2 月 24 日，http：//bic. cass. cn/info/Arcitle_ Show_ Study_ Show。

相对下降和"南北关系"的影响逐步上升，美国和西欧各国的对外援助逐步向经济方向转变，一些国家提供的捆绑式援助（tied aid）就是经济动机的直接体现。日本一开始就把对外援助和本国经济发展相结合，通过对外援助扩大对外贸易与投资，"援助—投资—贸易"三位一体是战后日本对外援助的重要特征。不过，随着发达国家经济的成熟和发展，其对外援助中的经济动机逐渐减弱，对外援助中的捆绑式援助所占比例逐渐下降，这在日本表现得十分明显。

对于发展中国家来说，其对外援助的经济动机和发展动机是一个问题的两个方面，两个动机是可以相伴实现的。中国、印度、巴西等国家本身也是发展中国家，自身也面临着发展问题，因此其对外援助谋求合作和互利双赢，以期对外援助在促进受援国经济发展、消除贫困的同时，也对本国的贸易、投资有促进作用。20世纪70年代后期，中国开始推行全方位的对外开放政策，对外援助的目标也逐渐从政治目标向经济和发展目标转变。中国政府逐渐改变援外工作中的传统做法，把单纯赠予性的、非赢利性的援助变成了互利双赢的共同发展模式，在援助中更加重视提高伙伴国的自主发展能力，以促进其经济发展和社会进步。巴西在20世纪80年代开始对其他发展中国家提供双边援助，其提供对外援助的主要目的便是推动经济增长和社会发展：通过国家之间的双边合作以及知识、技术的转移推动发展中国家经济增长和社会进步，推动发展中国家的能力建设和机构建设。① 南非对外援助的目标与中国、巴西大致相同。印度的对外援助始于20世纪60年代，援助的对象主要是印度周边国家，相较于中国和巴西，印度的对外援助除了注重经济和发展目标，还有很强的政治目的性。②

每个国家对外援助的背后都交织着各种动机。由于各国的国际政治地位、经济发展水平不同，其对外援助的具体目的表现出差异性。即使对同一个国家来说，在政治经济发展的不同历史阶段，其政治经济动机的表现也不同。总的来说，DAC国家和发展中国家拥有共同的对外援

---

① 黄梅波、谢琪：《巴西的对外援助及其管理体系》，载《国际经济合作》2011年第12期，第22页。

② 黄梅波、谢琪：《印度对外援助的特点和趋势》，载《国际经济合作》2012年第1期，第64页。

助终极目标，但发展中国家在政治和经济目标上与 DAC 国家差异较大，这也就导致这两者进行对外援助所遵循的原则不同，对受援国产生的经济和社会影响也不一样。

二　援助的原则与模式

传统援助国与"新兴"援助国在意识形态、经济体制及援助动机等方面存在差异，这使得它们采用了不同的援助原则和模式：前者倾向于在援助中附加一定的政治或经济条件以推进受援国民主政治、良治以及市场化进程，希望以此提高援助的效果；后者则采用尊重伙伴国主权、不附加任何政治条件的原则，坚持互利双赢，强调通过对外援助促进双方的经济合作和经济发展。

（一）南北国家对外援助的原则和模式

如前所述，DAC 国家双边援助强调援助过程的公平、透明，把民主、良治等指标作为向发展中国家提供援助的前提条件，通过对外援助输出其民主意识、价值观念和国家制度，将援助与受援国的社会发展和民主化进程结合起来。美国国会于 1975 年将人权作为条件纳入美国对外援助法，禁止美国政府向侵犯人权的国家提供 ODA，同时，美国对受援国提出的附加条件也要求受援国领导人必须实施"民主政治改革"、实行"诚实管理和法治"等。挪威与荷兰也在 20 世纪 70 年代中期将人权标准纳入援助政策。① 欧盟在对外援助中附加政治条件相对较晚，其在 1995 年 11 月与非加太国家为第四个《洛美协定》的修改和补充而签署的新的议定书中首次将受援国民主和人权状况与援助挂钩。在 2000 年达成的第五个《洛美协定》中，欧盟附加了更为明确的政治条件，规定受援国的民主、人权、法制和良政为执行《洛美协定》的基本原则。② 近年来，为了强化民主治理，欧盟在对非洲受援国分配援

① 刘丽云：《国际政治学理论视角下的对外援助》，载《教学与研究》2005 年第 10 期，第 86 页。
② 姜磊、王海军：《中国与西方国家对外援助比较分析——基于政治附加条件的研究》，载《太平洋学报》2011 年第 7 期，第 34 页。

助时规定，当受援国解决了援助协议中的民主治理问题时，可以得到高达初始分配资金 1/3 的额外奖励。①

多边机构在对发展中国家提供援助过程中，往往要求受援国接受其提出的结构调整方案和宏观经济改革计划。20 世纪 80 年代，不少发展中国家爆发了严重的债务危机，国际货币基金组织（IMF）及世界银行在提供新增贷款的同时要求受援国实施结构性调整方案。这些结构性调整方案的精髓被总结为"华盛顿共识"，是西方推行其新自由主义理念的重要手段，其倡导的私有化、自由化就是西方市场经济价值观的重要体现。

对外援助中的附加条件意味着，发展中国家要得到援助就要付出政治和经济代价。一些急需外援的落后国家可能因为条件不符而得不到外部资金援助，这就使得当前的国际发展援助在一定程度上服从于西方拓展自由、民主、人权、开放等价值观的需要，而不是针对受援国的整体贫困问题。这导致很多发展中国家的不满，国际社会对于当前援助体系的批判也主要针对西方国家援助附加条件问题。

与此相反，发展中国家在南南合作框架下提供不附加任何政治条件的对外援助，强调对外援助应尊重受援国主权，不干涉受援国内政，受援国与援助国之间是一种平等互利的合作关系。中国对外援助的指导原则是周恩来总理 20 世纪 60 年代提出的以平等互利、尊重受援国的主权、绝不附带任何条件为核心的中国对外经济技术援助的"八项原则"，虽然后来中国政府对这八项原则有所补充和发展，但其基本内涵一直为历届政府所坚持。印度自 20 世纪 50 年代以来一直把万隆会议上确立的国际关系十项原则作为其外交政策的指导原则，对外援助原则也建立在"互相尊重主权和领土完整、互不侵犯、互不干涉内政、平等互利以及和平共处"五项原则基础之上。巴西政府则称其对外发展援助不是建立在企业或者商业利益之上，是无任何政治意图、无条件的。发展中国家不附加任何政治条件的对外援助，为许多原本依赖西方国家援助的国家提供了新的选择，令其中一些发展中

---

① 黄梅波、张麒丰：《欧盟对外援助政策及管理体系》，载《国际经济合作》2011 年第 9 期，第 26 页。

国家有能力拒绝西方国家附加了大量政治条件的援助，受到了受援国政府的广泛好评和推崇。

有学者将 DAC 国家的对外援助概括为"过程驱动型模式"，即更加注重援助能否给受援国带来政治和社会进步这一过程；将中国对非援助概括为"增长驱动型模式"，即注重的是非洲国家经济的增长及其内在发展能力的提高。① 鉴于其他发展中国家的对外援助与此有很大的相似性，本文将所有发展中国家的对外援助模式都界定为"增长驱动型模式"。过程驱动型模式与增长驱动型模式是两种不同的援助模式，各自有其优点和缺点。

（二）过程驱动型模式的优劣势分析

虽然西方国家在对外援助中附加政治经济条件的做法经常受到国际社会的指责与质疑，但这一做法的确有其客观原因，西方国家认为这是确保实现预定援助目标的必要条件。在当前国际社会中，援助国主要为发达国家，受援国则多是政治经济发展较为落后的发展中国家，无论是经济制度还是政治制度，西方国家都比发展中国家更加成熟和完善。西方国家在提供对外援助时，对受援国的各项制度往往存有疑虑，认为受援国存在的各种不合理制度可能会影响援助效果。因此，在政治方面，西方国家倾向于在援助协议中附加一定条件，要求受援国改变或调整一些落后制度，引导受援国按照他们认为合理的方式实现援助目标。② 在经济方面，IMF 和世界银行等多边机构提出的经济调整和改革方案是从自由市场经济理论出发，鼓励各国经济开放和金融自由化，辅之以行政改革和财政改革，有助于危机国家实现长期稳定的发展，具有一定的合理性。DAC 国家过程驱动型模式的优点主要表现在：一是有利于促进受援国建立一套西方式民主政治和市场经济体系，在政治上强调参与、透明、问责和良治，在经济上强调私有化、自由化等价值观念；二是有利于监督、约束受援国对资金的

---

① 王小林、刘倩倩：《中非合作：提高发展有效性的新方式》，载《国际问题研究》2012 年第 5 期，第 69 页。

② 姜磊、王海军：《中国与西方国家对外援助比较分析》，载《太平洋学报》2011 年第 7 期，第 35 页。

使用，防止贪污、挪用和腐败；三是由于援助资金来源于纳税人，强调上述价值观念，有利于援助国说服自身国民，得到纳税人的选票支持。①

但是，这种附加条件的援助并没有达到发展援助应该达到的效果。首先，这种以民主政治为核心、以过程为导向的援助模式使西方国家的对外援助陷入一种困境：受援国应当是政治制度和政策环境相对良好的国家，但最需要援助的国家往往不具备这些条件，援助资金更多流向那些符合条件的国家，② 而政治经济较为落后且急需资金的贫困国家却得不到援助，国际援助资金的分配与受援国家的贫困程度相互不匹配。其次，发达国家的对外援助所附加的结构调整方案虽然在一定条件下有助于受援国家经济、金融秩序的恢复，但结构调整方案同时也要求受援国实行紧缩的宏观经济政策、改革金融部门和开放国内市场，这一做法有插手受援国内部事务、侵犯受援国经济主权之嫌。DAC 国家过程驱动型模式的缺点主要表现在以下几个方面。

一是把援助与受援国具体政策的执行挂钩，限制了受援国实施本国减贫计划的自主权。更糟糕的是，有的西方国家时常借用援助中附加条件特别是政治条件的手段达到影响、控制发展中国家内政外交以谋取自身利益的目的，甚至不惜以严重损害受援国的利益为代价。

二是援助对发展中国家的减贫没有起到明显的作用。很多发展中国家之所以寻求外援，就是因为经济发展水平极其低下和国家整体处于贫困状态，而减少贫困的关键是要促进其国家整体经济增长。DAC 国家一味强调援助过程中的公平、透明、问责，而忽略了对这些国家经济增长的推动，最终的减贫效果相当有限。

三是受援国没有走上自主发展的道路，形成了对外援的依赖。外援本身并不能改变一个国家的经济状况，最重要的还是培养受援国自身经济发展能力，通过贸易和投资等手段打破贫困的恶性循环。而 DAC 国家在对外援助过程中并未将重点放在培养受援国的自主发展能力上，这

---

① 王小林、刘倩倩：《中非合作：提高发展有效性的新方式》，载《国际问题研究》2012 年第 5 期，第 79 页。

② 汪淳玉、王伊欢：《国际发展援助效果研究综述》，载《中国农业大学学报》（社会科学版）2010 年第 3 期，第 106 页。

不但不能从根本上解决贫困问题，而且形成"援助—贫困—再援助—更贫困"的恶性循环。

（三）增长驱动型模式的优劣势分析

DAC 国家的援助主要集中在医疗、教育等社会部门，而发展中国家注重基础设施和生产性部门的建设，其约一半的援助进入到这两个领域，中国和印度被认为是最为重视基础设施援建并在这个领域投入最多的两个国家。[①] 从具体的方式上来看，中国通过成套项目、一般物资、技术合作、人力资源合作开发等方式对其他发展中国家实施援助，促进双方的贸易平衡发展，拓展相互投资领域，加强发展中国家发展能力的建设，这也是中国处理外援、外资和贸易三者关系的经验写照；巴西则主要通过资金和技术合作、援建发展项目实现对外援助，重点向周边国家转让技术，弥补巴西与周边国家发展的不对称性；印度对外援助的方式主要有发展项目援建、培训等，其对外援助的一个显著特点是通过培训和专家咨询，推广印度在减贫和经济发展方面的经验。发展中国家这种增长驱动型援助模式的优势在于：

一是援助集中于大型公共工程和基础设施建设，既能够为投资和贸易服务，又能改善受援国的经济发展环境，符合援助国和受援国双方的利益。

二是发展中援助国也曾遭遇与受援国在发展过程中面临的相似的问题，政治经济文化存在很大的相似性，对受援国的需求更加了解，进而可以提供更具有针对性的援助。而且，发展中援助国与受援国的发展差距相对较小，其提供的技术更具实用性，开展合作的可行性也更高。正如有学者所论及的，与南北援助不同，南南援助的优势并不在于充裕的资金和多样化的现代合作技术，而恰恰在于南方国家在发展中对发展动力源于南方国家内部的深刻理解，以及基于这种理解而形成的平等交往原则。这种平等交往表现为，新兴援助国在处理与受援国的关系时，尊重它们"充分发挥自身优势"，寻找适合本国国情的发展道路的要求，

---

① 刘爱兰、黄梅波：《非 DAC 援助国与国际援助体系》，载《国际经济合作》2011 年第 10 期，第 74 页。

总的来说，即不干涉他国内政。①

三是发展中国家对发展项目的援建与投资主要是让市场发挥主导作用，利用相互之间的比较优势进行贸易，这有利于培植本土经济增长和减贫，提高其内在经济增长能力而不至于使其走向援助依赖。

发展中国家不附加任何政治条件的援助为许多原本依赖西方援助的国家提供了新的选择，从而弱化了西方国家在这些国家的传统影响力。发展中国家也因此招致传统援助国的大量批评，它们纷纷指责发展中援助国忽视当地的人权、社会状况和环境保护，甚至助长了当地政府的腐败与管理不力，阻碍了西方国家人权、良治目标的达成。与此同时，西方国家还围绕发展中国家援助项目透明性不足、项目援助与商品和服务的捆绑购买等问题横加责难。尽管有的批评是西方国家出于政治经济目的而故意夸大其词和无中生有，但从某些方面说，很多中肯的批评也确实指出了发展中国家援助模式的一些缺陷和不足：

一是不附加任何政治条件的援助使得援助国对资金的使用缺乏监督和引导。当受援国政治腐败或制度不合理时，援助资金的合理使用就难以保证，援助效果也就难以实现。

二是对外援助项目通常与商品和服务的购买、劳动力的输出捆绑在一起。DAC 援助国在 2001 年采纳了放松对最不发达国家（Least Developed Countries，LDCs）援助捆绑的建议并取得重大进展。截止到 2010 年，DAC 国家提供的对外援助中有 86% 的不是捆绑援助。② DAC 国家的很多研究都表明，捆绑援助不仅损害援助项目的效果而且会使项目的成本上升 15% 到 30%。③ 这也正是西方国家指责发展中国家对外援助捆绑条件的依据所在。

三是对外援助信息透明性不足。一些发展中国家的对外援助规模非常有限，不采用 DAC 的援助体系规范，也没有建立专门的国家机构和

---

① 胡美、刘鸿武：《中国援非五十年与中国南南合作理念的成长》，载《国际问题研究》2012 年第 1 期，第 21 页。

② The Reality of Aid Management Committee, "South-South Development Cooperation: A Challenge to the Aid System", *The Reality of Aid Organization*, special report on South-South Cooperation 2010.

③ Ibid.

部门管理对外发展援助，其对外援助的信息披露很少。因此，信息透明性不足是西方国家经常责难发展中援助国的地方。

四是提供的对外援助仅限于政府间项目，当地居民和企业的参与很少。如前所述，发展中国家援建的项目重点分布在基础设施和生产性部门，相对来说，对医疗、教育部门的援助较少，西方国家对此颇有微词。

三 援助效果比较

对外援助一直被认为是发达国家帮助促进发展中国家以及最不发达国家社会经济发展的一个重要工具，但其有效性却备受争议。总体来说，传统援助国几十年来的援助效果差强人意，随"新兴"援助国出现的援助新模式推进了国际社会对援助方式的反思，援助理念正在逐渐改变，援助效果评价标准逐步由援助有效性向发展有效性过渡。

（一）南北援助中的援助有效性

自 1960 年以来，DAC 国家的对外援助资金流出量稳步上升，通过一些双边和国际多边机构，已有大约 3.2 万亿美元的援助资金从富国流入了穷国。[①] 外来资金的流入对受援国的政治、经济和社会都有一定的促进作用，但无论是从绝大多数的研究评估看，还是从受援国的实际状况看，西方发达国家巨额资金的援助效果并不令人满意。[②]

援助对受援国经济的影响体现在三方面：（1）援助对投资、储蓄的影响；（2）援助对经济增长的直接影响；（3）附带条件的援助对经济增长的影响。尽管观点不尽相同，但从经济学视角看，现有的大部分研究倾向于承认，过去几十年西方发达国家的对外援助是无效或低效的。例如，有学者对 2004 年前有关援助有效性的 97 项研究加以综合分

---

① Wolfgang Fengler and Homi Kharas eds. , *Delivering Aid Differently*: *Lessons from the Field*, Washington, D. C. : The Brookings Institution, 2010.

② House of Lords Select Committee on Economic Affairs, *The Economic Impact and Effectiveness of Development Aid Report*, 6th Report of Session 2010 – 12.

析，结果显示，分别就上述三方面影响而言：援助对投资、储蓄的影响很小，并且不显著；尽管有证据表明援助对经济增长有正面的作用，但是这种作用很小，也不显著；而就附带条件的援助对经济增长的影响而言，研究表明其也是令人失望的。[①] 赞比亚学者丹比萨·莫约（Dambisa Moyo）也认为，西方对非援助长期以来只是助长了非洲政府的腐败和人民的贫困，阉割了非洲的企业家精神，并使非洲深陷依赖外援的陷阱不能自拔。[②] 现实中，西方发达国家巨额援助资金的流出并没有产生令人满意的结果，如在最不发达国家较集中的撒哈拉以南非洲，尽管该地区过去几十年里一直是国际发展援助关注的重点地区——全球 ODA 的 30% 左右流入该地区，[③] 但其经济发展仍严重滞后于世界其他地区；严格地讲，没有任何一个撒哈拉以南非洲国家可如期实现联合国千年发展目标。[④]

从图 1—3 可以看出，DAC 国家及多边开发机构对撒哈拉以南非洲的 ODA 净值在 1981—2011 年稳步上升，进入 21 世纪后甚至直线上升。但 1981—2008 年，撒哈拉以南非洲的贫困人口数非但没有下降反而一直在上升（2008 年略微下降）；贫困率也一直维持在高水平状态，2000 年之后才开始出现下降趋势。与世界上其他发展中国家集中的地区如东亚和拉美相比，撒哈拉以南非洲的人均 GNI 长期低于1000 美元，略高于联合国划分的最不发达国家水平。而东亚地区的人均 GNI 则在 20 世纪 90 年代中期开始大幅度上升，到 2011 年已经超过 4000 美元，拉美地区更是远远高于撒哈拉以南非洲地区。世界

---

① Hristos Doucouliagos and Martin Paldam, "Aid Effectiveness on Accumulation: A Meta Study", *Kyklos*, Vol. 59, 2006.

② 丹比萨·莫约：《援助的死亡》，王涛、杨惠等译，世界知识出版社 2010 年版，第 21页。丹比萨·莫约拥有哈佛大学经济学硕士学位和牛津大学经济学博士学位，并在高盛和世界银行任过职，其对援助持强烈的批评态度。莫约的观点犀利，犹如一块巨石投入"援助"之池，激起了层层涟漪，有西方评论认为，莫约作为一个出生于非洲并在西方名校接受了顶级教育的经济学家，她敢于说出许多西方人早已认识到却又不敢说的话，她也因此被美国《时代》杂志评选为"世界上最有影响力的 100 人"之一。

③ OECD Aid Statistics.

④ 贺文萍：《从"援助有效性"到"发展有效性"：援助理念的演变及中国经验的作用》，载《西亚非洲》2011 年第 9 期，第 121 页。

银行、非洲开发银行、联合国非经委等机构曾在 2000 年联合发布《非洲能拥有 21 世纪吗?》的报告,认为许多撒哈拉以南非洲国家的现状甚至还不如 20 世纪 60 年代刚独立时。① 更糟糕的是,由于人口快速增长,非洲的贫困状况还在加剧。撒哈拉以南非洲地区每天生活消费低于 1 美元的人口占全部人口的比例由 1990 年的 44.6% 上升到 2000 年的 46.5%,预计到 2015 年仍将高达 42.3%。② 虽然导致这一现状的原因很多,但西方国家多年来流入的巨额 ODA 并未有效缓解这一状况,也未达到 ODA 最根本的目标,西方援助在减贫和促进经济发展方面的低效性可见一斑。

图 1　流入撒哈拉以南非洲 ODA 净值(1981—2011 年)

注:1. 撒哈拉以南非洲仅包含发展中国家(developing countries only)。

2. 流入撒哈拉以南非洲的 ODA 来源于 DAC 国家、多边机构和其他国家三部分,其中前两部分的 ODA 占流入撒哈拉以南非洲 ODA 的 99% 左右,流入撒哈拉以南非洲的 ODA 占世界 ODA 的 30% 左右。

3. 2011 年数据世界银行数据库缺失,在此使用 OECD Aid Statistics 中的数据代替。

资料来源:世界银行世界发展指数数据库(World Bank World Development Indicators)。

---

① The World Bank, *Can Africa Claim the 21ˢᵗ Century*? Washington, D. C. : The World Bank, April 2000.

② James M. Boughton and Zia Qureshi, "From Vision to Action", *Finance and Development*, Vol. 41, No. 3, Sept. , 2004.

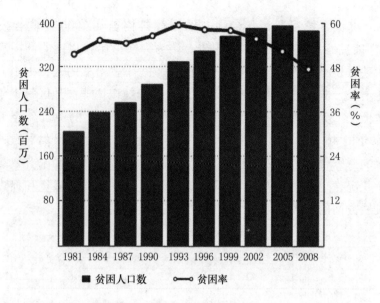

图2 撒哈拉以南非洲贫困人口数和贫困率（1981—2008 年）

注：贫困人口指的是每天消费低于1.25 美元的人口。

资料来源：世界银行 Poverty & Equity Databank。

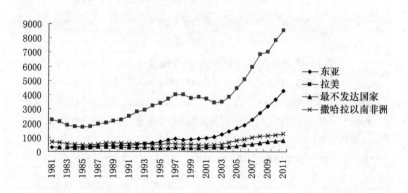

图3 世界部分国家和地区人均 GNI（1981—2011 年）（美元）

注：各个地区仅包含发展中国家。

资料来源：世界银行世界发展指数数据库（World Bank World Development Indicators）。

（二）南南合作中的发展有效性

近年来非 DAC 国家提供的对外援助资金呈现不断上升的趋势，据估计，2006 年南南国家内部的 ODA 流动资金在 95 亿美元和 121 亿美元之间，占国际发展援助的 7.8%—9.8%；2008 年估计为 121 亿美元和 139 亿见美元之间，2010 年估计为 150 亿美元，这还不包含通过多边机构和三方合作提供的部分。[①] 从规模上讲，DAC 援助国仍然是国际援助的主力军，发展中国家的对外援助非常有限。但发展中国家的对外援助注重合作与双赢，和传统援助国相比，"新兴"援助国一般并不自称为援助国（donor），而是将援助视为一种发展中国家之间的相互帮助和合作，是一种以经济发展为导向的"穷帮穷"的模式，解决的是对方面临的迫切需要解决的发展难题。南南合作框架中对外援助模式对经济发展和减贫的积极作用已经显现，中非合作就是个典型的例子。

中国对非洲援助始于 20 世纪 50 年代。援非 60 多年以来，中国对非的援助目的由最初的政治目的（支持其民族解放运动，反对帝国主义）演变为 20 世纪 90 年代后的以发展为主，援助方式则由最初的无偿援助演变为合作双赢：通过贸易和投资促进双方的经济发展；通过援助非洲国家的基础设施建设改善非洲国家的发展环境；通过人才输出和技术合作提高非洲国家的自主发展能力；通过民生项目建设和减贫等提高当地人民的生活水平。

贸易和投资方面，自 2000 年以来，中非贸易和投资规模大幅增加（见图 4），对推动非洲当地经济发展有积极的作用。中国和非洲国家之间的贸易具有很大的互补性，非洲对中国出口的原油、矿产和农产品等正是中国经济快速发展时期所稀缺的产品，而中国出口到非洲国家物美价廉的工业制成品也正好满足非洲人民当前的需求，双方都能从中获益。中国对非洲的投资涉及采矿、制造、建筑等方面，其中资源领域的开发合作是中非投资合作的重要内容。中国企业按照互利共赢、共同发

---

① The Reality of Aid Management Committee, "South-South Development Cooperation", p. 5. 由于非 DAC 国家对于援助的定义与 DAC 的定义并不完全一致，同时由于很多非 DAC 国家不对外公布其援助数据，非 DAC 国家详细的对外援助数据不能完全获得，多边机构的援助情况都是根据有限的数据进行估计。

展的原则，积极参与非洲资源开发，将非洲的资源优势转化为社会经济发展的动力，拓宽了非洲发展的资金来源，也带动了当地基础设施建设和经济发展，受到当地政府和民众的广泛欢迎。

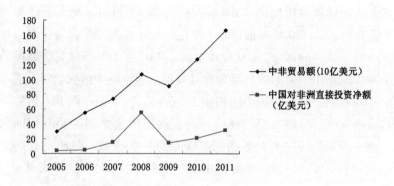

图4 中非之间贸易与投资规模（2005—2011 年）

资料来源：2006—2012 年的《中国统计年鉴》。

基础设施方面，鉴于基础设施落后是制约很多非洲国家发展的瓶颈，中国重视支持非洲国家改善基础设施条件，通过援助、工程承包、投资合作等方式，帮助非洲国家兴建公路、铁路、机场、港口、通信设施、电力设施等。截至 2009 年底，中国在非洲援建了 500 多个基础设施项目，较大的项目有索马里贝莱特温—布劳公路、毛里塔尼亚友谊港、突尼斯麦热尔德—崩角水渠、坦桑尼亚国家体育场、非洲联盟会议中心等。① 众多研究表明，基础设施对发展和提高生产力具有重要影响，对低收入经济体的影响尤为明显，中国对非洲基础设施的援建切实改善了非洲国家的发展环境和投资环境。

人才和技术方面，中国政府高度重视非洲发展能力建设，通过开展管理与技术培训、实用技术培训、人才输出和技术合作等努力帮助非洲国家提升自身"造血"功能。截至 2010 年 6 月，中国为非洲国家培训了各类人员 3 万多人次，培训内容涵盖经济、公共行政管理、农牧渔

---

① 中华人民共和国国务院新闻办公室：《中国与非洲的经贸合作》，中国政府网，2012 年 12 月，http://www.gov.cn/zwgk/2010 - 12/23/content_ 1771638. htm。

业、医疗卫生、科技、环保等 20 多个领域。① 中国向非洲国家输出人才和技术的独特优势在于，中非同属发展中国家，中国输出的技术具有更强的适用性，更利于非洲国家的吸收和使用。

民生方面，中国投入资金帮助非洲国家建设公共福利设施，提高农业水平，减少贫困，提高非洲国家民生水平。中国在非洲援建了一大批低造价住房、打井供水、污水处理等公共福利项目，如莫桑比克、安哥拉、埃塞俄比亚的低造价住房项目。中非农业合作的主要领域包括农业基础设施建设、粮食生产、农业实用技术交流和转让等，截至 2009 年底，中国共为非洲援建农业技术试验站、推广站、农场等项目 142 个，启动了 14 个农业技术示范中心。② 此外，中国与非洲在减贫领域的合作也在不断深化。通过减贫培训、减贫会议、减贫研究等方式，中国向非洲国家介绍中国社会经济发展与扶贫开发的战略、模式和经验，加强与非洲国家的知识和经验分享，帮助非洲国家减贫。③ 在非洲各国政府和人民的努力下，2000 年之后撒哈拉以南非洲的贫困率有所下降，2005 年之后撒哈拉以南非洲地区首次出现贫困人口和贫困率共同下降的情况：贫困人口数从 2005 年的 3.95 亿减少到 2008 年的 3.86 亿，贫困率从 2005 年的 52.3% 下降到 2008 年的 47.5%（见图 2）。这与 2000 年中非合作论坛建立后中非双方在论坛框架下展开更加深入有效合作的时间大致吻合，虽然尚无充分和直接证据表明是中非合作论坛对非洲减贫起到了关键作用，但仍可肯定地说，中非合作论坛为此作出了一定的贡献。④

四 结 语

西方发达国家传统的对外援助体现为南北合作框架下的南北援助关

---

① 中华人民共和国国务院新闻办公室：《中国与非洲的经贸合作》，中国政府网，2012 年 12 月，http://www.gov.cn/zwgk/2010 - 12/23/content_ 1771638.htm。

② 同上。

③ 王小林、刘倩倩：《中非合作：提高发展有效性的新方式》，载《国际问题研究》2012 年第 5 期，第 76 页。

④ 同上。

系,而发展中国家的对外援助则体现为南南合作框架下的互利双赢。不论是发达国家还是发展中国家,其援助动机都可以从政治、经济、发展和人道主义 4 个角度去分析。虽然南北国家的对外援助终极目标具有一致性,但是它们在政治、经济和发展目标上存在较大的差异,导致了它们对外援助所采用的原则差异明显。西方发达国家往往在援助中附加各种政治经济条件,而发展中国家强调尊重伙伴国主权和援助不附加任何政治条件,双方平等合作、共同发展。西方发达国家采用过程驱动型的对外援助模式,强调的是援助能否带来受援国的政治进步、民主进程和社会发展,而发展中国家采用增长驱动型的对外援助模式,关注的是能否带来伙伴国直接的经济增长、技术进步和贫困人口减少。多年的事实证明,西方国家的援助一直相对低效,其援助的有效性受到各方的质疑,而发展中国家的援助对经济促进的效应更加明显,也更具活力,其发展有效性受到伙伴国和国际社会的认可。2008 年的《阿克拉行动议程》(Accra Agenda for Action) 就对发展中国家援助的原则与模式做出了积极评价:南南国家的对外援助遵循不干涉内政、相互平等、尊重主权等原则,在国际发展合作中起到了重要作用,是南北援助的有益补充。①

新型援助模式的出现导致国际社会对现有国际援助体系的反思与改革,国际援助理念从"援助有效性"向"发展有效性"过渡的趋势正在显现。在 2005 年第二届援助有效性高层论坛上达成的《关于援助有效性的巴黎宣言》中,上述转变初现端倪,提高援助有效性五项原则被提出,即自主性原则(Ownership,受援国自行制定发展战略,承担发展的责任);一致性原则(Alignment,援助须与受援国的发展战略相联系,并将后者置于优先地位);协调原则(Harmonization,援助国之间应协调援助计划以避免资源重复和浪费);结果导向型管理原则(Management for Results,受援国和援助国都应重视对援助实效和成果的衡量与管理);相互问责制原则(Mutual Accountability,受援国和援助

---

① The Reality of Aid Management Committee, "South-South Development Cooperation", p. 2.

国都应对其政府负责，对发展成果负责)。① 2008 年 9 月，第三届援助有效性高层论坛通过的《阿克拉行动议程》进一步强化了 2005 年《关于援助有效性的巴黎宣言》的原则，并设置了优先领域以实施《关于援助有效性的巴黎宣言》。2011 年 11 月 29 日，第四届援助有效性高层论坛在韩国釜山召开，正式推动国际发展援助从注重投入的"援助有效性"向注重结果的"发展有效性"转变。这一转变过程无疑会是漫长的，作为发展有效性援助的代表性国家，中国应当在对外援助领域与传统援助国积极展开合作与交流（如开展三方合作），以推动这一转变的早日完成。同时，中国还应当在以后的援助中完善自身援助模式（如提高援助信息透明度、增加对教育和医疗等领域的援助等），以进一步提高援助的"发展有效性"。

---

① OECD, *The Paris Declaration on Aid Effectiveness: Five Principles for Smart Aid*, http://www.oecd.org/dataoecd/22/1/45827300.pdf.

三方合作：推进全球伙伴关系的可行路径[*]

黄梅波　唐露萍

摘要： 建立全球发展伙伴关系是未来国际援助体系的发展方向，也是实现 2015 年后全球发展议程的重要途径。这一伙伴关系建立的关键在于将南北援助与南南合作均纳入其中。三方合作是连接南北援助与南南合作，加强合作与沟通的重要渠道，但也意味着协调成本和交易成本的上升；它是合作各方推进全球发展合作的重要平台，但其背后也隐藏着各国自身的政治经济动机。三方合作之所以成为各方都共同推进的项目，最主要的原因在于其政治上是可行的，技术上的障碍也可以克服。尽管存在缺陷，但三方合作仍不失为促进发达援助国和新兴援助国共同合作、共享知识和经验、推动全球伙伴关系建立的路径之一。

关键词： 全球伙伴关系；三方合作；南南合作；南北合作

作为第 8 个千年发展目标（MDG8），联合国全球发展伙伴关系的概念最初于 2000 年在联合国千年发展峰会上被提出，在《蒙特雷共识》（the Monterrey Consensus）以及约翰内斯堡执行计划（Johannesburg Plan of Implementation）中被进一步发展，其目的是在国家和全球层面为各国发展和减贫创造良好的环境。全球发展伙伴关系的构建为南南合作与南北援助的共存创造了一个平台，是未来国际援助体系的发展方向，也是 2015 年后全球发展议程的重要组成部分，而构筑这一伙伴关系的关键在于如何使得存在明显差异的两种合作模式相互包容，相互借

---

* 原载于《国际经济合作》2013 年第 8 期，第 55—60 页。

鉴。近年来，面对自身对外援助效果不佳的困境及世界政治经济形势的重大变化，传统援助国在调整自身援助方式的同时，也开始积极与新兴援助国家开展对话。DAC 援助国在阿克拉行动议程中承认了新兴援助国所采取的南南合作方式是南北援助的重要补充，在 2011 年釜山会议上，西方援助国进一步提出构建有效发展合作的全球伙伴关系（Global Partnership for Effective Development Co-operation），这与联合国所提出的构建全球发展伙伴关系（Global Partnership for Development）具有一定的相似性。

全球伙伴关系概念的提出固然响亮，但是当前 OECD/DAC 成员国的对外援助属于南北援助，总的来说它们已经建立了符合发达国家价值观念和原则、相对规范的发展援助体系，而新兴市场国家的对外援助属于南南合作的范畴，大部分并不认同 DAC 的发展援助理念。在南北援助与南南合作的理念、原则、规范和做法存在较大不同的情况下，发达国家、新兴市场国家、受援国、私人团体以及非政府组织如何共同推进全球发展合作，是亟待解决的重要问题。在这样的背景之下，三方合作越来越多地被认为是连接南南合作与南北援助的有用渠道，许多国际会议以及国际协定（如多哈宣言、阿克拉行动议程、波哥大宣言、釜山会议成果文件等）都肯定了其对于各个援助开展者之间的连接作用，并认为这是实现有效发展合作的一种新方式。但是，虽然三方合作在 20 世纪 80 年代已经出现，却只是在近几年才受到国际社会以及学术界的关注，国内对于三方合作的研究更是几乎空白。本文首先对三方合作进行界定，然后分析三方合作为参与各方带来的机遇及挑战，之后进一步分析国际机构、DAC 援助国以及新兴援助国对其的态度以及参与程度，最后探讨三方合作能否成为推动全球发展伙伴关系的重要工具和渠道。

一　三方合作及其优劣势

（一）三方合作的定义

作为一种新型的经济合作模式，关于三方合作的概念，国际上尚未达成共识。联合国经济及社会理事会认为，三方合作是 DAC 援助国或者国际机构将援助提供给南方国家以支持发展中国家发展的一种方式。① 联合国开发计划署南南合作办公室（SU/SSC，UNDP）将三方合作定义为两个或多个南方国家进行合作时为获得更多的资金、技术或资源而请求北方国家作为第三方进行支持（或者北方国家主动提供）的一种合作关系。OECD/DAC 将三方合作定义为 DAC 援助国、南方国家（南南合作提供者）联合在受援国执行发展计划或项目的一种合作关系。② 德国政府从 OECD/DAC 的定义出发，将三方合作进一步定义为 DAC 援助国、新兴援助国与受援国三方联合计划和执行的合作项目，③ 这与 Guido Ashoff、Cheryl 和 Emma 等学者的理解是一致的。④

上述可知，尽管三方合作各个定义的表述不尽相同，但是它们之间存在内在的一致性，即联合国机构及发达援助国均将三方合作定义为一种涉及北方援助国或国际组织、南南合作参与方以及受援国三方或三方以上的合作机制。技术（管理）上，三方合作可以将北方国家和南方国家的比较优势结合起来，融合它们的知识、经验、资金以共同促进受援国的发展；⑤ 政治上，西方援助国可以在三方合作中注入自己的援助理念、原则及做法等，从而影响新兴援助国。当然，也有国家并不认同这种严格意义上的三方合作，而是把三方合作定义在更广泛的层面上，例如，中国政府认为只要是三方参与的援助项目都称为三方合作。虽然如此，本文将重点关注带有南北合作性质的三方合作，探讨其对构建全球发展伙伴关系所能起到的作用。

---

① UNECOSOC, Trends in South-South and Triangular Development Cooperation, Background Study for Development Cooperation Forum, April 2008.

② OECD, Triangular Cooperation and Aid Effectiveness: Can Triangular Cooperation Make Aid More Effective? OECD Development Co-operation Directorate, 2009.

③ BMZ, Triangular Cooperation in German Development Cooperation, BMZ Strategy Paper 5, 2013.

④ Guido Ashoff, Triangular Cooperation: Opportunities, Risks, and Conditions for Effectiveness, World Bank Institute Development Outreach, Oct. , 2010. Cheryl McEwan and Emma Mawdsley, Trilateral Development Cooperation: Power and Politics in Emerging Aid Relationships, International Institute of Social Studies, Development and Change 43 (6), 2012.

⑤ OECD, Triangular Cooperation and Aid Effectiveness: Can Triangular Cooperation Make Aid More Effective? OECD Development Co-operation Directorate, 2009.

（二）三方合作的优势

三方合作的核心优势在于结合各参与方的比较优势以支持受援国的发展，西方援助国和发展中援助国在其中相互学习，进行人力、资金、技术以及专业知识等的转移。三方合作为各参与方都能带来机遇。

西方援助国近年来积极推动三方合作主要是因为，它们认为，首先，三方合作可以提高援助的有效性。西方援助的有效性一直为国际社会所诟病和质疑，而三方合作与援助有效性的几大原则之间存在很强的内在联系，[①] 通过在三方合作中学习和利用发展中援助国在对外援助中的有用经验，并且通过提供资金和技术支持南南合作，不失为提高援助有效性，加强传统援助国能力建设的手段之一。[②] 其次，三方合作可以加强或保持与发展中国家的合作关系。由于新兴援助国正在逐步退出受援国的行列（中国已经退出），发达援助国原来与之建立的双边援助关系不复存在或者变弱。出于政治、经济或外交上的考虑，三方合作成为DAC 国家与发展中国家维持在援助领域合作的另一个节点。最后，三方合作可以降低援助成本。三方援助过程中部分人力（如专家和技术人员）和物力可从发展中援助国获得，从而实现援助成本的降低，援助效率提高。

对巴西、墨西哥、南非等发展中援助国来说，它们近年来也积极参与三方合作，主要原因是其认为：首先，三方合作可以为其带来额外的资源。西方援助国家在三方合作中所具有的比较优势之一是充足的资金和更为先进的技术，发展中援助国在与之合作的过程中，可以调动这些原来不可获得的资源更好地开展南南合作。其次，可以增强自身援助能力。与西方援助国进行合作的过程中，发展中国家可以学习其在援助项目管理以及评估等方面的有益经验，以此提高自身作为一个"援助提

---

① Julia Langendorfand Dr. & Ulrich Müller, Triangular Cooperation：A Promising New Mode for the Achievement of Aid Effectiveness, Deutsche Gesellschaft für Internationale Zusammenarbeit（GIZ）, September 2011.

② Guido Ashoff, Triangular Cooperation：Opportunities, Risk, and Conditions for Effectiveness, World Bank Institute Development Outreach, Oct. , 2010.

供者"的技能，提高发展合作的有效性和效率。① 再次，可以提高国际声望，影响国际援助体系。发展中国家参与三方合作向国际社会展示了其对减少他国贫困和促进他国发展所承担的责任，这有助于其国际声望的提高以及地区影响力的扩大。与此同时，各方合作的过程也是相互影响的过程，发展中国家的援助原则及模式会对西方援助国产生影响，进一步对国际援助体系的发展产生影响。

对受援国来说，通过三方合作，首先可以获得整合的资源。三方合作融合了传统西方援助国和新兴援助国的资金、技术与人力资源，整合后的资源兼具两者的比较优势，这是原来双边合作所不能提供的。除此之外，新兴援助国曾经也是受援国，在如何将外援资金与本国发展实际结合起来方面的有益经验可以优化援助效果。其次可以使与援助国的沟通更加便捷。在西方国家的双边援助中，受援国在援助决策过程中参与度低，缺乏自主权，而新兴援助国与受援国在经济发展水平、语言、文化方面存在更大的相似性，更容易相互理解，且新兴援助国更加尊重受援国的主权，这就使得受援国可以更好地表达自身需求，便利其与援助国沟通。

(三) 三方合作的主要挑战

具体操作上，三方合作最主要的一个弊端在于交易和协调成本的上升。三方合作涉及的合作方更多，参与其中的国家要对项目执行的方法、标准及程序达成一致，制定统一的规则，而三方合作的各参与方差异明显，这就会使协调成本上升，还会使国际援助体系更加分散。② 与此同时，三方合作的协调需要更多的人力物力，③ 这会导致交易成本的上升，也会增加资源有限的国家参与三方合作的难度。

除此之外，三方合作可能集中 DAC 以及新兴援助国的优势，也可

---

① BMZ, Triangular Cooperation in German Development Cooperation, BMZ Strategy Paper 5, 2013.

② Guido Ashoff, Triangular Cooperation: Opportunities, Risk, and Conditions for Effectiveness, World Bank Institute Development Outreach, Oct., 2010.

③ OECD, Triangular Co-operation: What's the Literature Telling Us? Literature Review Prepared by the OECD Development Cooperation Directorate, May 2013.

能集中其缺点和不足。对西方援助国来说，其可能认为发展中援助国的援助质量与其存在差异，会降低援助项目的质量标准和有效性；对新兴援助国来说，其可能认为自己原来以南南合作方式进行的对外援助在三方合作中会受到限制，援助能够产生的积极效果也可能大打折扣；[①] 对受援国来说，三方合作可能并不能很好地反映受援国的需求与优先发展领域。在三方合作的谈判中，西方援助国可能在与伙伴国家谈判之前就已经制定好项目政策，[②] 这会使受援国处于被动地位，其需求和主权得不到应有的尊重。

二 各方对三方合作的态度

三方合作这一模式对于各参与方来说有利也有弊，但是大部分参与方都认为三方合作总的来说利大于弊，其挑战是可以被克服的。[③] 因此，不管是国际性的组织还是南北方国家，对三方合作基本都持积极正面的态度。

（一）国际组织的态度

近年来，国际组织对三方合作的态度越来越积极，对三方合作的参与度也不断上升，许多高级别的会议（如 2009 年南南合作内罗毕会议）都承认了三方合作对减少贫困和促进发展的重要性。[④] G20 集团 2012 年的一份报告也提及"通过协调的南北援助、南南合作和三方合作促进经济发展"，"承认发展合作模式的多样化以及南北援助、南南合作和三方合作在知识共享中的重要作用"。

在国际组织中，开展三方合作最为活跃的当属联合国开发计划署

---

① BMZ, Triangular Cooperation in German Development Cooperation, BMZ Strategy Paper 5, 2013.

② UNDP, Enhancing South-South and Triangular Cooperation, Study of the Current Situation and Existing Good Practices in Policy, Institutions, and Operation of South-South and Triangular Cooperation, New York, 2009.

③ Special Unit for South-South Co-operation (SU/SSC), UNDP (2009), "Triangular Cooperation", Enhancing South-South and Triangular Cooperation, SU/SSC, UNDP, New York.

④ Ibid.

(United Nations Development Programme, UNDP)，这既源于 1978 年布宜诺斯艾利斯行动计划之后联合国对南南合作的大力支持，也是因为三方合作在多边组织中被认为是促进和支持发展中国家合作关系建立的创新性方式。在联合国系统中，UNDP 处在支持南南合作的中心位置，其创建之初使命之一就是推动三方合作的开展。三十多年来，UNDP 对南南合作以及三方合作既有政策机构上的支持，也有资金项目的支持，如发展中国家技术合作指导方针的制定、南南合作战略计划的制订以及联合国南南合作办公室（United Nations office for South-South Cooperation, UNO-SSC）的设立。近年来，UNDP 开始加大对南南合作的支持力度，在其 2008—2011 年的战略计划（Strategic Plan 2008 – 2011）中，UNDP 明确了一系列措施以使南南合作成为主流的发展合作方式，其中一项就是要"通过政策研究和对话、建立广泛的公私关系等措施，加强联合国系统之间的整合与协调，以支持南南合作和三方合作的开展"，为实现包容性增长以及千年发展目标作贡献。

（二）传统援助国的态度

DAC 作为一个整体，近年来对三方合作的态度越来越积极，在 2008 年的阿克拉行动议程中，DAC 国家表示："承认所有发展推动者所做出的贡献，尤其是中等收入的发展中国家同时作为受援国和援助国所做出的贡献。我们承认南南合作的重要性和特殊性，从中我们可以学到发展中国家开展对外援助的有益经验，鼓励进一步开展三方合作。"而且，在 2011 年的釜山会议成果文件中也提及，"南南合作和三方合作可以以一种有效的、符合当地条件的方式将发展中国家的政策经验及发展方式转移到其他国家"，并要"大力推进三方合作"。

根据 OECD 和 Ashoff 的研究数据，2/3 的 DAC 成员参与了三方合作，其中以日本最为活跃，其次是德国和西班牙。[①] 自 1975 年起，日

---

① OECD, Triangular Cooperation and Aid Effectiveness: Can Triangular Cooperation Make Aid More Effective? OECD Development Co-operation Directorate, 2009; Guido Ashoff, Triangular Cooperation: Opportunities, Risk, and Conditions for Effectiveness, World Bank Institute Development Outreach, Oct., 2010.

本就通过三方合作项目支持南南合作，① 并将三方合作纳入政策和战略制定中，其认为南南合作和三方合作是传播成功经验和做法、促进地区和全球合作、补充完善双边援助的有效方式。② 日本的三方合作主要是通过合作伙伴关系计划（Partnership Program）实现的。合作伙伴关系计划是日本政府与南方国家政府为实现受援国的发展而建立的广泛合作框架，日本和南方国家共享经验和知识、派遣和接收人力资源、开展研讨会等。到 2012 年底，日本已经与泰国、新加坡、智利、巴西、墨西哥等 12 个国家建立了合作伙伴关系，合作的领域涉及农业、医疗卫生、教育、培训等。

　　三方合作试点项目在 20 世纪 80 年代的德国已经出现，③ 近年来德国政府寻求与新兴经济体的合作使得三方合作的重要性上升，德国援助执行机构 GIZ 表示希望扩大三方合作的规模。德国政府对三方合作的支持体现在其与 15 个所谓的"锚定国家"（anchor country）的合作上，这些锚定国家大都是对德国在全球和地区治理上有重要影响的新兴发展中国家。从地区上看，拉美地区是德国开展三方合作的主要场所，巴西、墨西哥和智利是其主要的合作伙伴，拉美三方合作基金（Latin America Triangular Cooperation Fund）即用于支持这一地区的合作项目。④

　　在 DAC 援助国中，西班牙是少数几个将三方合作纳入国家政策和战略的国家之一（三方合作是其 2009—2012 年国际合作计划的一部分），与此同时，西班牙还与几个中等收入国家（新兴援助国）探讨建立合作关系框架以更好地利用三方合作。由于历史上的交集以及语言上的相近，西班牙的三方合作伙伴国家主要是巴西、智利、阿根廷和墨西哥等拉美国家，西班牙与阿根廷和智利建立三方合作的混合基金事宜正在商讨之中。

---

① Japan International Cooperation Agency（JICA），JICA's Support for South-South and Triangular Cooperation，March，2013.

② Ibid.

③ BMZ，Triangular Cooperation in German Development Cooperation，BMZ Strategy Paper 5，2013.

④ Ibid.

（三）新兴援助国的态度

根据 OECD 的研究结果，参与三方合作的发展中国家在世界上的大部分地区都有分布，亚洲有中国、印度、菲律宾、马来西亚、泰国和新加坡等，拉美和加勒比地区有巴西、智利、阿根廷、墨西哥等，在非洲主要是南非。① 其中，拉美各国对三方合作的态度更为积极正面，而中国和印度等国则相对中立。

巴西对三方合作持积极开放的态度，是参与三方合作最为活跃的新兴援助国，智利、阿根廷、墨西哥和南非也是比较活跃的参与方。巴西的有关政府文件将三方合作作为其外交政策战略的一部分，三方合作是其追求成为地区领导者和加强国际地位的工具之一。巴西与日本、德国、美国等主要的 DAC 援助国都签订了三方合作协议，合作项目集中在公共医疗、教育以及农业领域。南非同样也把三方合作纳入其发展合作战略之中，三方合作是其发展合作关系处（South African Development Partnership Agency）战略指导的一部分。由于资源的限制以及急于标榜自己为"援助国"，墨西哥对于三方合作持积极的态度，并且把三方合作当作是其加强地区合作和建立睦邻友好关系的战略工具。阿根廷一直认为南南合作是其技术合作战略和外交政策不可或缺的一部分，随着三方合作的兴起，阿根廷将三方合作和南南合作一并作为自己加强与伙伴国家联系和相互学习的机制，并通过横向合作基金（Argentine Fund for Horizontal Co-operation）促进二者的发展。智利则把三方合作看成是其扩大和加强与不发达国家之间合作的工具，其是伊比利亚美洲（Ibero-American）参与三方合作第二大的国家，主要合作伙伴有日本、西班牙和德国。

中国视三方合作为南南合作的一种方式，对于参与三方合作的基本态度是开放的，如果受援国要求、项目需要则参与，不回避，但目前尚无主动寻求开展三方合作的案例，更没有制定专门的政策以支持三方合作。中国政府在 2011 年 4 月发布的《中国的对外援助》白皮书中指

----

① OECD, Triangular Co-operation：What's the Literature Telling Us? Literature Review Prepared by the OECD Development Cooperation Directorate，May 2013.

出："中国的对外援助以双边援助为主，……并本着开放的态度同多边组织和其他国家在发展援助领域开展三边合作"，还申明，"中国愿在受援国意愿的基础上，与有关方开展优势互补、富有成效的三边和区域合作，共同推动全球减贫进程"。中国与国际组织开展三方合作已有三十多年的历史，在能力建设、培训和基础设施建设等领域都卓有成效，但与西方发达国家合作进行的三方援助尚乏案例。

三 三方合作与全球伙伴关系的建立

各方参与三方合作的共同目的是希望相互学习和分享经验、加强与伙伴国之间的联系以及分摊援助成本等，总体目标是要将双方各自的比较优势结合以促进受援国的发展，推动全球发展合作并构建全球发展伙伴关系。但在此总体目标框架的背后，DAC 国家和非 DAC 国家都还有其自身的政治经济考虑。在技术和管理上，DAC 国家希望通过三方合作加快与新兴援助国的相互学习，以提高自身援助的有效性和新兴援助国的援助能力，以此推动 2015 年后各国对全球发展任务按共同但有区别的原则进行参与；发展中援助国，特别是拉美国家、南非等，则希望通过三方合作提升自己的援助实力和能力，借助额外的资源开展南南合作和完善自身。在政治上，DAC 国家希望通过三方援助将西方援助理念和原则逐渐传递给新兴援助国，并影响和改造新兴援助国；巴西、墨西哥、南非等发展中援助国则将三方合作作为其增强地区影响力，提高国际声望，影响国际援助体系的工具。中国是否参与三方合作主要取决于三点：一是受援方是否要求；二是项目是否需要；三是三方合作是否对于项目的执行和开展更有效。中国有充足的援助资金和经验，并不需要借助三方合作拓展资金来源和提升技术实力，故而中国在三方合作中态度相对中立，目的性也不强。

三方合作的各参与方都带有自身的政治经济动机，而且各方的利益往往存在冲突，这很可能使三方合作偏离了其最初目的，而成为一些国家实现其自身政治目的的手段，这也是三方合作的风险之一。那么，三方合作能否成为推动全球发展伙伴关系建立的渠道之一，取决于其在政治上是否可行，技术上的障碍在一定程度上是否可以被克服。

首先，政治上的可行性。三方合作是目前发达援助国和新兴援助国在实际操作领域可以交流合作的平台。近年来发达国家开始承认南南合作的价值，并积极推进三方合作，而新兴援助国认为三方合作是南南合作的一部分，因此对其的态度也积极正面，这就为双方在该领域的合作打下了基础。虽然三方合作参与各方除了加强合作、经验共享的基本目的外，还有其自身的政治动机，如 Cheryl 和 Emma 担心三方合作可能会变成西方援助国在其中复制原来的双边援助模式，新兴援助国仅仅充当廉价资源的提供者，而受援国则只是被动的接受者，[①] 但是，本文认为，各国参与三方合作带有自己的政治或经济动机是不可避免的，正如每个援助国的对外援助都带有自己的政治经济动机，处理得好，其同样也可以发挥促进受援国减贫和发展的作用。至于发达援助国试图影响新兴援助国，也不必过于忧虑。三方合作的过程也是个博弈的过程，各参与方在其中较量、谈判和协商，随着新兴援助国经济力量的不断增强，谈判能力的上升以及其所采取的援助方式的活力逐渐展现，发达国家主导三方合作的愿望并不大可能实现。

其次，技术和管理上的可行性。虽然一般认为三方合作会带来更高的协调和交易成本，但是近年来，关于三方合作优劣势分析，以及如何趋利避害的讨论不论在学术界还是在实际操作中都逐渐增加。各方在探讨和交流中，会总结经验教训，逐渐规范和完善三方合作的机制，逐渐降低交易成本。三方合作如果合作得好，可能还会起到降低成本的作用。对于传统援助国，由于三方合作过程中部分人力（如专家和技术人员）和物力可从新兴援助国中获得，一定程度上还可以降低援助成本，提高援助效率。大部分新兴援助国以及受援国也认为三方合作利大于弊，且其挑战是可以被克服的。如墨西哥发展署官员就认为三方合作可以降低援助成本。

当然，三方合作最重要的一方是受援国。开展三方合作应该坚持以需要为原则，确保受援国的主权。在三方合作过程中应以受援国为主，

---

① Cheryl McEwan and Emma Mawdsley, Trilateral Development Cooperation: Power and Politics in Emerging Aid Relationships, International Institute of Social Studies, Development and Change 43 (6), 2012.

从实际需要出发，并与双边援助一样，确保受援国的主权受到尊重。同时，三方合作也必须是项目所必需的，即符合"双需要"原则。

随着新兴经济体提供的对外援助产生的影响越来越大，三方合作作为融合南南合作与南北援助的一个平台，在国际上也开始备受关注。尽管三方合作还不是主流的发展合作方式，通过三方合作流向受援国的援助资源只占了国际援助很小一部分，[1] 但其最重要的意义在于为南南合作和南北援助这两种差异明显的对外援助方式提供了一个融合和相互学习的平台。在三方合作过程中，发达援助国和发展中援助国的援助理念、原则和方式会发生碰撞，但是也会相互包容和影响，共同朝着有利于受援国发展的方向转变。当然，三方合作也存在各方利益多样化的政治风险和交易成本上升的技术风险，对此，本文认为，三方合作之所以成为各方都共同推进的项目，最主要的原因在于其政治上是可行的，技术上的障碍也是可以克服的。三方合作不失为促进发达援助国和新兴援助国合作，共享知识和经验，推动全球发展伙伴关系建立的重要渠道之一。

参考文献

BMZ, Triangular Cooperation in German Development Cooperation, BMZ Strategy Paper 5, 2013.

Cheryl McEwan and Emma Mawdsley, Trilateral Development Cooperation: Power and Politics in Emerging Aid Relationships, International Institute of Social Studies, Development and Change 43（6）, 2012.

Japan International Cooperation Agency（JICA）, JICA's Support for South-South and Triangular Cooperation, March, 2013.

Julia Langendorfand Dr. & Ulrich Müller, Triangular Cooperation: A Promising New Mode for the Achievement of Aid Effectiveness, Deutsche Gesellschaft für Internationale Zusammenarbeit（GIZ）, September 2011.

OECD, Triangular Cooperation and Aid Effectiveness: Can Triangular Cooperation Make Aid More Effective? OECD Development Co-operation Directorate, 2009.

---

① Guido Ashoff, Triangular Cooperation: Opportunities, Risk, and Conditions for Effectiveness, World Bank Institute Development Outreach, Oct. 2010.

OECD, Triangular Co-operation: What's the Literature Telling Us? Literature Review Prepared by the OECD Development Cooperation Directorate, May 2013.

Pradeep S. Mehta and Nitya Nanda, Trilateral Development Cooperation: An Emerging Trend, CUTS Centre for International Trade, Economics & Environment, No. 1, 2005.

Special Unit for South-South Co-operation (SU/SSC), UNDP (2009), "Triangular Cooperation", Enhancing South-South and Triangular Cooperation, SU/SSC, UNDP, New York.

UNDP Evaluation Office, Evaluation of UNDP Contribution to South-South Cooperation and Triangular Cooperation, April 2013.

UNDP, Enhancing South-South and Triangular Cooperation. Study of the Current Situation and Existing Good Practices in Policy, Institutions, and Operation of South-South and Triangular Cooperation, New York, 2009.

UNECOSOC, Trends in South-South and Triangular Development Cooperation, Background Study for Development Cooperation Forum, April 2008.

非 DAC 援助国及其对外援助的特点*

刘爱兰　黄梅波

摘要：近年来，非发展援助委员会援助国在国际援助舞台上开始发挥越来越重要的作用，它们的出现使得关于国际援助体系改革的呼声越来越强烈。对非 DAC 国家进行科学的分类，并分析不同类型的非 DAC 国家在援助原则、援助特点等方面的差异，以及它们的表现，对全面考察和了解国际援助体系具有重要意义。

关键词：非 DAC 援助国；官方发展援助

21 世纪以来，许多发展中国家作为援助国在国际援助体系中扮演着越来越重要的角色。虽然它们被称作"新的"或者"新兴"援助国（New Donors or Emerging Donors），但事实上，有些国家已经提供了半个多世纪的对外援助。部分国家冷战期间也曾是活跃的对外援助国，随着冷战的结束，援助的战略性作用下降，这些国家一度把注意力从外部关系转移到国内事务上来，在对外援助体系中的作用下降。所有这些国家都不属于经济合作与发展组织（Organization for Economic Co-operation and Development, OECD）援助国俱乐部——发展援助委员会（Development Assistance Committee, DAC）的成员，其援助在规则和做法上与传统的 DAC 国家均存在较大差异，这些非 DAC 援助国（non-Development Assistance Committee, non-DAC, 简称非 DAC）的表现使得国际援助体系从资金来源到原则、管理方式都朝更加多元化的方向发展。

* 原载于《国际经济合作》2011 年第 10 期，第 47—51 页。

一 非 DAC 援助国的类型及其特征

非 DAC 援助国在社会经济发展水平、使用的援助标准和提供援助的经验等方面具有巨大的差异性。在社会经济发展水平方面，这些国家不仅包括富裕的中等收入国家，还包括贫穷的发展中国家；在对外援助的原则和标准方面，有些国家使用 DAC 标准作为参考，有些则是在南南合作的框架内提供发展援助；在提供援助的经验方面，一些国家提供援助的历史较长，而另一些国家是新加入者，或者在中断对外援助一段时间之后，重新加入对外援助的行列；有些国家既是援助国，也是受援国。

（一）现有文献对非 DAC 援助国的分类

非 DAC 援助国之间存在的诸多差异使得很难把这些国家作为一个团体来进行研究，但无论如何，也需要把不同的援助国进行分类，以增强对其援助活动和扮演的角色的理解。OECD 发展援助委员会前主席理查德·曼宁（Richard Manning）将非 DAC 援助国家/地区分为四类：第一类是 OECD 成员但不属于 DAC 的国家/地区，这类国家/地区有土耳其、韩国（于 2010 年 1 月 1 日加入 DAC）、墨西哥和一些欧洲国家；第二类是欧盟（European Union，EU）的新成员但不属于 OECD 的国家/地区；第三类是中东国家和石油输出国组织（Organisation of Petroleum Exporting Countries，OPEC）；最后一类是既不属于第二类援助国家/地区，也不属于第三类援助国家/地区的非 OECD 国家/地区，例如以色列、中国台湾。与之相类似，Peter Kragelund 根据非 DAC 国家/地区是否分别属于欧盟和 OECD，也将它们分为四类国家/地区，[①] 第一类是既属于欧盟又属于 OECD 的国家/地区，这类国家/地区包括：捷克、匈牙利、波兰和斯洛伐克，在冷战时期，它们也提供过国际发展援助，但之后成为受援国，目前，其对外援助大部分通过欧洲委员会（European

---

① Peter Kragelund, 2008, "The Return of Non-DAC Donors to Africa: New Prospects for African Development?" Development Policy Review 26 (5): 555 – 584.

Commission）进行；第二类国家/地区是属于 OECD 但不属于欧盟的国家/地区，这类国家/地区主要有 4 个：冰岛、韩国、墨西哥和土耳其；第三类国家/地区是属于欧盟但不属于 OECD 的国家/地区，代表性国家/地区主要有：保加利亚、塞浦路斯、爱沙尼亚、拉脱维亚、立陶宛、马耳他、罗马尼亚和斯洛文尼亚。欧盟在它们的对外援助中起着核心作用；第四类国家/地区是非欧盟和非 OECD 成员的国家/地区，这类国家/地区又分为两个集团：OPEC 和其他 9 个国家/地区。与前面两种分类标准不同，Kimberly Smith、Talita Yamashiro Fordelone 和 Felix Zimmermann 根据非 DAC 援助国之间一些共同的特征把它们分为三类：第一类是新兴援助国（Emerging Donors），这类国家大多数是欧盟的新成员国，许多国家在冷战时期就已经提供对外援助，它们在向市场经济过渡时期接受过其他国家的援助。近年来，这类国家积极参与到 DAC 的工作中，并与 DAC 保持紧密关系，属于这一类的国家主要有捷克、匈牙利、波兰、斯洛伐克、爱沙尼亚、斯洛文尼亚、以色列、俄罗斯和土耳其。第二类是南南合作伙伴国家（Providers of South-South Co-operation，SSC），这类国家主要是与其他国家共享专门技术和经验的发展中国家、中等收入国家和新兴经济体，其中许多国家仍然是官方发展援助（Official Development Assistance，ODA）的受援国，比较有代表性的国家有中国、巴西、印度、南非、哥伦比亚、埃及和泰国，它们有选择地与 OECD 和 DAC 成员进行接触，其中，智利和墨西哥也属于此类，但是作为 OECD 成员国，它们与 DAC 国家保持密切的关系。第三类是阿拉伯援助国（Arab Donors），这类国家主要包括科威特、沙特阿拉伯和阿拉伯联合酋长国，它们与 OECD 和 DAC 成员的接触也是有选择的。①

在以上分类的基础上，本文综合上述各种因素，将非 DAC 援助国家/地区分为五类：第一类是 OECD 成员中的非 DAC 援助国；第二类是欧盟成员中的非 OECD 援助国；第三类是阿拉伯援助国；第四类是 BRICS 援助国，包括巴西、俄罗斯、印度、中国和南非；第五类是其他

---

① Kimberly Smith, Talita Yamashiro Fordelone and Felix Zimmermann, 2010, "Beyond the DAC: the welcome role of other providers of development co-operation", OECD Development Co-operation Directorate.

援助国。

（二）非 DAC 援助国的五种类型及其对外援助的特征

1. OECD 成员中的非 DAC 援助国

这类援助国主要包括四个欧盟新加盟国（New EU Member States，EUNMS）——捷克、匈牙利、波兰和斯洛伐克，以及三个非欧盟国家——冰岛、土耳其、墨西哥。这些国家大部分的对外援助是通过欧洲委员会（European Commission）进行的，它们都以实现千年发展目标（Millennium Development Goals，MDGs）作为对外援助的主要目标；对外援助均采用 DAC 标准；从对外援助数额上看，2003—2008 年，大部分国家的官方发展援助数额占 GNI 的比重很小，但相对比较稳定（见表 1）；从对外援助的渠道上看，2008 年多边援助在大部分国家的官方发展援助中占比超过 50%（见表 2）；根据 OECD《发展合作报告2010》统计资料显示，7 个国家提供援助的对象主要是各自的周边国家，援助的部门主要集中于社会、教育、医疗部门，提供援助的资金类型主要包括无偿援助和出口信贷，提供援助的方式主要有发展项目和人道主义援助。但是，它们提供给受援国的大部分无偿援助是与购买援助国的商品和服务捆绑在一起的，政治经济利益构成了它们对外援助的主要动机。

表 1　OECD 成员中的非 DAC 援助国官方发展援助净额（2003—2008 年）

单位：百万美元

年份		捷克	匈牙利	波兰	斯洛伐克	冰岛	土耳其	墨西哥
2003	ODA	90.6	21.2	27.2	15.1	17.7	66.6	NA
	% GNI	0.11	0.03	0.01	0.05	0.17	0.04	—
2004	ODA	108.2	70.1	117.5	28.2	21.2	339.2	NA
	% GNI	0.11	0.07	0.05	0.07	0.18	0.11	—
2005	ODA	135.1	100.3	204.8	56.1	27.2	601	NA
	% GNI	0.11	0.11	0.07	0.12	0.18	0.17	—
2006	ODA	160.9	149.5	296.8	55.1	41.5	714.2	NA
	% GNI	0.12	0.13	0.09	0.1	0.27	0.18	—

年份		捷克	匈牙利	波兰	斯洛伐克	冰岛	土耳其	墨西哥
2007	ODA	178.9	103.5	362.8	67.2	48.2	602.2	NA
	%GNI	0.11	0.08	0.1	0.09	0.27	0.09	—
2008	ODA	249.2	106.9	372.4	91.9	48.4	780.4	NA
	%GNI	0.12	0.08	0.08	0.1	0.47	0.11	—

注：墨西哥未向 DAC 报告其对外援助相关数据。

资料来源：OECD/DAC 统计。

表2　OECD 成员中的非 DAC 援助国官方发展援助净支出情况（2008 年）

单位：百万美元

	双边	比重（%）	多边	比重（%）
捷克	117.14	47	132.07	53
匈牙利	15.43	14	91.5	86
波兰	83.83	23	288.54	77
斯洛伐克	40.82	44	51.04	56
冰岛	36.06	75	12.33	25
土耳其	735.74	94	44.62	6
墨西哥	NA	—	NA	—

资料来源：OECD/DAC 统计。

2. 欧盟成员中的非 OECD 援助国

这类援助国主要包括保加利亚、塞浦路斯、爱沙尼亚、拉脱维亚、立陶宛、马耳他、罗马尼亚和斯洛文尼亚。这类国家几乎没有提供对外援助的经验，欧盟在其对外援助中发挥着核心作用。在对外援助目标上，千年发展目标（尤其是减贫）也是它们要达到的目标；DAC 规范是这类国家对外援助程序的主要参考；在对外援助规模方面，从表3 可以看出，2003—2008 年，不管从对外援助数额，还是从官方发展援助占 GNI 的比重看，这些国家的对外援助规模都很小。但从另一方面来看，尽管受金融危机的影响，自 2007 年以来，各国官方发展援助仍有所上升；从各国统计数据可以看出，2008 年，多边援助是它们的主要对外援助形式，比重都在50%以上（见表4）；与第一类国家相同，它们的援助对象也主要是周边国家，这类国家对非洲国家的援助较少，并且主要是通过双边渠道提供；这些国家援助的主要领域涉及教育、医疗、基础设施、农业、环境，有些国家还关注受援国的民主化和良政情况；对外援助的资金类型主要是无偿援助，并且大部分国家的无偿援助一般也是与经济条件捆绑在一起的；援助主要是通过发展项目方式实现。

表3 欧盟成员中的非 OECD 援助国官方发展援助净额（2003—2008 年）

单位：百万美元

年份		保加利亚	塞浦路斯	爱沙尼亚	拉脱维亚	立陶宛	马耳他	罗马尼亚	斯洛文尼亚
2003	ODA	NA	NA	1.1	0.9	1.9	NA	NA	NA
	% GNI	—	—	NA	0.01	0.01	—	—	—
2004	ODA	NA	NA	4.9	8.3	9.1	NA	NA	NA
	% GNI	—	—	0.05	0.06	0.04	—	—	—
2005	ODA	NA	NA	9.5	10.7	15.6	NA	NA	34.7
	% GNI	—	—	0.08	0.07	0.06	—	—	0.11
2006	ODA	NA	NA	14.1	11.9	25	NA	NA	44
	% GNI	—	—	0.09	0.06	0.08	—	—	0.12
2007	ODA	NA	NA	16.2	15.9	47.6	NA	NA	54.1
	% GNI	—	—	0.08	0.06	0.11	—	—	0.12
2008	ODA	NA	NA	22	21.9	47.9	NA	122.9	67.6
	% GNI	—	—	0.1	0.07	0.11	—	0.09	0.13

资料来源：OECD/DAC 统计。

表4 欧盟成员中的非 OECD 援助国官方发展援助净支出情况（2008 年）

单位：百万美元

	双边	比重（%）	多边	比重（%）
保加利亚	NA	—	NA	—
塞浦路斯	NA	—	NA	—
爱沙尼亚	5.86	27	16.15	73

	双边	比重（%）	多边	比重（%）
拉脱维亚	4.28	20	17.57	80
立陶宛	14.88	31	32.97	69
马耳他	NA	—	NA	—
罗马尼亚	26.68	22	96.18	78
斯洛文尼亚	29.3	43	38.3	57

资料来源：OECD/DAC 统计。

3. 阿拉伯援助国

这类援助国主要有 3 个：科威特、沙特阿拉伯和阿拉伯联合酋长国，它们是海湾地区 3 个最大的援助国。该类国家对外援助的主要目标是促进受援国的经济发展；与前两类国家不同，阿拉伯援助国在做法上与传统 DAC 国家的做法差别较大。在对外援助规模方面，从表 5 可以看出，2003—2008 年，三国官方发展援助的数额在经历了一个下降阶段之后，又重新出现大幅增加的势头（阿拉伯联合酋长国除外）；这类国家的对外援助几乎完全通过双边渠道进行（见表 6），并且它们提供的双边援助是不捆绑任何经济条件的；援助的部门主要集中于交通运输和能源、农业、工业等生产性部门，而不是社会部门，这是与前两类国家最大的区别；援助对象国主要是邻近的阿拉伯国家，其次是非洲国家；援助资金主要包括无偿援助和贷款两类；援助基本上通过发展项目方式实现。

表5　　　阿拉伯援助国官方发展援助净额（2003—2008 年）

单位：百万美元

年份	科威特	沙特阿拉伯	阿拉伯联合酋长国
2003	137.8	2390.9	197.5
2004	160.9	1734.1	181.4
2005	218.5	1004.8	141.3
2006	158	2094.7	218.8
2007	110.1	2078.7	429.4
2008	283.2	5564.1	88.1

资料来源：OECD/DAC 统计。

表6 阿拉伯援助国官方发展援助净支出情况（2008 年）

单位：百万美元

	双边	比重（%）	多边	比重（%）
科威特	282.19	99.7	0.99	0.3
沙特阿拉伯	5543.63	99.6	20.49	0.4
阿拉伯联合酋长国	88.09	100	—	—

资料来源：OECD/DAC 统计。

4. BRICS 援助国

把巴西、俄罗斯、印度、中国和南非单独归为一类，是因为这 5 个国家作为新兴市场国家在对外援助过程中形成了具有自身特色的模式，在向其他发展中国家提供援助的过程中发挥着重要作用，并且在国际援助体系中引起相当大的关注。

巴西对外援助的主要目标是充分利用自身人力和技术资源，促进南南合作。巴西大部分的发展合作主要是资金和技术合作，根据巴西官方机构的估计，这两项的总额由 2006 年的 3.65 亿美元上升到 2007 年的 4.37 亿美元，增长了近 20%。巴西 90% 以上的对外援助是通过多边渠道提供的，资金合作主要由财政部负责，技术合作主要由巴西发展署（Brazilian Cooperation Agency，ABC）负责。2008 年，巴西技术合作总额达 0.28 亿美元，为 46 个国家的 236 个项目提供了资金。巴西的援助对象国主要是周边的拉美国家，对它们的援助额占援助总额的 50% 以上，其次是非洲国家；援助的领域主要集中在农业、教育、医疗、电子政务、环境、专业培训、可再生能源和城市发展等；并且主要通过援建发展项目实现。

俄罗斯以千年发展目标作为对外援助的主要目标，同时该国还关注民主化、冲突等问题。据俄罗斯财政部统计，2009 年，俄罗斯官方发展援助数额达 8 亿美元，比 2007 年的 2.1 亿美元有了大幅增加，其中大部分对外援助是通过多边渠道提供的，包括世界银行、国际货币基金组织、联合国系统、全球主要倡议和专项基金（Major Global Initiatives and Special Purpose Fund）。俄罗斯计划进一步增加对外援助数额，并且把 DAC 原则和实践作为其日益增长的援助规划的重要指导规范。俄罗斯联邦宣称自 2010 年开始向 DAC 报告其援助相关数据。俄罗斯的援助对象国比较分散，主要包括周边国家、非洲国家、中东和拉美国家；援助部门主要集中于能源、医疗、教育等社会部门；援助资金主要包括无偿援助和贷款两类；援助方式主要有发展项目、债务减免、关税减让和人道主义援助等。

印度对外援助历史可以追溯到 20 世纪 50 年代，对外援助在国内政治中的重要性在 20 世纪八九十年代有所减弱，21 世纪以来，印度又重新开始重视对外援助在国内政治中的地位，以此作为获得联合国安理会常任理事国席位和开拓产品市场、对外投资铺平道路的重要手段。在对外援助数额方面，印度外交部年度报告显示，该国的援助和贷款数额从 2007/08 财政年的 3.926 亿美元增加到 2008/09 财政年的 6.095 亿美元，增长速度超过 50%。印度的对外援助主要由财政部经济事务司主管，技术合作由外交部技术与经济合作部管理。印度对外援助的大部分受援国为邻国，如不丹、尼泊尔、阿富汗等。例如 2008/09 财政年，印度对不丹提供的援助达 2.779 亿美元，几乎占印度该财政年度对外援助的一半。印度的对外援助大部分通过双边渠道进行；对外援助领域主要集中于农业、基础设施和交通运输等部门；对外援助资金类型主要包括信贷、优惠性贷款、附加条件的无偿援助；对外援助方式主要有发展项目、培训和债务减免等。

自新中国成立以来，对外援助一直是中国外交的重要工具。近年来，中国对外援助的主要目标是促进受援国经济发展和社会进步，促进南南合作和地区稳定。随着不同时期外交政策目标的变化，中国对外援助的数额和主要受援国也发生了较大程度的变化。1964 年周恩来总理提出的对外经济技术合作八项原则是中国对外援助始终遵守的主要指导原则。2011 年 4 月发布的《中国的对外援助》白皮书指出，新世纪以来，中国对外援助数额稳步增长，2004—2009 年平均年增长率为 29.4%。中国的对外援助主要通过传统的双边渠道提供，此外，中国还在国际和地区层面加强与受援国的集体磋商，在一系列多边和联合国发展筹资高级别会议、联合国千年发展目标高级别会议，以及中非合作论坛、上海合作组织、中国—东盟领导人会议、中国—加勒比经贸合作论坛、中国—太平洋岛国经济发展合作论坛、中国—葡语国家经贸合作论坛等区域合作机制会议上，中国政府多次宣布一揽子有针对性的对外援助政策措施，加强在农业、基础设施、教育、医疗卫生、人力资源开发合作、清洁能源等领域的援助力度。中国对外援助的受援国涉及亚洲、非洲、拉丁美洲、加勒比、大洋洲和东欧等地区的大部分发展中国家，亚洲和非洲作为贫困人口最多的两个地区，接受了中国80%左右的援助。中国对外援助项目主要分布在农业、工业、经济基础设施、公共设施、教育、医疗卫生等领域，近年来，应对气候变化成为中国对外援助的一个新领域。有关研究表明，中国的对外援助主要有无偿援助、无息贷款和优惠贷款三类。中国对外援助主要包括成套项目、一般物资、技术合作、人力资源开发合作、援外医疗队、紧急人道主义援助、援外志愿者和债务减免八种方式，其中，成套项目是中国最主要的对外援助方式，占目前中国对外援助财政支出的40%左右。

与巴西、中国的对外援助目标相同，南非对外援助的主要目标是促进南南合作，同时还包括促进经济发展、预防冲突和促进民主化。据南非财政部报告，自2005/06财年以来，南非对外援助数额不断上升，由0.42亿美元增加到2008/09财年的1.09亿美元，增长了近160%。该报告估计，在接下来的三个财政年中，南非对外援助数额会略微有所下降。南非对外援助主要通过多边渠道提供，其中主要有非洲复兴和国际合作基金；受援国主要是周边国家；援助资金类型比较单一，主要是贷款。

5. 其他援助国

不属于上述四种类型的非DAC援助国，包括以色列、古巴、泰国等国家。它们在援助目标、援助规模、援助资金类型、援助方式、援助领域以及援助的地理流向等方面都存在差异。

参考文献：

Axel Drehera, Peter Nunnenkampb, Rainer Thielec, 2010, "Are 'New' Donors Different? Comparing the Allocation of Bilateral Aid between Non-DAC and DAC Donor Countries", Kiel Working Paper 1601.

Dane Rowlands, "Emerging Donors in International Development Assistance: a Synthesis Report", International Development Research Centre, Canada, January 2008.

Kimberly Smith, Talita Yamashiro Fordelone and Felix Zimmermann, 2010, "Beyond the DAC: the welcome role of other providers of development co-operation", OECD Development Co-operation Directorate.

Ngaire Woods, 2008, "Whose aid? Whose influence? China, Emerging Donors and the Silent Revolution in Development Assistance", International Affairs 84 (6) .

Qi Guoqiang, 2007, "China's Foreign Aid: Policies, Structure, Practice and Trend", paper to the Conference on New Directions in Foreign Aid, Oxford/Cornnel.

Peter Kragelund, 2008, "The Return of Non-DAC Donors to Africa: New Prospects for African Development?" Development Policy Review 26 (5): 555 – 584.

Richard Manning, 2006, "Will 'Emerging Donors' Change the Face of International Co-operation?" Development Policy Review 24 (4) .

Vivien Foster, 2008, "The Changing Landscape of Infrastructure Finance in Africa, Nontraditional Sources Take on a Growing Role", Gridlines, PPIAF (Public-Private Infrastructure Advisory Facility), World Bank Note NO 43. October.

非 DAC 援助国与国际援助体系：
影响及比较[*]

刘爱兰　黄梅波

摘要：近年来，非 DAC 援助国在国际援助舞台上开始发挥越来越重要的作用，它们的出现使得关于国际援助体系改革的呼声越来越强烈。非 DAC 国家的援助在规则和做法上与传统的 DAC 国家存在较大差异，这些非 DAC 援助国的表现影响着国际援助体系从资金来源到原则、管理方式朝更加多元化的方向发展，非 DAC 援助国的出现对国际援助体系产生了一定的影响，同时，对国际援助主体间的沟通与对话，对国际援助体系的改革也有着重要意义。

关键词：非 DAC 援助国；官方发展援助；援助有效性；发展有效性

一　非 DAC 援助国与 DAC 援助国的比较

非 DAC 援助国家/地区分为五类：第一类是 OECD 成员中的非 DAC 援助国；第二类是欧盟成员国中的非 OECD 援助国；第三类是阿拉伯援助国；第四类是 BRICS 援助国；第五类是其他援助国。在五种分类中，由于前两类国家或者是欧盟成员，或者是 OECD 成员，或者同时是欧盟和 OECD 的成员，所以大多数在对外援助中都采用 DAC 政策和标准，而后三类国家，特别是印度、中国等新兴市场国家，其对外援助的原

---

* 原载于《国际经济合作》2011 年第 11 期，第 72—76 页。

则、方式与 DAC 国家有很大的不同。这些国家与 DAC 援助国之间的区别主要体现在七个方面。

（一）对官方发展援助的定义不同

DAC 国家的官方发展援助是指官方部门以优惠金融项目提供的，以促进受援国经济发展和福利改善为主要目标的无偿援助和贷款，同时还包括技术援助，但不包括军事援助。除少数国家外，非 DAC 援助国不采用 DAC 国家关于官方发展援助的定义，有些非 DAC 国家官方发展援助的统计不仅包括传统意义上的政府无偿援助、优惠贷款等项目，还包括军事援助、有条件的出口信贷等项目。另外，DAC 国家关于官方发展援助的统计中包含债务减免、难民和学生成本，但是非 DAC 国家的官方发展援助中往往不包括这些项目。到目前为止，非 DAC 国家对官方发展援助尚未有一个明确的定义。

（二）官方发展援助规模存在差异

据 OECD《发展合作报告 2010》统计，2008 年，DAC 国家官方发展援助总额为 1215 亿美元，其官方发展援助占国民生产总值的比重为 0.2%—1%。由于非 DAC 援助国对官方发展援助没有明确的定义，再加上一些国家并没有报告其官方发展援助方面的相关数据，所以很难精确计算非 DAC 国家对外援助的总体规模。但是，可以明确的是，自 2003 年以来，虽然非 DAC 国家官方发展援助总额迅猛发展，并且在未来几年这一数额仍将会持续大幅上升，但是，非 DAC 国家官方发展援助占国民生产总值的比重仅为 0.01%—0.58%，即使是对外援助规模相对较大的非 DAC 援助国，其重要性仍然不如大多数 DAC 援助国。因此，DAC 援助国仍然是国际援助的主力军，非 DAC 援助国对外援助相对规模还不足以支撑其在国际援助体系中占有重要地位。

（三）共同的对外援助终极目标

理论上说，非 DAC 援助国和 DAC 援助国对外援助的终极目标是相同的，都是以联合国千年发展目标为最高目标。千年发展目标是 2000 年 9 月于联合国千年首脑会议上正式提出的，旨在 2015 年之前消除贫穷、饥饿、疾病、文盲、环境恶化和对妇女的歧视。2002 年，墨西哥蒙特雷发展筹资高级别会议上提出的《蒙特雷共识》，再次强调要在 2015 年以前实现千年发展目标的承诺。2006 年的《千年发展目标全球监控报告》又提出了一个监控治理的框架，呼吁援助国和国际金融机构利用该框架来改善实践活动，以促进千年发展目标的实现。非 DAC 国家和 DAC 国家积极响应联合国的倡议，在联合国发展筹资高级别会议和联合国千年发展目标高级别会议上，许多国家先后宣布了各项援助发展中国家发展的举措，涉及农业、卫生、免债、基础设施、清洁能源、零关税待遇、人力资源开发、经贸与金融合作等领域。尽管如此，各国对外援助的侧重点有所不同，有些国家比较侧重消灭极端贫穷和饥饿、遏制艾滋病毒/艾滋病、疟疾以及其他疾病的蔓延，有些国家则侧重于良政、发展和减轻贫穷等。

（四）相似的对外援助动机和不同的表现

不管是 DAC 国家还是非 DAC 国家，其对外援助的动机都可以从发展动机、政治（外交）动机、经济动机和人道主义动机四个方面进行分析。首先，从各援助国对外援助的终极目标可以推断出各援助国对外援助的初始动机是促进发展中国家的经济社会发展。它们对发展中国家提供援助主要是为了帮助这些国家加强基础设施建设、完善投资环境，解决经济建设中的物资不足、技术落后等问题，从而刺激受援国国内经济增长和经济结构改善，减轻并最终消除受援国的贫困状况。但是，不论是传统的 DAC 国家，还是非 DAC 国家，不管它们提供何种形式的对外援助，其本国的政治经济利益都是它们提供对外援助的重要依据。从政治（外交）方面看，冷战期间，各国的对外援助主要是基于本国战略地位的考虑；冷战结束以后，各国援助的目标国家发生了变化，这与世界政治经济格局的转变以及本国国家利益的变化是密切相关的。从经济方面看，各国对外援助一定程度上与维护、实现和扩大本国的经济利益，确保资源供应、扩大本国出口市场和扩展投资场所等经济动机有关，希望通过对外援助促进受援国的经济发展，最终为本国经济利益的最大化创造更为有利的外部条件和更为宽松的国际环境。一些国家提供的捆绑援助是这一动机的直接体现。当然，拯救生命，舒缓不幸状况，维护"人类尊严"的人道主义动机是各国对外援助的又一重要动机，其中比较典型的是北欧国家的对外援助。21 世纪以来，DAC 国家人道主义援助的数额呈不断上升的趋势。近年来，一些非 DAC 国家也越来越基于人道主义方面的考虑提供对外援助。例如，《中国的对外援助》白皮书公布，中国政府自 2004 年 9 月正式建立人道主义紧急救灾援助应急机制以来，累计开展紧急援助近 200 次。

但是，由于各国的国际政治、经济地位和所处经济发展阶段的差异，各国对外援助动机的体现存在较大不同。例如，美国对外援助主要是基于本国政治、军事方面的考虑；由于受自身国际政治地位和地理位置的限制，日本的对外援助与本国经济利益直接挂钩，援助、投资、贸易三位一体是其对外援助的重要特征，同时它也考虑政治安全因素，并谋求战略利益；法国在对外援助中，重视法国形象以及法国文化的宣传，扩大文化影响。总的来说，自 20 世纪 90 年代以来，DAC 国家越来越关注受援国的人权、民主等问题，越来越重视援助能否给受援国带来政治的进步和社会经济的发展。与 DAC 国家相比，大多数非 DAC 国家对外援助主要是基于维护地区和平、获得政治影响力、开发当地资源、拓展产品市场、带动本国贸易和投资、发展本国经济等方面的考虑。

（五）遵循的原则不同，导致援助的限制性条件的差别

DAC 国家在对外援助中往往附加政治、人权、环境保护等条件。非 DAC 国家特别是发展中国家的外交原则是以万隆原则为基础制定的，主要体现为和平共处五项原则，在对外援助中，平等互利、互不干涉他国内政是它们特别强调的原则。像中国、巴西、印度这三个非 DAC 援助大国就非常重视这一方面。遵循原则的不同使得不同类型国家的对外援助在具体做法上存在很大差别。

在援助提供的政策限制性方面，DAC 援助国往往将民主、良政和人权等作为向发展中国家提供援助的先决条件，它们希望向受援国输出改革、发展经济的思想和先进的技术，并培养这些国家的民主意识，从而将本国的价值观扩展到海外。与之相反，非 DAC 援助国强调发展援助不应该干预受援国内政，所以它们的对外援助几乎不附加任何政治条件。这种不干涉他国内政的原则得到了 2008 年《阿克拉行动议程》

（Accra Agenda for Action，AAA）的认可。

据 OECD《发展合作报告 2010》，从援助提供的经济限制性方面看，2001 年，DAC 采纳了放松对最不发达国家（Least Developed Countries，LDCs）援助的建议，并取得重大进展，截止到 2007 年，79% 的 DAC 双边援助已不是捆绑援助。Peter Kragelund 认为这一做法可以提高对外援助效率。[1] 与之相比，非 DAC 援助国的项目援助通常与购买商品和服务捆绑在一起，它们提供的援助是通过包括其他形式资金流动在内的一揽子交易进行的。

（六）对外援助的特点差异较大

两类国家所遵循的原则存在差异，这就决定了它们在对外援助中与受援国之间的关系，以及提供援助的侧重点有很大不同。

在提供援助的渠道方面，非 DAC 援助国中不同类型国家采取的渠道不同，例如阿拉伯国家主要是通过双边渠道提供援助，而巴西和南非大部分对外援助是通过多边渠道进行的。但是，通常情况下，非 DAC 援助国在对外援助中使用多边渠道的比例比 DAC 援助国要低，据 OECD/DAC《2008 年 DAC 国家多边援助报告》数据，非 DAC 援助国平均只有 18% 的对外援助是通过多边渠道提供的，这一数字远远低于 DAC 国家 30% 的平均水平。尽管如此，多边组织在非 DAC 国家对外援助中发挥着越来越大的作用。目前，非 DAC 援助国提供援助的多边渠道主要有世界银行、联合国相关机构和地区发展银行等。

从援助的地区来看，Axel Dreher、Peter Nunnenkamp 和 Rainer Thiele 以三个最大的 DAC 国家——美国、日本和德国为基准，通过 Probit 和 Tobit 模型检验了 2001—2008 年 16 个非 DAC 援助国家/地区的工程援助情况，研究结论之一就是：相对于 DAC 援助国，非 DAC 援助国家/地区援助目的国集中于周边国家。[2] 这主要是因为周边国家与它

---

① Peter Kragelund, 2008, "The return of non-DAC Donors to Africa: New Prospects for African Development?" *Development Policy Review*, 26 (5): 555 – 584.

② Axel Drehera, Peter Nunnenkampb, Rainer Thielec, 2010, "Are 'New' Donors Different? Comparing the Allocation of Bilateral Aid Between Non-DAC and DAC Donor Countries", Kiel Working Paper 1601.

们在文化、语言和历史等方面具有相似性，这可以使援助国最大程度满足受援国的需求，同时还可以增强地区关系。与 DAC 国家相似，非 DAC 国家对非洲国家的援助呈现不断上升的势头，这一趋势可以缓解非洲国家发展中面临巨大资金短缺的问题。Vivien Foster 研究发现，对非洲基础设施部门提供的财政援助有向少数国家集中的现象，例如，中国对基础设施部门的投资 70% 集中于尼日利亚、安哥拉、埃塞俄比亚和苏丹；印度对这一部门的投资大部分集中于尼日利亚、苏丹和安哥拉三个国家。

从援助部门来看，DAC 援助国主要对医疗、教育等社会部门进行援助，而非 DAC 援助国最关注的是基础设施部门和生产部门，大约有一半的援助进入到了这两个领域。例如中国、印度被认为是给予基础设施部门援助权重最大的两个国家。除此之外，大约 20% 的非 DAC 国家的援助被分配到了医疗、教育等部门，一些非 DAC 国家还向受援国提供军事援助。这一倾向是与一国经济发展要求相适应的。尽管如此，在部门的优先选择上，非 DAC 援助国和 DAC 援助国呈现出相类似的特征，例如，《2008 年土耳其发展援助报告》显示，该国 50% 以上的援助直接投入到了包括教育和医疗在内的社会基础设施部门；OECD/DAC 统计资料显示，俄罗斯已经增加了对医疗部门的援助，对该部门的援助大约占俄罗斯双边援助总额的一半。

从援助效果的衡量和评估来看，DAC 国家重视各援助国之间的协调，通过分工协作，提高援助的有效性。2005 年 3 月，在巴黎举行的援助有效性高层论坛通过了《关于援助有效性的巴黎宣言》，制定了所有权、对接、协调、绩效管理和共同责任五项原则。2008 年 9 月，在阿克拉举行的第三届援助有效性高层论坛通过的《阿克拉行动议程》，进一步强调了加强协调、增进援助有效性的重要性。根据这两项宣言，从 2008 年开始，DAC 成员国需提供三年内援助预算的相关信息，并对各受援国国内的援助国数量和接受援助的部门的分布进行统计分析。同时，反腐败也被纳入援助项目。部分非 DAC 国家的对外援助属于南南合作的范畴，援助国和受援国之间建立起的是一种平等伙伴关系。它们试图根据自身发展经验，通过提供援助给受援国，促进受援国经济发展，最终带动双方贸易、投资的增长。这说明这些国家的对外援助更加注重经济发展，强调的是发展有效性。

总之，在对外援助中，非 DAC 国家和 DAC 国家所遵循的原则和各自表现出的特点的差异是由它们在世界格局中所处的经济地位和政治地位的差别决定的，并且这一差别短期内不会发生很大变化，这也就暗示着，未来相当长时期内，非 DAC 国家和 DAC 国家在对外援助中所遵循的原则和各自表现出的特点的差异仍会持续存在。

（七）对外援助管理体系差距巨大

从对外援助管理体系方面来看，DAC 国家对外援助管理体系虽然存在诸多缺陷，但这些国家已经基本拥有了相对完善的、系统的对外援助决策机制，并且制定了对外援助法和相关法案，以规范政府的对外援助行为，避免对外援助的随意性；各国援助管理组织机构的设置虽然不同，但都是随着各国政府根据实际情况的变化不断进行改革；为保证援助计划得到有效实施，越来越多的 DAC 国家使用计算机系统监测和评估它们的发展援助活动，以使援助工作得到有效监督，援助效果得到有效评估。相比之下，非 DAC 国家在这方面与 DAC 国家还有一定的差距。总体上看，非 DAC 国家的对外援助缺乏完整的理论指导，这导致政策制定和援助计划的执行很分散，并且大多数国家对外援助水平的透明度不高；非 DAC 国家的对外援助管理体系缺乏统一的行政管理，在对外援助管理体系的结构优化、监督管理等方面存在缺陷，也缺乏管理和监督发展援助计划的中心协调机制。尽管如此，从非 DAC 国家援助管理体系的发展趋势来看，当前非 DAC 国家这种分散的援助计划安排只是简单的开始，随着实践经验的不断积累以及同 DAC 国家更多的交流和学习，最终非 DAC 国家会建立起相对完善的、系统的对外援助管理体系。

二　非 DAC 援助国对国际援助体系的影响

近年来，随着非 DAC 国家对外援助数额的大幅增长，它们在国际援助体系中开始发挥越来越重要的作用。它们的出现削弱了传统 DAC 援助国的谈判地位，给现存国际援助体系带来了竞争性的压力，凸显了现有国际援助体系中的诸多不足。再加上受援国对现有援助体制的不满情绪日益高涨，因此重新思考和改革以发达国家为主导的国际援助体系，并开展新型合作与对话，以适应当前国际政治经济形势的新变化就显得十分紧迫。

非 DAC 援助国对国际援助体系的影响表现在三个方面。

首先，从援助的主体来看，非 DAC 国家的对外援助是国际援助体系的重要补充。一方面，对受援国来说，非 DAC 援助国的出现和发展使对外援助的数额不断增加、渠道更加多样化，发展中受援国不再像以前一样在援助类型和援助国方面仅限于在"标准化"的 DAC 援助范围内进行选择，并且在有效使用资金方面具有更大的自由。更重要的是，非 DAC 国家也曾经历过与受援国当前面临的相类似的发展问题，在减贫和发展经验方面，它们有许多可以与受援国分享的经验。尤其是，目前仍然是受援国的援助国可能更加了解受援国的需求，并且对特殊文化和政治条件更加熟悉，从而可以提供更加具有针对性的援助；对非 DAC 国家来说，其对外援助数额的不断上升说明了非 DAC 国家在国际援助体系中力量的壮大和影响力的提升。另一方面，虽然近年来非 DAC 国家对外援助数额增长迅速，其发展壮大客观上削弱了发达国家在国际援助体系中的主导地位，发展中国家会在国际援助体系中成为 DAC 国家之外的重要一极，但是，在今后较长一段时间内，国际援助体系仍然是由发达国家控制的。

其次，从国际援助体系具体规则的构建方面来看，未来会有两种可能情形出现：一是 DAC 国家加强与非 DAC 国家的协调与合作，修改现行对外援助规则，以兼容非 DAC 国家的对外援助规则，国际援助体系中仍然只有一种占主导地位的对外援助规则。例如，2005 年和 2008 年，发达国家分别推动了《关于援助有效性的巴黎宣言》和《阿克拉行动议程》的制定，要求各援助国加强协调与合作，尤其是希望与非 DAC 国家建立对话和合作机制，其最终目的就是建立起经过适当修改、覆盖范围更广以及继续以发达国家为主导的国际援助新规则。二是随着国内经济的发展，非 DAC 国家对外援助的发展潜力巨大，它们会不断完善现有对外援助规则，形成一套具有该类国家特色的对外援助规则体系。随着非 DAC 国家对外援助规则的日益成熟，以及它们在国际援助体系中力量的壮大和影响力的上升，它们与 DAC 国家的对外援助规则并行成为国际援助体系中两种占主导地位的规则。

最后，北—南—南合作和南—南—南合作的三方合作方式具有把南南合作与 DAC 援助国的力量和经验结合起来的潜在优势，是增强非 DAC 国家、DAC 国家和受援国合作以提高援助效率的重要手段。从这个角度看，非 DAC 国家对外援助的规范和做法在某种程度上是对传统 DAC 国家原有对外援助规范和做法的补充，这些规范的确立使国际援助体系的指导原则趋于完善。鉴于此，DAC 国家有必要积极与非 DAC 国家沟通、协调，开展新型合作和对话，以充分发挥不同类型援助国在对外援助中的比较优势，使国际援助体系的指导原则不断得到完善和发展。

参考文献：

刘爱兰、黄梅波：《非 DAC 援助国及其对外援助的特点》，《国际经济合作》2011 年第 10 期。

Axel Drehera, Peter Nunnenkampb, Rainer Thielec, 2010, "Are 'New' Donors Different? Comparing the Allocation of Bilateral Aid between Non-DAC and DAC Donor Countries", Kiel Working Paper 1601.

Dane Rowlands, "Emerging Donors in International Development Assistance: a Synthesis Report", International Development Research Centre, Canada, January 2008.

Kimberly Smith, Talita Yamashiro Fordelone and Felix Zimmermann, 2010, "Beyond the DAC: the Welcome Role of Other Providers of Development Co-operation", OECD Development Co-operation Directorate.

Ngaire Woods, 2008, "Whose Aid? Whose Influence? China, Emerging Donors and the Silent Revolution in Development Assistance", International Affairs, 84 (6).

Qi Guoqiang, 2007, "China's Foreign Aid: Policies, Structure, Practice and Trend", paper to the Conference on New Directions in Foreign Aid, Oxford/Cornnel.

Peter Kragelund, 2008, "The Return of Non-DAC Donors to Africa: New Prospects for African Development?" Development Policy Review, 26 (5).

Richard Manning, 2006, "Will 'Emerging Donors' Change the Face of International Co-operation?" Development Policy Review, 24 (4).

Vivien Foster, 2008, "The Changing Landscape of Infrastructure Finance in Africa, Nontraditional Sources Take on a Growing Role", Gridlines, PPIAF (Public-Private Infrastructure Advisory Facility), World Bank Note NO 43. October.

第二篇
新兴市场国家对外援助及管理

印度的对外援助及其管理[*]

唐露萍

摘要：近年来印度作为新兴援助国之一，受到了国际社会的广泛关注。印度的对外援助所遵循的原则与南南合作原则较为一致，追求平等互利和互惠合作，这意味着印度在帮助伙伴国实现发展目标的同时也希望获得自身的政治经济利益。数据表明，印度对外援助的总体金额近年来有明显的上升，其对外援助有很强的地缘偏好，大部分资源集中于基础设施建设和商业部门。但是在援助管理体系上，印度仍然缺乏统一的援助管理体制，不统一的援助政策、分割化的管理体系以及有限的援助资源构成了印度推进其发展援助的三大障碍。

关键词：印度；对外援助；动机；管理体系

印度对外援助早在其独立不久后的 20 世纪 50 年代就已经开始，1959 年，印度向尼泊尔和不丹提供援助，标志着印度对外援助的开端。1960—1961 年印度向尼泊尔第二个社会计划提供的经济援助，是印度第一个有计划地支持邻国的援助行动。到如今，印度的对外援助已经走过了五十多年的历程。随着经济实力的增强，印度加大了对外援助的力度，2003—2013 年，印度的对外援助金额增长了 3 倍。印度政府 2012 年用于发展援助的预算与同年澳大利亚对外援助的资金不相上下，而且高于 4 个 DAC 成员国的援助金额。根据印度政府 2012 年的报告，印度计划在 2013—2014 财年将大约 13 亿美元的资金

* 原载于《国际经济合作》2013 年第 9 期，第 50—56 页。

用于发展援助。

　　作为世界上主要的发展中国家之一，印度的对外援助属于南南合作的范畴，在原则、特点及模式上与西方发达国家存在很大的不同，印度对外援助金额的增加及其在国际援助领域活跃程度的上升，引起了国际社会的关注。但是，现有关于印度对外援助的研究并不多，而国内关于印度对外援助的研究更是少之又少。本文首先介绍了印度对外援助的整体状况，在此基础上分析了其对外援助的原则、特点和动机，然后介绍了印度对外援助的管理体系，最后探讨了印度对外援助在国际援助体系中产生的影响及其地位。

一 印度对外援助总况

　　印度对外援助的规模在近年来有明显扩大，在地理分配上显现出很强的地缘偏好性，在部门分配上则集中于基础设施建设和商业部门，援助资源在地理及部门上的分配反映出印度开展对外援助背后的政治经济动机。

（一）援助规模

　　印度虽然没有对对外援助进行明确的官方定义，但是其对外援助所包含的范围与 DAC 国家官方发展援助（ODA）的定义明显不同，印度也不向 DAC 报告其援助额、援助的地区。Agrawal 和 Bijoy 指出，印度通常提到的海外发展援助（Overseas Development Assistance）是项目援助、购买补贴、信用贷款以及技术培训产生的成本的混合体。Dweep Chanana 认为印度的对外援助可被定义为印度以援助国身份进行的对外支出，包括赠款、政府提供的双边优惠贷款，以及通过进出口银行提供的对双边优惠贷款的补贴、在国际组织和国际金融机构的份额等。[①] 无论是以何种形式定义的发展援助，近年来印度援助金额的上升趋势均十分明显。从图 1 可以看出，根据印度的财政预算报告，印度政府对外援

---

① Dweep Chanana，India's Transition to Global Donor：Limitations and Prospects，Real Instituto Elcano-ARI，2010.

助金额 2000 年之后明显上升，年均增长率约为 6%，其 2013—2014 财年用于发展援助的预算高达 13 亿美元，与部分 DAC 成员国的预算不相上下。此外，印度在国际组织中所占的份额和对国际金融机构的投资也在不断上升，根据印度的财政预算报告，这两项资金总额在 2004—2010 年已由 4000 万美元上升至 1.27 亿美元。不过值得注意的是，印度对外援助金额虽然在不断上升中，但是与西方援助大国相比规模仍然很小，甚至与同是新兴援助国的中国相比数额也是有限的。[①] 据估计，2007 年中国仅在非洲的援助就已经达到了 6.16 亿美元。

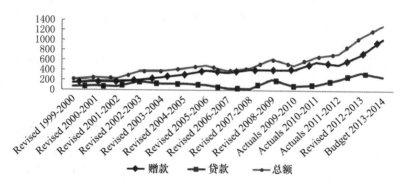

图 1　印度政府对外国政府的援助金额（1999—2013 年）（百万美元）

资料来源：根据印度政府预算（http：//indiabudget. nic. in/vol1. asp）中的 "Expenditure Budget-Grants and Loans to Foreign Govts, Statement 11" 整理。

（二）援助分配

在区域分配上，印度的对外援助集中在两个区域：其一是印度的周边国家，尤其是不丹、尼泊尔和阿富汗；其二是非洲发展中国家。南亚邻国一直是印度对外援助的重点，对它们的援助力度在过去几十年中不断加强，而对非洲地区的援助份额则一直保持在 4% 左右。[②] 不丹和尼泊尔是印度最大的受援国，在过去十几年中不丹接受了印度近 50% 的

---

①　Dweep Chanana, India's Transition to Global Donor: Limitations and Prospects, Real Instituto Elcano-ARI, 2010.

②　Rani D. Mullen, India's Development Assistance: Will It Change the Global Development Finance Paradigm, New York University School of Law, April 8 – 9, 2013.

对外援助，不丹60%的预算由印度提供融资。此外，印度几乎是尼泊尔国内基础设施唯一的援助国。[①] 近年来，随着印度经济实力的提升，为在海外推广其经济大国形象，印度对外援助的范围从中亚扩展到太平洋岛国、东南亚国家以及非洲国家。在南亚邻国区域内部，印度的对外援助分配也有所变化。首先，从2002年起印度开始向阿富汗提供援助资金并成为阿富汗第五大援助提供者，位于美国、英国、日本和德国之后。截至2012年底，印度已向阿富汗提供了近20亿美元的发展援助，其中的12亿美元已经发放，阿富汗成为印度一个重要的受援国，而且在未来几年，阿富汗有可能超过不丹成为印度最大的受援国。其次，目前不丹仍然是印度的最大受援国，但印度近几年加大了对其他几个周边受援国的援助力度，如尼泊尔、斯里兰卡、马尔代夫和缅甸。2012年印度提供了2亿卢比的援助给斯里兰卡，而斯里兰卡的人均GDP甚至高于印度。印度对马尔代夫的援助在2011—2012年度达到5700万美元，相当于马尔代夫政府收入的10%。[②] 印度对外援助在地理分配上的变化是其背后政治及经济利益考虑的反映，表1显示的即是印度通过外交部（Ministry of External Affairs，MEA）发放的赠款和补贴的主要受援国，从中可以看到其对几个南亚邻国的援助金额在近几年增幅明显，对非洲的援助力度也有所上升。

表1　　　　**印度对外援助的主要受援国**（2001—2013年）

单位：百万卢比

国家/年份	2001—2004	2004—2007	2007—2010	2010—2013
不丹	7265	12130	28021	72450
阿富汗	N/A	N/A	8959	11675
马尔代夫	118	224	5271	3488
尼泊尔	1203	3422	3611	6290
斯里兰卡	2033	2389	2001	5627

① 黄梅波、谢琪：《印度对外援助的特点和趋势》，《国际经济合作》2012年第1期。

② Rani D. Mullen，India's Development Assistance：Will It Change the Global Development Finance Paradigm，New York University School of Law，April 8 – 9，2013.

国家/年份	2001—2004	2004—2007	2007—2010	2010—2013
非洲国家	873	1878	2708	4487
缅甸	823	1922	1008	2664
欧亚国家	N/A	N/A	73	880
孟加拉国	904	1003	737	3079
其他国家	9868	18797	9262	10348

资料来源: Compiled by the Indian Development Cooperation Research at the Centre for Policy Research, New Delhi, based on Government of India Budget, Grants & Loans to Foreign Governments, Statement 11 of the Expenditure Budget, Ministry of External Affairs Government of India.

在部门分配上，印度对外援助的重点部门在地域上呈现明显的差异：在南亚，印度对外援助主要集中在基础设施、教育和健康部门。印度为周边三国（不丹、尼泊尔、阿富汗）提供的大部分援助都集中于基础设施项目，这样能为印度本国带来长远的利益，如援建火力发电站可以向印度输送电力资源。印度在其他国家（特别是非洲国家）的援助资金60%用于对受援国的公务员、工程师以及公共部门管理者提供培训，约30%的资金是向国外政府提供的优惠贷款，其余10%为援助项目的其他成本，其中包括进行可行性研究、派遣印度国内专家等。这种地域上的差异反映了印度在这两个地区援助动机上的差异：在南亚是服务于其扩大地区影响力和争取地区领导权的战略目标，在非洲则是服务于其经济利益和扩大政治影响力，与同是发展中大国的中国竞争。图2展示了2008—2010年印度援助资金的部门分配，从中可以看到基础设施建设项目（特别是能源）占了其总体援助的大部分。

（三）援助渠道和工具

与西方援助国一样，印度的对外援助渠道有双边和多边两种形式，其中双边援助占其援助的绝大部分，而多边援助仅占1%左右。2006—2007年印度的双边捐赠和印度经济与技术合作部（International Technical and Economic Cooperation，ITEC）的项目分别占当年印度对外援助总额的44%和47%，由进出口银行提供的信贷额度占8%，而多边援助

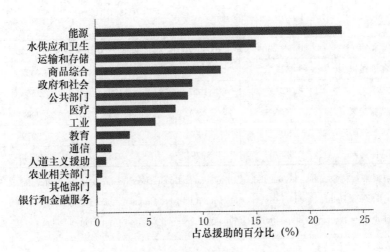

图 2　印度援助资金的部门分配（2008—2010 年）

资料来源：Indian Ministry of External Affairs Annual Reports.

仅占对外援助总额的 1%。由此可以看到，印度开展对外援助的工具主要有三个：ITEC 的技术援助项目、印度进出口银行的信贷额度以及赠款。

印度经济与技术合作部成立于 1964 年，其目标是开展培训项目帮助伙伴国家克服技术上的困难，以此增强技术合作和能力建设。ITEC 的项目最初是作为 SCAAP（Special Commonwealth Assistance for Africa Programme）项目的补充，如今已经发展成为印度与其他国家进行技术合作的最主要的途径。自成立以来，印度通过 ITEC 项目开展的对外援助已经超过 20 亿美元，印度政府对 ITEC 的资金投入也由 1990—1991 年的 1.34 亿卢比上升到 2012—2013 年的 12 亿卢比。ITEC 项目开展的对象主要是亚洲和非洲发展中国家，欧洲、拉丁美洲国家以及多边机构所占份额非常少。根据印度外交部 2012 年的年报（MEA Annual Report 2012），2011—2012 年度，印度在亚洲和非洲开展的 ITEC 项目占其总项目的份额都为 44%，而拉美地区的项目占 4%，多边机构只有 2%，这与上面所提及的印度开展对外援助的区域集中在亚洲和非洲相吻合。ITEC 向 161 个国家提供了 280 个课程，涉及金融、IT 技术、水资源管理、农村电气化、能源等各个方面，课程的周期为 6 周到 1 年或者更长，到目前为止，ITEC 的毕业生已超过 4000 人，这些学员基本上是受援国的高级官员，因此，ITEC 被认为是印度外交成功的一个范例。

信贷额度（Lines of Credit, LoC）由印度进出口银行操作，是印度政府 2004 年开始的开展对外援助的新工具，而后迅速发展成为印度开展对外援助的三大工具之一。印度政府实施 LoC 的目的在于通过向海外金融机构、地区发展银行以及主权政府提供优惠贷款支持印度中小企业对外贸易的开展，便利受援国从印度进口产品和服务、进行本国基础设施建设。对于是否批准信贷额度，印度政府参考的主要标准是：项目是否是需求驱动的、发展导向的和技术上可行的。在过去的十年中，印度进出口银行已经发放 164 笔 LoC，金额达到 92 亿美元，其中 59% 的资金流向了非洲国家，36% 流向了亚洲国家。[①] 在部门分配上，2003—2011 年，印度 LoC 总额的 28% 投放于电力部门，19% 投放于铁路部门，14% 投放于工程和建设部门，[②] 从中可以看到印度的优惠贷款大部分流向了基础设施建设部门，这与其他发展中援助国如中国和巴西的援助重点是一致的。

在印度开展对外援助的初始阶段，其对外援助主要是通过赠款和小额贷款实现的，赠款的目的地主要是周边邻国、中亚及东南亚地区，到 2012 年底，印度对外提供的赠款总额已达 300 亿—350 亿卢比。印度的赠款现由发展伙伴关系管理处（DPA）进行管理。

二 印度对外援助的原则、特点和动机

印度开展的对外援助是发展中国家与发展中国家之间的经济合作，不附加任何政治经济条件，不干涉别国内政，追求与合作伙伴国之间的互利双赢。但这并不代表印度的对外援助是完全出于利他主义的考虑，事实上，印度在国内仍然存在大量贫困人口、自身还是受援国的情况下坚持开展对外援助的动力正是其对于援助所带来的政治经济利益的追求。

---

① India EXIM Bank Annual Report 2013.

② India EXIM Bank Annual Report 2012.

(一) 对外援助的原则和特点

作为全球不结盟运动的领导者，印度一直致力于推动南南合作，印度自 20 世纪 50 年代以来就一直把万隆原则作为其外交政策的指导原则。印度的对外援助属于南南合作的一部分，其遵循南南合作的核心原则，即相互尊重主权和独立、平等互利、不附加任何政治条件和不干涉别国内政。这种原则在援助上则体现为印度表示其发展援助以互利为基础，反对有条件的援助。与中国一样，印度将受援国看成自己的合作伙伴，希望通过援助形成政治上的团结，取得经济上的共赢，[1] 这种在政治团结基础上建立互利合作的方式从冷战时期就已经开始。

印度的对外援助与西方援助国相比金额甚微，但是使其对外援助与其他国家相区别的并不是数量，而是其所具有的特性。首先，印度的对外援助不单单是进行资源的转移，其提供的很大一部分援助是经验与知识的分享这种"软资源"。印度援助的一个最显著特点是通过培训和专家咨询，与其他发展中国家分享社会经济发展经验和技术进步成果，推广印度减贫和经济发展方面的经验，培养受援国的发展能力，[2] 在这一点上不同于西方国家注重社会公共部门建设的援助。事实上，对外发展援助作为印度对外政策的延伸，已经成为印度提高"软实力"的重要工具。[3] 其次，印度的对外援助为需求驱动型（Demand-Driven Approach）。出于尊重伙伴国家主权独立的考虑以及受外交部人力物力有限的现实的限制，印度采取需求驱动型的对外援助方式，即印度允许受援国决定其所需要的援助，然后与在受援国的印度大使馆联系讨论具体的援助事宜，当地的大使馆将具体的援助要求向上提交至印度外交部，再由外交部决定和管理捐助或贷款项目。[4] 最

---

① Jerve, A. M. and H. Selbervik, Self-Interest and Global Responsibility: Aid Policies of South Korea and India in the Making, CMI Report 2009, Bergen: Chr. Michelsen Institute.

② 黄梅波、谢琪：《印度对外援助的特点和趋势》，载《国际经济合作》2012 年第 1 期。

③ Anwesha Ghosh, India's Foreign Aid Program as a "Soft Power" Tool: Brief Analysis, Center for Studies in International Relations and Development, 2013.

④ Rani D. Mullen, India's Development Assistance: Will It Change the Global Development Finance Paradigm, New York University School of Law, April 8 – 9, 2013.

后，与西方援助国在援助过程中附件条件的做法不同，印度的援助不附加政治经济条件，也不干涉伙伴国家发展道路的选择。印度对外援助的这种做法与南南合作的核心要义相一致，但是出于经济利益的考虑，其对外援助以捆绑援助居多，即要求受援国购买印度的商品或服务。

（二）对外援助的动机

在非 DAC 援助国的行列中，印度已经成为举足轻重的一员，近年来其援助投入也越来越大，援助形式越来越多样化，印度政府对于援助的重视程度由其 2012 年开始着手建立独立的援助管理机构可见一斑。印度的经济虽然在改革之后取得了很大进步，但是其国内仍然有 32% 的人口生活在世界银行所设定的每天生活费低于 1.25 美元的贫困线之下；在人口平均寿命、卫生设施可获得程度以及婴儿死亡率控制等发展指标上，印度都落后于其受援国（邻国）孟加拉国、尼泊尔、斯里兰卡；在人均 GDP、识字率和教育可获得程度上落后于斯里兰卡。而且，2009 年印度接受来自各援助国的援助净额仍有 25 亿美元，其中 16 亿美元来自 DAC 国家的双边援助。在此情况下，印度仍然向周边邻国提供大量发展援助，其援助背后的动机非常值得探讨。

一国对外援助的动机包括政治动机、经济动机、发展动机以及人道主义动机四个方面。除了希望通过对外援助促进其他发展中国家的经济社会发展、对遭受各种灾难的国家提供人道主义援助，印度对外援助也包含政治、经济动机，正如印度外交部所表明的，政府将发展援助（包括赠款和优惠贷款）作为追求印度政治、经济和商业利益的工具。在政治利益上，印度把援助作为外交工具的一部分来增强其在南亚地区的地缘政治影响力，以此提高其区域领导者的地位。而且，印度希望通过援助在受援国中发展"亲印（pro-India）"团体，以此扩大其全球影响力，争取在联合国安理会中获得常任理事国席位的支持。[1] 此外，由于在不结盟运动中作为关键领导者积累了较多的

① Kragelund Peter，"The Return of Non-DAC Donors to Africa：New Prospects for African Development?" *Development Policy Review*，26，2008.

经验，推动南南合作是印度外交政策的传统支柱之一，印度一直把自身定位于南南合作的领导者，开展对外援助也是其巩固这一领导者地位的工具之一。在商业利益上，印度利用对外援助为其产品和服务开拓国外市场，为其海外投资开辟道路，这可以由捆绑援助在其中所占的份额看出来。① 此外，Chanana 认为印度对某些发展中国家的援助是为了获取石油和其他自然资源以满足其国内日益增长的资源需求。在非洲，印度援助主要关注三个方面：外交影响力、石油储备和商品市场，商业利益是印度在非洲进行援助的一个重要考虑因素。② Andreas 和 Krishna 采用从印度外交部 AidData 数据库中获得的数据考察印度 2008—2010 年对 127 个发展中国家发放的援助金额，利用 Logit 模型进行回归来分析印度对外援助的动机，分析表明，印度对外援助资源的分配部分服从于发展动机，而占主导的是政治和经济动机。印度的发展援助 50% 进入了商业领域，并且具有很强的地缘偏好性。一国提供对外发展援助带有利己主义的动机无可厚非，印度希望借助援助达到的政治经济目的正是其即使在国内仍然存在大量贫困人口、很多受援国的人均 GDP 都高于印度本国的状况下仍然对外提供援助的动力所在。按照 2007 年美元和国际购买力衡量，印度的 23 个受援国的人均 GDP 都高于印度本国。

三 印度对外援助管理体系

大部分的 DAC 成员如美国、英国、德国、法国等都有独立完整的机构进行援助政策的制定和援助活动的管理，而印度的对外援助缺乏统一的行政管理体制，涉及的管理部门繁多，职能出现交叉，导致了其援助政策较为零散，信息公布的完整性和透明性差，在这一点上备受西方援助国的指责。

---

① Kragelund Peter, "The Return of Non-DAC Donors to Africa: New Prospects for African Development?" *Development Policy Review*, 26, 2008.

② 黄梅波、谢琪：《印度对外援助的特点和趋势》，载《国际经济合作》2012 年第 1 期。

（一）传统援助管理体系

印度有多个部门参与对外援助的组织与管理，外交部直接负责向阿富汗、不丹和尼泊尔提供的援助，对其他国家的援助由商务部和财政部负责，外交部为印度两大援助项目 ITEC 项目和印度文化关系理事会（Indian Council of Culture Relations，ICCR）项目提供资金支持，财政部下设的进出口银行则负责优惠贷款信贷额度的管理和发放。

外交部是印度发展援助的主要机构，负责印度 85% 的援助，其通过向特定工程提供资金、提供项目建设咨询、派送专家、向外国学生提供在印度大学深造的机会和人道主义援助等方式向其他国家提供援助。外交部下设的两大援助项目管理部门各司其职：ITEC 主要负责印度的双边技术援助与培训项目，ICCR 则负责印度与外国的文化交流。ITEC 是印度开展海外援助的主要工具，包括五个部分：（1）在印度对 ITEC 的合作伙伴国的相关人员进行培训；（2）开展援助项目和进行项目相关活动，比如可行性研究咨询服务；（3）派遣印度专家到海外；（4）科研；（5）自然灾害救助。财政部在双边援助中确定最终实际的援助额，并负责监督印度进出口银行的信贷工作。印度进出口银行成立于1981 年，其功能是为印度的进口和出口活动提供资金支持，对外援助中的信贷额度（LoC）就是通过进出口银行进行发放的。图 3 是印度发展援助的组织简图。

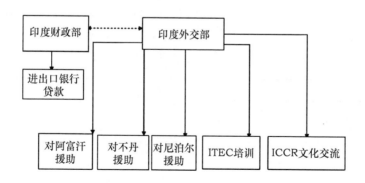

图3 印度发展援助的组织简图

（二）发展伙伴关系管理处

印度对外援助的各部门之间的协调性很差，各个援助项目和政策也并未统一。在过去的十年中，为提高援助的效率以及加强与伙伴国家的合作关系，印度政府多次宣称将建立独立的援助管理机构，但都未能成行。最终，2012 年 1 月，印度外交部在其下设立发展伙伴关系管理处（Development Partnership Administration, DPA）。尽管 DPA 不是一个独立的援助管理机构，但是它标志着印度向统一援助管理体制迈出了第一步。

DPA 设立的目的是协调印度的对外援助和发展合作，加强对印度援助项目和技术合作的管理。此外，DPA 还负责在外交部内部协调 ITEC 与其他援助单位在培训和技术援助上的合作，对进出口银行提供信用贷款进行追踪管理。由此，DPA 下设了 DPA-I、DPA-Ⅱ 和 DPA-Ⅲ 三个分支机构：DPA-I 负责东非、南非和西非地区的所有信贷额度和捐助项目，孟加拉国的赠款项目和斯里兰卡的住房援建项目；DPA-Ⅱ 负责 2012—2013 年 ITEC、SCAAP（Special Commonwealth Assistance for Africa Programme）管理下的面向 161 个国家开展的培训项目，同时还负责印度在东南亚、中亚、西亚和拉美地区的捐赠项目，印度的人道主义援助和灾难紧急援助也由该分支负责；DPA-Ⅲ 则负责在阿富汗、马尔代夫、缅甸、尼泊尔和斯里兰卡的援助项目。

尽管印度政府试图通过 DPA 对其发展援助进行统一集中管理，但是 DPA 仍然缺乏足够的财力和物力去协调、监督乃至统一不同部门之间的发展援助，部门之间乃至部门内部之间的利益纷争加大了印度实现对外援助统一管理的难度，而且对于单个国家发展援助政策制定的决定权仍保留在外交部的领导者手中。因此，印度对外援助政策的制定和管理仍然是分散的，而且在很长一段时间都将保持这种分散的状态。

四　结　语

随着改革之后经济的快速发展，印度的对外援助金额在近十年里有明显的增长，与此同时，其他新兴经济体如中国和巴西（尤其是中国）

的对外援助也显著增加，这些"后起之秀"作为非 DAC 成员引起了国际社会的关注，被西方发达国家称为"新兴援助国"。而事实上，印度、中国等开展对外援助已经有近60年的历史，形成了自己的对外援助模式和原则。印度的对外援助大部分集中于邻国及周边区域，具有明显的地缘偏好，在部门分配上则将50%左右的资源分配在基础设施部门，援助资源的这种地理分配和部门分配是其对政治经济利益考量的反映：塑造自己地区领导者和南南合作领导者的形象、扩大自身在全球范围内的影响力以及为本国的贸易投资开拓海外市场。印度开展对外援助的工具主要有三个：ITEC 的技术援助项目、印度进出口银行的信贷额度以及赠款，但是印度对外援助的管理并没有实现统一，而是由多个部门交叉负责，这就出现援助管理分割化，容易造成资源的重复浪费和信息的不透明。事实上，新兴援助国的援助管理体系普遍存在这一问题。

印度的对外援助属于南南合作的范畴，与其他发展中国家开展经济合作的原则建立在和平共处五项原则基础之上，发展援助的目的在于把受援国视为发展伙伴并与其建立团结一致的关系、支持它们的发展并提供先进的但相对低成本的技术、在平等互利的基础上进行合作、互惠互利，这与传统 DAC 援助国的做法显然不同。以中国、印度和巴西为代表的新兴援助国为国际援助领域带来了新型的援助方式，推动了国际援助体系的改革。印度也致力于成为重要的国际援助者，但是印度的这一征途至少面临三方面的困难：一是援助资源的不足。印度经济发展虽然有了很大起色，贫困率有所下降，但是其仍然是受援国，国内贫困人口依然大量存在，在此种状况下，印度可用于对外援助的资源非常有限。文中数据显示，印度的对外援助金额近年来虽然有明显上升，但是与西方发达援助国甚至是中国相比，援助规模仍然是很小的。二是援助管理体系的分割化。印度虽然迈出了建立统一完整援助管理体系的第一步（DPA 的设立），但是如前文中提及的，援助的零散管理现状没有得到根本改善，而且在未来很长一段时间都不能得到明显改善。三是对外援助政策的不统一。印度发展援助政策仍处于不断调整的过程中，印度至今仍没有正式宣布其对外发展援助政策，这使得其开展对外援助缺乏明确的方向和系统性。

参考文献：

黄梅波、谢琪：《印度对外援助的特点和趋势》，载《国际经济合作》2012 年第 1 期。

Anwesha Ghosh, India's Foreign Aid Program as a "Soft Power" Tool: Brief Analysis, Center for Studies in International Relations and Development, 2013.

Asian Development Outlook 2005/2006/2010, Manila: Asian Development Bank.

Chanana Dweep, India as an Emerging Donor, Economic and Political Weekly XLIV, 12, 2009.

Chaturvedi Sachin, India's Development Partnership: Key Policy Shifts and Institutional Evolution, Cambridge Review of International Affairs. 25 (4), December, 2012 (a).

Chanana Dweep, India's Transition to Global Donor: Limitations and Prospects, Real Instituto Elcano-ARI, 2010.

India EXIM Bank Annual Report 2012, 2013.

Jerve, A. M. and H. , Selbervik, Self-Interest and Global Responsibility: Aid Policies of South Korea and India in the Making, CMI Report 2009, Bergen: Chr. Michelsen Institute.

Kragelund Peter, "The Return of Non-DAC Donors to Africa: New Prospects for African Development?" *Development Policy Review*, 26, 2008.

Price Gareth, India's Aid Dynamics: From Recipient to Donor? Asia Program Working Paper, Chatham House, London, UK, 2004.

Rani D. Mullen, India's Development Assistance: Will It Change the Global Development Finance Paradigm, New York University School of Law, April 8 - 9, 2013.

巴西对外援助管理体系及其面临的挑战[*]

吕少飒

摘要：巴西对外援助以"技术援助"为主，是巴西"南南合作"、"团结外交"的一项重要内容。自前总统卢拉执政以来，巴西对外技术援助取得了显著成效：援助规模持续扩大；援助资源主要分布在非洲、中南美洲及加勒比地区，援助领域集中于农业、卫生和教育部门；援助方式主要采取有别于多数新兴援助国的三边合作方式。巴西发展援助署（ABC）是巴西技术援助项目的协调与监督的主管机构。为与当前巴西对外援助的发展趋势相适应，巴西对外援助在制度保障、组织机构、实际操作以及人力资本四个层面存在的问题亟待解决，巴西政府一方面应加紧国内对外援助机制的改革，另一方面应从他国汲取相关经验教训以尽早完成制度升级。

关键词：技术援助；管理体系；南南合作；三边合作

20 世纪 90 年代经济改革之后，巴西的经济得到快速发展，并迅速跻身"金砖五国"的行列。2012 年，巴西以 23959.68 亿美元的国内生产总值成为世界第七大经济体，同时也是南美地区最大的经济体。巴西开展正式的国际发展援助距今已有 40 余年的历史，近年来，随着经济的不断发展，巴西正由一个纯粹的受援国向援助国转变。巴西对其他发展中国家开展的援助（尤其是技术援助），是南南合作的重要组成

---

* 原载于《国际经济合作》2013 年第 9 期，第 65—70 页。

部分。

一 巴西对外援助的动机、原则与战略

早在 1950 年，巴西就成立了国家技术援助委员会（Comissão Nacional de Assistência Técnica，CNAT），负责与工业化国家签订特定技术转让协议和合作协议，获取来自工业化国家的技术援助。巴西第一次正式地以受援国的身份出现在公众视野中是在 20 世纪 70 年代。进入 20 世纪 80 年代，巴西的角色有所调整，在接受援助的同时开始向其他发展中国家提供援助，最大限度地增强其在国际上的影响力。

（一）发展援助的动机与原则

受政治利益和经济利益的驱动，巴西寻求在国际舞台上的地位。具体说来，巴西具有以下三个发展特点，这些特点同时影响了巴西对外援助的动机：第一，巴西在政治上奉行多边主义，主张减少区域或国际上在政策、金融以及商业领域的不公平行为。第二，巴西具有较高的经济发展水平和速度，作为新兴市场经济体对外投资潜力巨大，特别在南美洲国家中具有绝对的领导力和影响力。第三，巴西在接受发展援助过程中积累了大量的减贫经验，并在社会创新、科学技术方面具有优势。

自 2003 年卢拉（Luiz Inácio Lula da Silva）总统执政以来，通过制定行动指南和颁布一项名为"巴西联邦共和国的国际关系取决于其促进人类进步的合作"（República Federativa do Brasil nas relações internacionais，promovendo a cooperação no progresso humano para decidir）的指令，巴西政府逐渐明晰了对外援助的原则，合作成为其"团结外交"的一项工具，是南南合作的重要组成部分，其原则也是南南合作原则，而不是南北援助关系中援助国制定的规则。

（二）发展援助的战略

自 20 世纪 80 年代起，"将以技术援助为主的对外援助作为外交政策的工具"成为巴西对外发展援助的战略。一方面，巴西政府认为

"如果与一个不满的国家为邻，那么这个国家就不会感到安全"，将发展援助作为外交工具就是为了减少巴西与周边邻国发展的不对称性。另一方面，从严格意义上来讲，对外发展援助分为技术援助和资金援助，巴西在科技创新和技术发展领域具有比较优势，技术援助是其对外援助的重点，相比之下资金援助的比重较小。

二 巴西对外援助的管理体系

由于立法等各方面原因，目前主要是巴西发展援助署（Agência Brasileira de Cooperação，ABC）履行巴西对外援助尤其是技术援助的协调和监督的职责。

（一）ABC 建立的背景与宗旨

ABC 通过巴西国家法令 94.973 诞生于 1987 年 9 月，隶属于巴西外交部（Ministério das Relações Exteriores，MRE）。作为巴西南南合作的中心，ABC 专门负责巴西的技术援助以及与之相对应的技术标准和外交政策，其运营结构、人力资源组成以及管理系统都围绕着巴西国际技术援助项目展开。

联合国发展计划署（The United Nations Development Programme，UNDP）在 ABC 成立过程中起到了重要作用，它负责协助 ABC 培养人力资源，推广管理技术，运行计算机系统跟踪项目等。

（二）ABC 的组织机构及运行模式

在组织机构上，ABC 设署长（Director）1 名，负责整个机构的运行；下设 6 个协调司（Coordination Unit），分别为农业、能源、酒精以及环境协调司（CGMA），发展中国家技术援助协调司（CGPD），社会发展、医疗及专业培训协调司（CGDS），IT、计算机科学技术、城市化及交通运输协调司（CGTI），接受双边及三边合作协调司（CGRB）以及接受多边合作协调司（CGRM）。

在运行模式上，一方面巴西建立了一套按职能划分的管理体制，但另一方面在实际操作过程中还存在一套按地理分配职能的体制（见图

1）。譬如按照职能，CGDS 应当负责社会发展、医疗以及专业培训项目的协调工作，但是实际上它还负责对拉美和加勒比海的合作项目进行监管。造成这种"双运行模式"的主要原因是，ABC 在开展发展援助之初是按照地理区域的划分与受援国进行双边谈判的。在之后运行模式的改革过程中，ABC 逐渐向按职能划分的方式转变，2006 年巴西通过了ABC 重组法令，试图巩固这种按职能划分的运行模式。

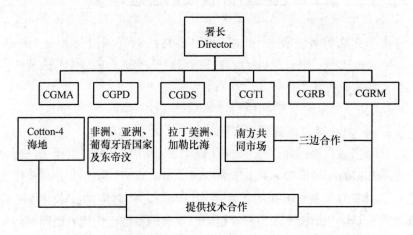

图 1　巴西发展援助署（ABC）组织机构及运行模式

资料来源：ABC 官方网站。

需要引起关注的是，即使是在成立之初专门负责处理巴西接受援助事项的部门，如 CGRB 和 CGRM，现在也开始从事与发展中国家之间开展的技术援助工作。巴西从事的技术援助正从双边和多边的模式向三边合作的方式转换。

三　巴西对外援助的现状

一般而言，对外发展援助可分为技术援助和资金援助。巴西在外交政策上赋予技术层面南南合作极大的重要性，特别在卢拉总统执政以来，技术援助在分配的资源量，开展项目数和合作伙伴数量方面都显著增加，成为巴西对发展中国家援助的主要方式。除特别说明，本文所指的"对外援助"与"技术援助"同义。近年来，不论是从援助的规模、援助资源的分配，还是从援助的渠道和方式等方面看，巴西对发展中国家的技术援助均取得了显著进展。

（一）援助的规模

援助金额和援助项目数量这两方面都能体现巴西对外技术援助的规模很大。需要说明的是，援助金额包含预算和支出两个方面，援助金额和项目数量都以 ABC 机构的统计为准。

1. 援助金额

在预算总量方面，据 ABC 统计，巴西对外发展援助执行预算在卢拉总统执政期（2003—2010 年）从 450 万雷亚尔增加到历史峰值 5256 万雷亚尔。虽然 2012 年这一数值降为 3600 万雷亚尔（见图 2），但总体来说，巴西的对外援助执行预算呈现上升趋势。

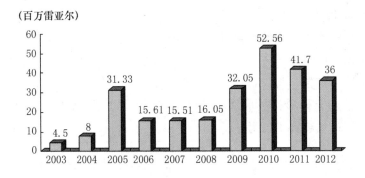

图 2　ABC 执行预算变化情况（2003—2012 年）

资料来源：ABC 官方网站。

在支出总量方面，来自巴西应用经济研究所（IPEA）2005—2010年的数据显示，巴西对外援助支出由 2005 年的 1.581 亿美元增加到2010 年的 9.234 亿美元，增幅超过 4 倍（如图 3 所示）。2010 年海地地震在很大程度上引起巴西国际发展合作支出大幅增长（2010 年金额超出 2009 年的两倍多），主要是人道主义援助的增长。

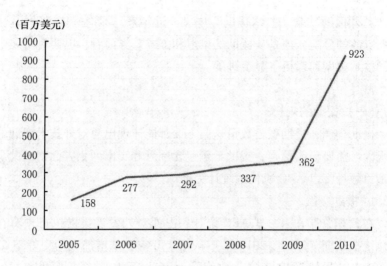

图3 巴西国际发展合作年度总支出变化情况（2005—2010 年）

资料来源：IPEA 2010 和 2013 年数据。

2. 项目数量

根据巴西外交部的内部条例，ABC 代表巴西负责来自其他国家和国际机构，以及巴西与发展中国家共同进行的发展援助项目的规划、协调、谈判、审批、监管以及评估工作。如图 4 所示，由 ABC 监察到的已执行技术合作项目数量从 2003 年的 23 个增加到 2009 年的 413 个，项目数量增长趋势相当明显。

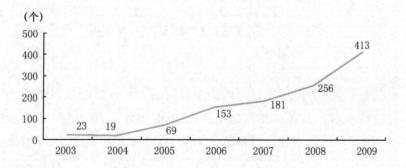

图4 巴西发展援助署技术合作项目数量变化情况（2003—2009 年）

资料来源：ABC 官方网站。

（二）援助分配

巴西对外技术援助的资源分配情况可以从地区分配和部门分配两个层面来解读，其分配方式能够鲜明地体现出巴西对外发展援助的原则和战略目标。

1. 地域分布

关于 ABC 国际技术援助的地区分布，IPEA 发布的数据显示，接受巴西援助的发展中受援国的数量已经从 2003 年的 21 个增加到 2013 年的 95 个，且绝大部分集中在非洲地区（2210 万美元，约占资源总量的 57%），尤其是莫桑比克、佛得角等葡萄牙语国家共同体成员国；其次是中南美洲及加勒比地区（1440 万美元，约占 37%）；其余主要集中在亚洲和中东地区（210 万美元，约占 6%）。

ABC 负责管理的项目重在转移知识和技术，目前拉美国家和非洲葡语国家是其成功经验和技术转让的优先对象。之所以将非洲葡语国家作为对外技术援助的主要对象国，是因为巴西对非洲葡语国家存在"历史债务"问题，巴西与非洲葡语国家之间的关系是"政治的、道德的和历史的债务、责任"。至于将中南美洲和加勒比地区作为技术援助优先考虑的对象，则是因为这些地区在历史文化上与巴西有着较为密切的关系。

2. 领域分布

ABC 运营至今已 26 年，巴西政府在援助管理方面仍然存在组织机构不成体系和缺乏中央调控的弊端。在巴西，除却 ABC 隶属的外交部，参与技术援助的主体还包括农业部、卫生部、教育部等联邦政府部门和州政府、市政府等地方政府部门，巴西农业研究企业（Empresa Brasileira de Pesquisa Agropecuária）等国有企业，Oswaldo Cruz 基金会（Fundação Oswaldo Cruz）等公共研究中心，国民经济与社会发展银行（Banco Nacional de Desenvolvimento Econômico e Social）等金融机构，以及私人和非政府组织。

虽然牵涉机构众多，但巴西的对外技术援助主要集中在农业（22%）、卫生（17%）以及教育（13%）三大领域（如图 5 所示）。例如，在巴西，逾 20 家机构从事与非洲农业技术援助相关的项目。

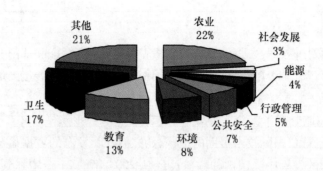

图 5 巴西技术援助领域的分布（2010 年）

资料来源：ABC 官方网站。

（三）技术援助的渠道和方式

技术援助通常有双边、三边以及多边合作三种形式。与其他新兴国家普遍采取的双边合作模式不同，2010 年有高达 66.3% 的巴西发展援助（金额达 9.65 亿雷亚尔）是通过多边尤其是三边合作的方式进行的。三边合作是一种较新的发展援助形式，是在巴西（新兴援助国）、传统援助国以及受援国三者之间进行的合作。三者共同对该项目负责，并且一般在新兴援助国较为擅长的领域展开。根据 ABC 公布的信息，巴西三边发展援助的主要伙伴是日本和国际劳工组织（International Labor Organization，ILO）等一系列发达国家和国际组织（如图 6）。相比于双边合作，多边合作或三边合作容易削弱巴西在合作过程中的控制力。因此，援助过程中如何进行有效协调（包括如何处理关联交易成本）已经成为三边合作面临的挑战。

四 巴西对外援助存在的问题及对策

巴西作为一个新兴援助国，对外发展援助的历史较短，加之采取的三方合作方式有别于一般的发展中援助国，其对外技术援助的发展和管理体系存在四方面的问题。

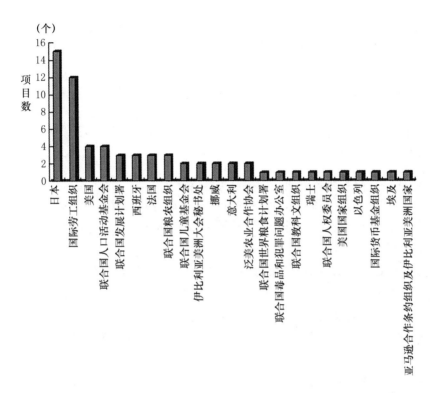

图 6　巴西三边发展合作主要合作伙伴（2010 年）

注：以 ABC 统计的项目数量为标准。

资料来源：Cabral, Lídia and Weinstock, Julia, Brazilian Technical Cooperation for Development: Drivers, Mechanics and Future Prospects, London: Overseas Development Institute, September 6th, 2010. p. 31.

（一）制度保障层面：援助方面法律体系不健全

在制度保障层面上，巴西国内的法律体系没有明确政府进行对外发展援助与投资的正当性和必要性。这种不健全的立法造成巴西政府被剥夺依法从事海外融资、商品服务采购以及人员招聘等活动的权利，导致巴西政府只能通过钻法律漏洞的方式，利用国际组织（如 UNDP）作为中间机构进行海外发展援助资金的投放。约 60% 的 ABC 项目基金通过联合国发展计划署（UNDP）投放，剩余 40% 的基金则通过国际劳工组织（ILO）、泛美农业合作协会（IICA）等其他国际组织进行投放。

实际上，这种法律体系已经无法满足时代发展的诉求，应当遵循以下两条思路进行立法改革：一方面，巴西应当在法律层面上减少对国内业已成熟的对外发展援助机构运行施加的限制；另一方面，以法律形式保障和增强巴西对外援助与合作的透明度，以降低合作成本，获取更大的收益。

（二）组织机构层面：援助体系高度碎片化

在组织机构层面上，巴西对外发展援助体系高度碎片化，ABC 也尚未完全成为负责发展援助规划和协调事宜的中心机构。这一不足主要表现在如下两方面：一是发展援助项目的确定缺乏层级式管理，大多是外交方面的需要和总统访问的结果，ABC 在这一过程中通常仅充当一个被动应对的角色，形成了所谓的"需求驱动型"援助模式；二是部分援助项目是由 ABC 以外的机构组织实施的，这些机构大多独立运作，并不存在一个制度化机制为其提供一个分享经验和探讨互补性的平台。

高度碎片化的援助体系通常会带来三大弊端：一是合作活动缺乏协同效应。Lídia Cabral 认为，缺乏竞争性发展的观点和意识常常造成计划和项目的相互背离。二是项目总体监管和评估失灵。ABC 只在极少数合作伙伴国设立分支机构，且 ABC 内部并不存在协调部门和机构的组织致力于"监管和评估"。三是缺乏行政和财务自主权。巴西国际发展援助更倾向于受政治因素的影响而较少进行技术方面的考量，但在实际操作过程中，经济和战略方面的因素同样重要。

ABC 面临的主要挑战是增强自身在巴西对外援助中的协调领导能力，为大量相关合作机构提供平台式及保护伞式的服务。其首先要做的是在合作过程中降低被动性并提高战略性；进而提高组织协调能力，加大信息共享制度建设。

（三）实际操作层面：国内经验的海外适用性遭受质疑

由于巴西国内积累了大量脱贫、发展的宝贵经验，其在对外援助项目的操作过程中也试图复制国内成功的经验。但对于其他国家而言，由于政治经济制度和社会群体等诸方面的差异，巴西的国内经验并不一定适用于海外项目。

以艾滋病抗逆转录病毒药物的生产为例，巴西民主化进程中爆发过所谓的卫生运动，最终卫生保健在巴西被视为公民的基本权利和政府的基本义务。HIV/AIDS 最早在巴西的富人同性恋群体中传播，这一群体具有政治组织能力，并且普遍能够申请接受免费治疗；但在撒哈拉以南非洲地区，艾滋病则多在公民权益诉求较弱的穷人中爆发。如果负责非洲地区艾滋病抗逆转录病毒药物生产和分配的巴西基金会（FIOCRUZ）和负责执行的巴西农业发展部（MDA）一味地将巴西国内的相关经验简单套用到非洲地区，则不一定适用。

因此，在那些与巴西在政治经济制度及社会民众群体方面缺乏相似度的国家推广巴西的经验应当审慎而行。一方面，应当结合受援国的国情，因地制宜地开展援助项目。另一方面，要加大对海外社会民众群体的关注力度。

（四）人力资本层面：缺乏充足且相对稳定的固定工

尽管 ABC 组织并参与了越来越多的发展援助项目，但是缺乏充足且相对稳定人力资本的问题仍长期困扰着这一机构。人力资本的充足性方面，截至 2013 年 6 月，ABC 有 3 位外交官和 10 位大使馆官员，此外还有 160 名员工，其中约 100 名员工直接参与技术援助，负责管理 58 个国家的 400 多个南南合作项目，人手严重不足。人力资本的稳定性方面，仅有的 3 位外交官和 10 位大使馆官员常根据外交部的需要被安排到其他部门工作，每位官员实际就职于 ABC 的平均时间仅为 2—2.5 年，人员流动性高。此外，通过 UNDP 招聘的 60 名国际合作技师和分析师也都是临时工，本身缺乏分析经验，难以满足国际发展援助过程中日益增多的多样化需求。截至 2013 年 6 月，巴西外交部包含以下三种职位：外交官（约 1705 人），大使馆官员（1000 人），总理府助理（1200 人）。针对人力资本问题，Fernando Abreu 提议设立国际合作技师这一新的职位，这对于保障 ABC 的长期稳定性和专业性至关重要。

五　结　语

巴西对外援助合作主体的多样性、项目的复杂性、区域的广泛性都对技术援助的机构建设和管理提出了要求。针对巴西对外援助领域存在的制度性和操作性难题，专家学者们各抒己见。如 Lídia Cabral 和 Julia Weinstock 认为，亟须制定一套规范对"技术合作过程中巴西团体组织之间正式和非正式关系"做出认定，制定"常规项目管理流程"，设立"对发展中国家援助标准"以及"与当地利益相关者相互作用机制"。

然而在新一轮机构改革中，ABC 有可能被一个新的国际发展援助机构所取代。2013 年 5 月，巴西总统罗塞夫（Dilma Rousseff）在访问埃塞俄比亚时，曾提议设立一个"针对非洲和拉美的合作及贸易机构"以取代 ABC。巴西外交部长安东尼奥·帕特里奥塔（Antonio Patriota）声明，巴西的对外援助正在经历"结构性变革"，新机构或许将命名为"巴西合作发展机构"（Agência Brasileira de Cooperação e Desenvolvimento），将同时促进对外援助和投资。此外，这一新机构可能将不再隶属于外交部，这意味着巴西的援助与投资工作与外交政策的脱离。

按照以上构想，新的机构将同时监管技术援助与对外投资，并把部分业务承包给巴西本土的公司以追求商业利润。有学者质疑这种构想，认为这将有可能破坏巴西政府早先提出的"促进南南合作机制形成"的原始动机。但是 ABC 的现任署长费尔南多·阿布雷乌（Fernando Abreu）认为，在同一机构中同时监管投资和援助并避免利益冲突是可行的。

总体来说，国际发展援助对巴西而言仍是一个全新的领域，其机构制度和标准流程都在大规模的改革和调整之中。在不久的将来，不论 ABC 是否像预测中的那样被规模更大、自主性更强的机构所取代，它在应对制度性挑战方面积累的经验和教训具有相当重要的意义。此外，巴西还应当从别国的发展援助机构汲取经验教训以尽早完成制度升级。

参考文献：

陆继霞，李小云：《巴西国际发展援助的特点及启示》，载《国际经济合作》2013 年第 5 期。

Bruno Ayllón Pino, Brazilian Cooperation: A Model under Construction for an Emerging Power, ARI, 2010, 2.

Vaz, Alcides Costa and Inoue, Cristina Yumie Aoki, Emerging Donors in International Development Assistance: the Brazil Case, Ottawa: International Development Research Center, December 2007.

Hirst, Monica, "Brazil's Renewed Responsibilities in Cooperation for Development and International Security", In Engagement on Development and Security: New Actors, New Debates, Sherman, Jake, Gleason, Megan M., Sidhu, W. P. S. and Jones, Bruce, eds., New York: Center on International Cooperation, New York University, September 2011.

Lídia Cabral, Julia Weinstock, Brazilian Technical Cooperation for Development: Drivers, Mechanics and Future Prospects, Overseas Development Institute, 2010, 9.

World Bank and IPEA (2011), Bridging the Atlantic, Brazil and Sub-Saharan Africa: Partnering for Growth. Washington, DC, and Brasilia: World Bank and IPEA.

ABC, A cooperação técnica do Brasil para a África. Brasilia: ABC/MRE, 2010.

南非对外援助管理体系研究[*]

黄梅波　　李子璇

摘要： 随着全球发展格局的转变，新兴经济体作为国际发展援助新的组成部分，正在发挥着积极作用。南非作为当前国际发展援助体系中的新兴援助国之一，其援助实绩和管理政策引起了国际社会的关注。本文分析了南非对外援助的现状及其对外援助的管理体系，指出了目前该管理体系中存在的缺陷。南非应着力于建立一个中央协调机构，建立健全的监督评价机制和透明的信息管理机制，以保证其对外援助更加协调，更加有效。

关键词： 南非；对外援助；SADPA；管理体系

南非是当前国际发展援助体系中的一个新兴的发展援助伙伴。虽然国内仍然面临着发展挑战，但是作为非洲第二大经济体，南非具备一定的能力为非洲其他发展中国家的发展提供支持。20 世纪 60 年代，南非便开始对其他发展中国家实施双边援助，经过近 50 年的援助实践，南非已经形成了自身独特的发展援助的方法和范式。近年来，作为二十国集团的成员国以及"金砖国家"之一，南非日益上升的国际地位和特点使其成为国际发展援助体系中的重要角色。国际发展援助的接受者和提供者的双重身份，使南非可以利用自身的发展历史、国家能力和援助经验，提高国际发展援助体系的整体实力，为国际发展援助做出特殊的贡献。

　＊　原载于《国际经济合作》2013 年第 11 期，第 78—83 页。

一　南非对外援助目标的演化

南非对外援助的目标在不同历史时期有不同的表现。南非对外援助的历史可以追溯到 20 世纪 60 年代末，当时的种族隔离政府为在联合国赢得支持并缓和国际社会对该政权的批评，开始把援助作为政治策略。这在非洲的许多国家（如扎伊尔、马拉维、加蓬和几内亚等）取得了不同程度的成功。1994 年南非过渡到民主制度后，新政府不断调整对外援助计划，并使对外援助成为促进非洲大陆进行积极的社会和经济变革，努力促进非洲一体化和非洲联盟的建设，推动南南合作和南北对话的重要手段，南非还将对外援助和军事力量相结合作为战略性外交政策的工具。[①] 进入 21 世纪以来，国际社会开始关注援助有效性问题，特别是 2005 年《关于援助有效性的巴黎宣言》签署以后，国际发展援助理念实现了向"援助有效性"的正式转变，注重援助的可持续发展。在此背景下，南非积极与国际援助体系融合，一方面，南非的对外援助目标开始从政治目标向经济和发展目标转变：通过国家之间的双边合作以及知识、技术的转移推动发展中国家经济增长和社会进步，推动发展中国家的能力建设和机构建设，同时解决非洲和全球南方的贫困和边缘化问题。[②] 另一方面，南非援外工作也从单纯的赠予性的非营利性援助向互利双赢的共同发展模式转变，在援助中更加重视提高伙伴国的自主发展能力，以促进其经济发展和社会进步。

当前南非对外援助的主要目标是促进南南合作，促进受援国经济发展，预防冲突和促进民主。近年来，南非积极参与国际事务，成为联合国、非洲联盟、二十国集团等国际组织或多边机制成员国，在国际社会有一定的影响力。南非的外交政策包括五大支柱：保障人权、促进自由民主、尊重公正原则及国际法、维护世界和平并参与国际维和机制、维

---

① BBRICS Report, GHSi, 2012, www. ghsinitiatives. org.

② 黄梅波、唐露萍：《南南合作与南北援助——动机、模式与效果比较》，载《国际展望》2013 年第 3 期。

护非洲利益并建立互赖关系。对外援助是南非实施积极外交政策的重要工具，因此外交政策也是南非在国际社会上实施对外援助所遵守的原则。南非提倡把对外援助看作是"在南南合作的精神下建立的伙伴关系"，倡导在尊重主权、平等互利及互不干涉的基础上进行双边援助和多边援助，认为这有助于发展中国家在国际社会中平等参与并维护自身权益。

二　南非对外援助现况

（一）援助规模

南非政府一直很重视对外援助，致力于对经济落后的发展中国家，尤其是对非洲国家提供发展援助。根据图 1 所示，近年来南非对外援助的规模呈扩大趋势，援助额从 2005 年到 2007 年稳步增长，2007—2009 年保持稳定，2009 年以后开始高速增长。特别是在 2008—2009 财年，南非向马里、津巴布韦、莱索托、乌干达、马达加斯加和民主刚果等国的发展项目提供了约 6800 万美元的赠款与援助，成为非洲最大的对外援助国。[①] 2011 年南非再次加大向经济落后的发展中国家（尤其是非洲国家）提供经济援助的力度，进一步巩固了南非作为非洲最大的对外援助国的地位。[②]

南非的对外援助相较于 OECD/DAC 国家，甚至较之于其他金砖国家，绝对规模并不大，但是从相对规模来看，南非对非洲的援助占到了其 GNI 的 0.7%—1%，成为官方发展援助（ODA）方面表现最好的国家。2006 年南非财政部进行了一次内部调查，要求国内所有与发展援助相关的部门提供其国际发展援助的数据和信息。虽然收到的反馈并不完整，但是该研究显示，如果将南非提供的所有维和行动和选举支持都计入国际发展援助，那么其援助数额接近于瑞典、挪威和印度等国的官

---

① 中华人民共和国商务部：《南非成为非洲最大的对外发展援助国》，2010 年 11 月 2 日，http：//www.mofcom.gov.cn/aarticle/i/jyjl/k/201011/20101107222322.html。

② 中华人民共和国商务部：《南非 2011 年加大对外援助力度》，2010 年 12 月 31 日，http：//www.mofcom.gov.cn/aarticle/i/jyjl/k/201012/20101207344850.html。

（百万美元）

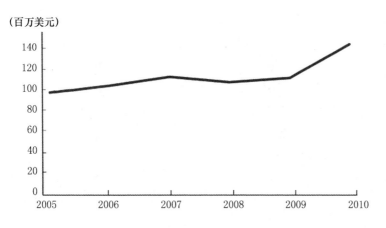

图1　南非对外援助额（2005—2010年）

资料来源：BRICS Report，GHSi，2012，www. ghsinitiatives. org.

方发展援助的数额。① 如果把 SACU（Southern African Customs Union，南非关税同盟）的转移支付也计算在内，那么2006年南非的发展援助总额为3.63亿—4.75亿兰特，达到该国 GDP 的0.18%—0.36%②。当然这些数字并不准确。一方面由于很多来自政府部门和公共实体的信息仍然缺失，另一方面 ODA 中是否应包括南非关税同盟转移支付、维和行动、基础设施贷款、债务重组、技术支持，奖学金和培训等内容，还存在很多争议。如果使用 OECD/DAC 定义的 ODA，南非的一些援助项目是否能够列入还值得商榷。

（二）援助分配

1. 援助领域

南非对外援助涉及的主要领域是：促进民主和善治、预防和解决冲突、人道主义援助、人力资源开发、社会经济发展和整合以及与其他国家的合作。南非国库的数据显示，2008—2011年，南非对外援助主要

---

① Chris Alden, Garth le Pere, "Strategic Posture Review: South Africa", *World Politics Review*, 19 May 2010.

② Neissan Alessandro Besharati, "South African Development Partnership Agency (SADPA): Strategic Aid or Development Packages for Africa?" *SAIIA Research Report*, August 2013.

内容如表1所示。根据表中数据，不同年份南非对外援助额最多的领域也有所不同，2008年人道主义援助额最多，2009年和2010年促进民主和善治领域的援助额最多，而到2011年，与其他国家的合作所占份额最高。但是，2008—2011年援助额最多的领域是促进民主和善治，所占份额为2008—2011年援助总额的33%。相比之下，所占比例最小的是人力资源开发，所占份额仅为9%。2008—2011年，六个主要领域的援助占援助总额的比例如图2所示。对这些主要援助领域进行细分，南非的对外援助主要涉及：维和行动和选举支持，对发展基础设施的贷款与投资，技术援助，奖学金，培训以及SACU转移支付等。其中，对维和行动和选举支持以及对发展基础设施援助是目前南非最主要的对外援助方式。①

在以上援助领域中，南非都积极地做出了贡献。在促进民主和善政方面，南非在非洲国家的维和行动大都伴随着选举支持、机构建设和战后重建和发展。南非的独立选举委员会曾帮助过很多非洲国家的领导人参加选举。在预防和解决冲突方面，在新的民主化背景下，曼德拉总统在任期间试图把南非在非洲大陆的形象转变为一个增长、人力资源能力和自由的驱动者，因此他需要修复在前任政府与莫桑比克和安哥拉的能源战争中被严重破坏的国家形象。随后南非军事装备被用于在布隆迪、刚果民主共和国、科摩罗和南苏丹等国家的维和行动。南非国防和治安部为非洲提供了极为可观的发展援助，它与尼日利亚和埃及一起成为对联合国和非洲联盟的多边维和行动贡献最大的援助者。在人道主义援助方面，南非是人道主义援助的重要贡献国，它通过红十字会、世界粮食计划署和联合国其他组织为非洲大陆其他国家提供了大量的人道主义援助。2011年，南非提供的人道主义援助为200万美元，占同期对外援助总额的2%。② 在人力资源开发方面，近十年来，南非司法部、国防和治安部、科技部，以及公共管理领导和管理研究院（Public Administration Leadership and Management Academy，简称为PALAMA）等部门都

---

① BRICS Report, GHSi, 2002, www. ghsinitiatives. org.

② 全球人道主义援助网站, http：//www. globalhumanitarianassistance. org/countryprofile/south-africa。

对布隆迪、卢旺达和南苏丹等国的国家公务员提供了能力建设支持。此外，南非还为其他多边融资机制提供了支持，比如联邦基金、全球疫苗和免疫联盟以及全球环境基金等。①

表1 南非的主要援助领域及其援助额（2008—2011年）

单位：万兰特

年份 援助内容	2008	2009	2010	2011
促进民主和善治	360	39361	14100	11038
预防和解决冲突	1000	10074	9007	8000
人道主义援助	30000	1000	1000	1500
人力资源开发	2000	2500	8000	5499
社会经济发展和整合	10000	3000	1000	6000
与其他国家的合作	4200	7202	7000	13000

资料来源：The Estimates of National Expenditure 2012. National Treasury, 2012.

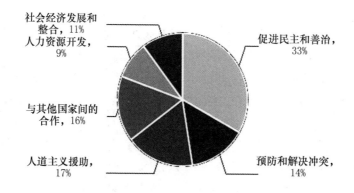

图2 南非对外援助各项所占份额（2008—2011年）

资料来源：The Estimates of National Expenditure 2012. National Treasury, 2012.

---

① Neissan Alessandro Besharati, "South African Development Partnership Agency（SADPA）: Strategic Aid or Development Packages for Africa?" *SAIIA Research Report*, August 2013.

2. 援助地区

从援助地区分布来看，非洲尤其是撒哈拉以南的非洲是南非最大的援助目的地。非洲既是世界上最贫困的地区，也是国际发展援助最重要的战略地区，2008 年 OECD/DAC 国家和多边机构对撒哈拉以南非洲国家的援助占整体对外援助的 41%，远高于南亚和中亚（占 18%）、北非和中东（占 17%）、拉丁美洲及加勒比（占 9%）、东亚和太平洋地区（占 9%）以及欧洲发展中国家（占 6%）。就南非而言，仅 2008—2009 财政年度，南非政府就通过非洲复兴基金向莱索托、乌干达、马达加斯加、马里、津巴布韦和民主刚果等国的发展项目提供了 4.75 亿兰特（约合 6800 万美元）的赠款与援助。就援助领域来说，南非所有的维和行动都在非洲，其中最大的贡献是南非 2009 年对刚果民主共和国的联合国维稳特派团的援助。此外，自 1994 年来，南非政府部门已经给予了埃塞俄比亚、索马里、刚果民主共和国和津巴布韦等国家一系列的双边人道主义援助。

（三）援助渠道

对外援助按照提供的渠道可以分为双边援助和多边援助。其中双边援助（Bilateral Aid）是指两个国家或地区之间通过签订发展援助协议或经济技术合作协定，由一国（援助国）以直接提供无偿或有偿款项、技术、设备或物资等方式，帮助另一国（受援国）发展经济或渡过暂时的困难。多边援助（Multilateral Aid）是指多边国际机构利用成员的捐款、认缴的股本、优惠贷款及在国际资金市场借款或业务的收益等，按照其制定的援助计划向发展中国家或地区提供的援助。南非对外援助的渠道既包括双边援助又包括多边援助。但是大多数情况下南非的发展援助资金是通过多边机构渠道输送的，比如南部非洲发展共同体、非洲联盟和南非关税同盟。南非发展援助署建立后，取代非洲复兴基金成为主要的多边援助机构。

在多边援助中，南非最常见的对外援助渠道是通过包括南非在内的三方伙伴关系开展援助工作。例如，南非与古巴曾合作派遣医疗和工程专家到卢旺达和塞拉利昂等其他非洲国家；南非与越南也曾在几内亚比绍合作援助开发 1.72 亿兰特的促进水稻生产项目。三方伙伴关系中最突出的是印度—巴西—南非（IBSA）伙伴关系。IBSA 信托基金成立于 2004 年 3 月的新德里首脑会议上，每个国家每年对该项目贡献 100 万美元，以解决世界各地的贫困和饥饿问题。

三　南非对外援助的管理体系

（一）对外援助的组织机构

1. 从 ARF 到 SADPA

长期以来，南非政府一直通过南非国际关系与合作部（Department of International Relations and Cooperation，DIRCO）所掌管的非洲复兴基金向非洲国家提供发展援助。非洲复兴基金（African Renaissance Fund，ARF）成立于 2000 年，是在姆贝基所倡导的非洲复兴的精神下建立起来的南非发展援助的结构性组织。ARF 建立的初衷是寻找合作伙伴、展示合作关系和支持非洲经济，而不是提供援助。ARF 的资金每年由议会提供，并使用滚动预算，可以积累上期资本。援助的重点领域是促进民主和善治、人道主义援助和预防解决冲突。但是 ARF 在很多方面存在明显的缺陷。首先，资金配置方面，ARF 受外交部和财政部的联合管理，资金配置较为低效。其次，在援助项目的批准方面，ARF 对项目的评估需在 ARF 委员会的不定期会面后完成，之后等候两位部长的签字，该过程大幅减慢了项目批准及提供资金的速度。再次，项目选择方面，委员会事先并没有明确的战略意图、方向或标准，因而选择的项目往往缺乏发展理论基础，对减贫也缺乏影响。最后，在项目管理与协调方面，ARF 缺乏适当的机制进行有效的项目管理，也无法进行有意义的监测、评估（M&E）以及支出跟踪①，还不能与利益相关者进行适当的协调沟通。此外，通过 ARF 提供的对外援助只占南非对外援助的一小部分，其余各种形式（比如维和行动）的援助来自于其他政府部门。

由于 ARF 存在以上这些不足，2007 年南非的官员和学者开始就建

---

① Neissan Alessandro Besharati, "South African Development Partnership Agency (SADPA): Strategic Aid or Development Packages for Africa?" *SAIIA Research Report*, August 2013.

立南非国际发展局（South African International Development Agency，SAI-DA），对南非的发展援助进行正规化、合理化的机构改革问题进行了讨论。2010 年 8 月，ARF 在议会上再次受到反对党的严厉批评，他们指责 ARF 的援助"支持滥用人权的流氓国家和政权"。因此，对 ARF 进行重组并提高其专业化程度的呼声越来越高。2011 年，在提高南非统筹多元化发展伙伴关系、重构功能失调的非洲复兴基金以及非洲和全球倡议的三方合作增长三方面因素的驱动下，ARF 被重组为南非发展援助署（South African Development Partnership Agency，SADPA），自此各种不同形式的援助汇集到同一机构下。但到现在为止，SADPA 还未正式运作，仅有一位外交部官员及辅助人员在 SADPA 工作。目前 SADPA 正在招聘人员，估计 2014 年可以正式运作。

2. 各政府部门在发展援助中的作用

南非对外援助的管理体系根植于政府体系之中。总体援助战略由政府相关部门制定，援助活动由政府相关部门组织并执行，政府相关部门还负责监督援助项目的执行，并向公众宣传援助政策以及援助活动的成果。非政府部门的援助活动也必须接受政府主管部门的指导和监督。据估计，南非有近一半的政府部门从事各种形式的发展援助。[①] 南非对外援助的主要方式是通过国防部进行维和行动以及通过教育部对非洲学生提供奖学金和补贴。其他相关部门的援助涉及治安、矿产资源、能源、贸易和工业、农业、公共企业、科技、司法和宪法发展及公共工程等方面。

早期南非大部分的发展援助由南非各政府部门和公共实体执行。目前各政府部门和公共实体仍有很大的自主权，它们继续关注各自感兴趣的国际发展援助项目，并与外国合作伙伴进行互动。SADPA 在其工作中对资源的控制程度仍取决于政府部门和公共实体愿意在资金的使用上赋予 SADPA 多少监督和指导权。

众多半官方机构、法定机构和公共实体（南非统计、人类科学研究理事会、独立选举委员会、科学与工业研究理事会、储备银行、国家

---

① Gray, P. A., The Emerging Powers and the Changing Landscape of Foreign Aid and Development Cooperation Public Perceptions of Development Cooperation, 2011.

研究基金会和南非大学等）也是发展援助的提供者。此外，国有企业，如南部非洲发展银行、南非国家工业发展公司、南非国有电力公司 Eskom 以及半私有性质的南非大型通讯运营商 Telkom，也都参与到对邻国和其他非洲国家的发展援助活动中。

（二）SADPA 的协调机制

SADPA 的功能与巴西发展援助署（ABC）类似，不直接参与任何援助项目，而是作为发展援助信息中心、知识中心和学习中心，推动和协调政府的其他机构的发展援助工作。

国际关系与合作部（DIRCO）规定 SADPA 的主要职能为：制定南非对外发展援助的政策方针，确保政府在援助项目实施过程中的连贯性；支持关于对外发展援助伙伴关系的方案和项目，使用资金支持相关方案和项目；为发展援助领域的外交政策提供技术咨询；与国际发展援助机构和 DIRCO 的其他利益相关方建立并保持紧密的合作和联络；监督南非所有的官方对外发展援助；监督南非与其他国家发展机构、民间组织和私人部门的双边、三边和多边伙伴关系；每年对南非所有的对外发展援助进行责任审计和 M&E；确保对发展援助基金的有效经营和管理；推动和营销 SADPA 和其项目。[①]

SADPA 不直接参与项目的执行，而是采取四种方式间接参与项目的运作和执行并进行协调。第一，SADPA 是一个信息枢纽和中心数据库，南非所有的对外发展援助（来自所有部门和机构）的信息都必须以透明和综合的方式汇集到 SADPA，然后再组织和报告。第二，为各政府部门的发展援助活动提供一个总体框架、政治方向和统一的方针，并确保发展援助的有效性。作为此功能的一部分，SADPA 还有质量监督的作用，需要为发展援助活动制定共同的标准，并进行管理和评估。第三，成为一个知识中心和学习中心，跨项目、跨部门分享经验，并搜集和总结更多关于南南合作和非洲合作的信息。南非议会国际关系委员会主席就把 SADPA 视为"发展援助中心"。第四，促进合作并通过不

---

① Sidiropoulos E., "Africa in a New World", *South African Journal of International Affairs*, 2009.

同渠道推动南非的发展援助工作。

(三) SADPA 的融资机制

SADPA 的融资来源有：议会每年的补充资金，上期剩余资金递延，贷款偿还和利息以及来自国外捐赠者的融资和私人捐赠。

SADPA 一方面继承了 ARF 的资金，其中包括每年财政分配的 5 亿兰特和 ARF 账户中目前余存的近 10 亿兰特的其他资金。由于国内仍然面临着贫穷和公共设施不完备等问题，南非纳税人对为非洲发展项目融资非常敏感。然而 SADPA 每年 5 亿兰特的援助资金较之于政府 10000 亿兰特的财政预算并不大。另一方面 SADPA 也在开拓其他资金来源。DIRCO 管理着更多的发展基金，比如人道主义援助和多边机构捐款。如果这些基金能够转移到 SADPA，那么将很大程度上提升其对外援助的能力。目前南非政府对 IBSA 信托基金（India, Brazil and South Africa Trust Fund）的捐赠是否应归 SADPA 管理也还有争议。当前 DIRCO 正准备为 SADPA 建立一个新的基金，称为"合作伙伴发展基金"（即 SADPA 基金），该基金将依据公共财政管理法（Public Finance Management Act, PFMA）进行管理并拥有独立的国家拨款程序。如果能获得批准，新的基金就会替代之前并不完善的 ARF 并由 DIRCO 部长直接管理。SADPA 也希望成立能够接收来自第三方资金的特殊基金，以接收来自其他来源的资金，如慈善组织，投资机构和私人部门等的资金。SADPA 也可以通过为其合作伙伴提供项目、贷款、咨询、培训、研究和其他方面的商品和服务，获得收益。

四 南非对外援助的发展趋势

南非作为新兴援助体和南南合作的领导者，在国际援助体系中占有越来越重要的地位。南非在非洲的历史关系和经济规模，要求它在促进非洲大陆的和平发展和良好治理的同时，谨慎处理与邻国微妙的政治关系。近年来南非对外援助的规模不断加大，其对非洲国家的援助已经取得了相当的成效。尤其是 SADPA 成立以来，南非更是注重发展南南合作，加大对外援助的力度。但是总体来看，南非对外援助的规模仍然较小，其对外援助也主要集中在周边的非洲国家。

随着对外援助经验的增加，南非开始形成对外援助的管理体系，但是现有的体系仍存在很多缺陷，在定义、测量和协调各种发展援助活动上仍面临很大的挑战。首先，缺乏一个强有力的中央协调机构。虽然SADPA 在对外援助管理体系中发挥着重要作用，但目前南非的发展援助体系的运作仍高度分散，项目决策和执行大多位于不同的部门和机构，SADPA 不可能管理从农业、能力建设、治安到卫生的所有领域的发展援助活动。由于许多政府职能部门具备项目运转所需要的专业技术、知识和网络，即使 SADPA 实施自己的项目，它仍需要与这些政府职能部门密切合作，并从各专门机构吸引技术专家。所以建立一个集中的中央机构以协调南非的各部门以及各发展援助伙伴是十分必要的。其次，缺乏透明高效的信息管理体制。许多南非政府部门对外援助的信息缺失，这不利于从整体上把握对外援助的进度并分析援助中存在的问题。再次，缺乏健全的监督和评价机制。目前，南非对外援助管理体系中的监督和评价机制并不完善。虽然 SADPA 内部有独立的监督和评价职能，但是对于其他部门的对外援助，难以进行有效的监督和评价。缺乏健全的监督和评价机制会大大削减对外援助的效果。而建立健全的监督和评价系统，可以最大化南非对外援助的有效性，确保其发展援助能经受本国公民、非洲伙伴和其他利益相关方的问责，增强南非对外援助的持续性。

克服这些局限性，建立一个中央协调机构，建立健全透明的信息管理机制和监督及评价机制，对未来南非对外援助的成功至关重要。南非可以向经验更丰富的发展机构以及面临相似挑战的新兴经济体学习，也可以从自己和其与非洲邻国的发展实践中总结经验，以使其对外援助的体系更加协调，援助效果更加有效。

参考文献：

Gray, P. A., The Emerging Powers and the Changing Landscape of Foreign Aid and Development Cooperation Public Perceptions of Development Cooperation, Summary Paper 4, RUSSIA, 2011.

Wolfe Braude, Pearl Thandrayan, Elizabeth Sidiropoulos, Emerging Donors inInternational Development Assistance: The South Africa Case, South African Institute of International Affairs, 2008.

The Estimates of National Expenditure 2012, National Treasury, 2012.

Establishment of SADPA: Presentation. Presentation to the NCOP Select Committee on Trade and International Relations, 2011.

Sidiropoulos Elizabeth, "Africa in a New World", *South African Journal of International Affairs*, 2009.

Neissan Alessandro Besharati, "South African Development Partnership Agency (SADPA): Strategic Aid or Development Packages for Africa?" *SAIIA Research Report*, August 2013.

BRICS Report, http://www.ghsinitiatives.org/downloads/ghsi_ brics_ executive _ summary_ zh. pdf.

黄梅波、唐露萍：《南南合作与南北援助——动机、模式与效果比较》，载《国际展望》2013 年第 3 期。

刘爱兰、黄梅波：《非 DAC 援助国及其对外援助的特点》，载《国际经济合作》2011 年第 10 期。

Chris Alden, Garth le Pere, "Strategic Posture Review: South Africa", *World Politics Review*, 19 May, 2010.

全球人道主义援助网站，http://www.globalhumanitariana ssistance. org/countryprofile/south-africa。

中华人民共和国商务部网站，www. mofcom. gov. cn。

墨西哥的国际发展援助：沿革与趋势[*]

黄梅波　宋梁禾

摘要：2011 年 4 月，墨西哥成立了国际发展援助机构——墨西哥国际发展合作署，为墨西哥的国际发展援助掀开了崭新的一页。本文分析了墨西哥在国际发展援助体系中的地位，回顾了墨西哥发展援助的历史以及其设立专门发展援助机构的原因，并结合目前其面临的问题和挑战提出了相关的政策建议。

关键词：墨西哥；国际发展援助；墨西哥国际发展合作署

墨西哥近几年经济增长迅速，2012 年 GDP 高达 11800 亿美元，人均 GDP 为 9747 美元，在发展中国家中位于前列。另外，墨西哥作为二十国集团（G20）、北美自由贸易区（NAFTA）、亚太经合组织（APEC）、经济合作与发展组织（OECD）等组织的成员国，在国际舞台上开始扮演越来越重要的角色。墨西哥的援外工作开始于 20 世纪 70 年代，但直到 2011 年，墨西哥政府才通过立法确定成立墨西哥国际发展合作署（Mexican Agency of International Cooperation for Development, AMEXCID），从此，墨西哥的国际发展援助掀开了崭新的一页。

一　在国际发展援助体系中的地位

墨西哥向来不是重要的 ODA 受援国，第二次世界大战后至今，墨

---

[*]　原载于《国际经济合作》2014 年第 1 期，第 72—76 页。

西哥从来都不是国际发展援助的重要参与者。二战以后，国际发展援助开始兴起，冷战时期意识形态是决定各国援助分配的最重要因素，但墨西哥不属于冷战争端中的敏感地区，因而从来没有大量接受过来自西方发达国家或苏联的援助。

墨西哥也不是一个重要的援助国。虽然墨西哥是经合组织和北美自由贸易区的成员国，但仍是一个发展中国家，同其他所有发展中国家一样，墨西哥从未设想过成为一个重要的援助国。长期以来，墨西哥发展援助的原则和理论基础来自于以下两个宣言：一是 1955 年万隆会议上由 29 个亚非国家共同签订的促进世界和平与合作的联合宣言；二是1978 年，在联合国大会上被采纳的促进和完善发展中国家间技术合作的布宜诺斯艾利斯行动计划。因此墨西哥的国际发展援助主要是在南南合作的框架内进行的。通过在发达国家和发展中国家之间进行斡旋，墨西哥在国际发展的多边事务中发挥着自己的重要作用。

近年来，墨西哥希望通过国际发展援助达到提高地区影响力，适应国际新环境的外交目的。墨西哥政府对外援助领域的三件大事标志着其对外援助战略和政策的转变，其在国际援助体系中的地位也得到大幅提升：第一，2010 年墨西哥政府通过了一项关于对外发展援助的专门法律；第二，2011 年成立了墨西哥国际发展合作署；第三，2013 年新政府上台以后，决定提升调整墨西哥的"全球责任"，使其与墨西哥的国际地位相契合。据 IMF 执行委员会估计，2010 年新兴国家整体将增加9% 的援助份额，其中墨西哥的对外援助将增加 40%。基于上述情况，我们有理由相信，墨西哥将在国际发展援助体系中占有越来越重要的地位。

二 墨西哥发展援助的组织与管理

(一) 墨西哥发展援助管理机构的演变

墨西哥发展援助始于 70 年代，其标志是墨西哥政府于 1971 年成立的隶属外交部的国际技术合作总理事会（General Directorate of International Technical Cooperation，DGCTI），不仅负责对外提供发展援助，还负责接收来自其他国家的发展援助。

1988 年 5 月 11 日，墨西哥政府将国际合作（International Cooperation）作为外交政策的重要组成部分写进了墨西哥宪法的第 10 章第 89 条。到了 90 年代，墨西哥在发展援助领域做出了三个方面的改进：第一，将技术援助纳入发展援助，并成立了科学与技术合作总理事会（General Directorate of Scientific and Technical Cooperation，DGCTC）；第二，成立国际发展副部级办公室（Undersecretary's office international Cooperation，SCI）；第三，成立墨西哥国际合作研究所（Mexican Institute of International Cooperation，IMEXCI）。其中最重要的是第三个，其是墨西哥国际发展合作署的前身。

21 世纪的头十年，墨西哥不断改革其发展援助组织与管理。首先是成立了经济与国际合作副部级办公室（Economic and International Cooperation Undersecretary's Office，SECI），之后撤销了墨西哥国际合作研究所，通过成立经济关系和国际合作单位（Unit of Economic Relation and International Cooperation，URECI）来消除由于撤销墨西哥国际合作研究所带来的不利影响。

2011 年 4 月，墨西哥政府批准建立墨西哥国际发展合作署（AMEXCID），AMEXCID 于 2011 年 9 月正式开始运作。至此，墨西哥终于拥有了专门的发展援助管理机构。

（二）墨西哥建立独立发展援助机构的动因

墨西哥建立专门的发展援助管理机构主要有以下 4 点原因。

1. 明确发展援助的法律地位

墨西哥 1988 年将国际发展援助作为外交政策的重要组成部分写进了墨西哥宪法，但一直没有建立专门的发展援助管理机构，2011 年成立的墨西哥国际发展合作署正是在法律框架下确定发展援助的地位。

2. 促进发展援助的协调和规范

建立专门的发展援助机构可以为国内外不同的发展援助参与者和利益相关者提供一个专门的平台和渠道来开展发展援助，还可以对各种发展援助项目进行统筹规划、编制预算、进行评估，并最终对外进行公布，推进发展援助工作的正规化和制度化。

3. 明晰发展援助概念和范围

专门的发展援助机构的建立要求墨西哥对"国际发展援助"的相关概念以及公共机构、私人机构和非政府组织等提供的发展援助进行清晰的界定。

4. 进一步履行国际责任

近年来，联合国开发计划署和世界银行等国际组织按照人均 GDP 或人均 GNI 已将墨西哥归为发展中国家收入较高的一类，希望墨西哥能在国际发展援助体系内扮演更为重要的角色。作为国际社会中的一员，墨西哥近年来在国际政治经济舞台上也开始发挥越来越重要的作用，在发展援助领域也应该有所作为，这都要求墨西哥建立专门的发展援助机构。

三 墨西哥发展援助概况

（一）援助规模

21 世纪以后，国际油价不断走高，而墨西哥不仅石油储量丰富，近几年的石油产量也一直位居全球前列，经济也因此稳步上升。从人均 GDP 来看，墨西哥已经十分接近发达国家水平（见表 1），从某种程度上代表了墨西哥国家实力的增强。但是从墨西哥的 ODA 以及 ODA 占 GDP 的比重来看，墨西哥的发展援助规模不大。

表1　　　　　　　　墨西哥经济概况（2000—2012 年）

年份	GDP 增速（%）	GDP（百万美元）	人均 GDP（美元）
2000	6.6	581426.4	5597
2001	-0.2	622092.6	5906
2002	0.8	649075.6	6082
2003	1.4	700324.7	6481
2004	4.1	759777.5	6946
2005	3.2	848947.5	7667
2006	5.2	952147.6	8492
2007	3.3	1035877	9124

年份	GDP 增速（%）	GDP（百万美元）	人均 GDP（美元）
2008	1.2	1092291	9501
2009	-6	883741	7591
2010	5.3	1034941	8779
2011	3.9	1157646	9699
2012	3.9	1177956	9747
均值	2.5	884326.4	7816

资料来源：世界银行数据库。

（二）援助地区与部门

墨西哥发展援助的主要地区集中在中美洲和加勒比海地区。中美洲是整个美洲最贫穷的地区，所以墨西哥一直致力于对该地区进行援助，以创造一个对墨西哥更好的发展环境。这是与墨西哥的对外战略紧密联系的，主要表现在以下几个方面：第一，在南南合作框架下，墨西哥加入了加勒比海地区区域合作框架，旨在提高加勒比海地区内部合作和交流，以提高整体区域的一体化程度；第二，1951 年拉美经济委员会（the Economic Commission for the Latin America，ECLA）在墨西哥首都墨西哥城建立了区域总部，负责区域为中美洲地区，这标志着墨西哥成为中美洲地区区域合作的领导者之一；第三，1960 年墨西哥参与签署了拉美自由贸易区协议。

墨西哥历届政府都试图建立一个隶属于外交部、与发展援助机构功能相似的机构来管理和协调墨西哥对加勒比海地区和中美洲地区的发展援助工作，希望涵盖墨西哥主要发展援助部门——农业、能源、基础设施建设、教育等部门。

1. 农业

农业发展援助是墨西哥对中美洲和加勒比海地区的传统援助领域。由墨西哥政府资助，墨西哥水资源科技研究所（the Mexican Technology Institute for Water，IMTA）与中美洲和巴拿马国家水资源区域委员会（the Regional Committee for Water Resource of Central America and Panama）共同管理的水资源管理和保护指导员形成项目是其中的代表，主要针对河流、湖泊等水资源保护和可持续发展。

2. 能源

墨西哥是中美洲能源一体化计划（Program of Integration Energetic Mesoamerica）的成员国，该计划旨在加强中美洲在能源领域的经验交流、资源共享和可持续发展。中美洲能源一体化计划包含建设原油精炼厂、热电联产、电力系统整合、替代能源引进等。

3. 基础设施建设

墨西哥也在中美洲和加勒比海地区开展基础设施建设发展援助。在同中美洲经济一体化银行的合作下，墨西哥向危地马拉科尔特斯港——边境道路改造和建设项目提供了超过 500 万美元的援助额，向洪都拉斯奇南德加——瓜邵尔边境道路改造和提高项目提供了 1130 万美元的援助额。

4. 教育

通过与大学（如危地马拉的圣卡洛斯大学）和研究机构（如哥斯达黎加科技研究所）加强沟通，墨西哥与中美洲国家在科学和技术领域开展了大量的交流项目，包括工程技术、农业科技、健康卫生等，这些项目旨在加强相关领域的联合发展和专业能力建设以造福整个中美洲地区。此外墨西哥的科学和技术合作总理事会曾对来自中美洲国家的官员、专家和学生开设专门的课程和研讨项目，现在墨西哥卫生部、农业部、环境部也组织了类似课程。

（三）援助方式

在发展援助渠道上，墨西哥的援助分为双边援助和三方合作。

1. 双边援助

墨西哥的双边援助方式主要包括科技合作、文化合作、经济合作和金融合作。

科技合作（Technical and Scientific Cooperation）作为南南合作的传统是墨西哥对外援助的重要方式。如果参照 OECD/DAC 对官方开发援助（Official Development Assistance，ODA）的定义，墨西哥的技术合作并非单一对发展中国家提供援助的方式。本着"互利共赢"的原则，墨西哥的国际技术合作总理事会及科学和技术合作总理事会等相关机构通过这种"科技合作"与其他发展中国家进行交流合作以此降低对发达国家的技术依赖，降低本国的研发成本。为此，墨西哥外交部组织了"双边混合委员会"（Bilateral Mixed-commissions），并指派特使与其他发展中国家的相关官员在"双边混合委员会"的框架下商讨共享科技成果的协议。

与科技合作同等重要的是文化合作（Cultural Cooperation）。文化合作由外交部的另外一个部门负责，主要是管理墨西哥对外提供的奖学金和外国提供给墨西哥的奖学金。文化合作也不属于传统的发展援助范畴，墨西哥并非专门为落后的发展中国家提供奖学金，而是希望通过文化合作促进墨西哥文化的传播。

墨西哥发展援助的第三种方式是经济合作（Economic Cooperation），经济合作是为了创造一个对墨西哥更好的发展环境而达成多边的、地区性的协议，以促进墨西哥与发展中国家的贸易、投资合作。

第四种方式是金融合作（Financial Cooperation）。金融合作长期属于墨西哥财政部的管理范围，不属于外交部的职责。在墨西哥，财政部的地位一贯是高于外交部的，例如，北美自由贸易区的谈判就是由财政部而不是外交部主导的。

2. 三方合作

根据 OECD 的分析报告，墨西哥是国际发展援助三方合作最活跃的国家之一。墨西哥三方合作的主要合作伙伴为日本、法国、德国，这主要与墨西哥的受援历史有关：法国和日本分别于 1973 年和 1975 年开始向墨西哥提供援助。墨西哥与日本的三方合作领域较广，包括渔业、健康、人道主义援助、工业、水资源供应与卫生；法国主要集中在政府与公民社会领域；德国则集中在水资源供应与卫生领域。三方合作的受援国主要集中在中美洲和加勒比海地区，这与墨西哥的对外政策相关。此外，墨西哥还与拉丁美洲地区国家开展了三方合作，如同巴西和古巴在健康领域共同开展了医疗专家和技术人员的培训项目，但其主要受援国也是中美洲和加勒比海地区国家。

表2　　　　　　　　　　墨西哥参与的三方合作项目

援助国	领域	项目	受援国
墨西哥、日本	渔业	水产业	洪都拉斯
墨西哥、法国	政府与公民社会	犯罪调查与法医学	海地
墨西哥、法国	政府与公民社会	警察培训与设备更新	海地
墨西哥、日本	健康	瘟疫综合管理	尼加拉瓜
墨西哥、日本	人道主义援助	灾害预防	萨瓦多尔
墨西哥、日本	人道主义援助	环境与灾害预防	危地马拉
墨西哥、日本	工业	工业与制造业	巴拉圭
墨西哥、德国	水资源供应与卫生	大城市固体废物综合管理	危地马拉
墨西哥、德国	水资源供应与卫生	大城市固体废物综合管理	多米尼加共和国
墨西哥、日本	水资源供应与卫生	关于固体废弃物综合管理的国家发展战略与参考框架	危地马拉
墨西哥、西班牙	水资源供应与卫生	饮用水与卫生	海地

资料来源：李小云，徐秀丽，王伊欢编著《国际发展援助：非发达国家的对外援助》，世界知识出版社2013年版。

四　墨西哥发展援助展望

（一）墨西哥发展援助面临的问题和挑战

1. 如何应对和看待 DAC 的经验和建议

尽管墨西哥是 OECD 成员和 DAC 观察员，但在 20 世纪七八十年代，墨西哥与 DAC 交集较少。21 世纪以后，国际环境发生了巨大的变化，发达国家经济停滞甚至倒退，而发展中国家中涌现出一批新兴市场国家，其经济增长迅速，国民收入逐渐增加，外汇储备快速积累，并开始在国际发展援助体系中占有越来越重要的地位。由此，DAC 开始对这些新兴市场国家敞开大门，希望将它们纳入自己的体系中。而墨西哥也希望与 DAC 展开对话和合作，一方面向 DAC 学习发展援助的相关经验，另一方面也有利于提高墨西哥的国际地位。

在墨西哥对其原有的对外援助体系改组和整合，建设墨西哥国际发展合作署的过程中，DAC 对墨西哥提出许多意见和建议。墨西哥应该在自身国力承受范围内，审慎对待这些意见和建议。

2. 如何权衡国内发展和国际发展援助

随着墨西哥经济持续增长和影响力不断提升，国际社会自然希望其在国际发展援助体系中承担更多的责任。但是墨西哥仍然是发展中国家，要面对国内贫困和社会改革等问题，为此墨西哥需要作出权衡：在国际发展援助体系中，墨西哥需要承担什么责任、怎样承担，如何改进其发展援助机构以契合其对国际社会作出的承诺和即将面对的挑战。

3. 如何提高发展援助机构的效率

首先，加强机构建设和人力资源管理。在墨西哥国际发展合作署组建过程中，墨西哥国际发展合作署选择（某种程度上是被迫）保留之前发展援助机构的功能，包括上面提到的那些和发展援助关系不大的援助内容。墨西哥国际发展合作署现在有必要将这些非发展援助项目剥离出去，集中精力提供多样、实在的发展援助项目。另外，墨西哥国际发展合作署还需要将负责中美洲的部门和加勒比海地区的部门进行整合，以减少成本。墨西哥国际发展合作署还应加大专业团队的建设。

其次，加强发展援助的计划性和透明度。2011 年 4 月，墨西哥政府批准了墨西哥国际发展合作署的成立，同时也通过立法将发展援助资金纳入国家预算，这有助于提升墨西哥发展援助的计划性；墨西哥政府下一阶段的工作重点应是建立信息系统和评估系统，提高墨西哥发展援助的透明度。

最后，限制财政部的影响。墨西哥法律赋予了墨西哥国际发展合作署统筹各种发展援助项目的权力，墨西哥政府应该尽量减少财政部对墨西哥国际发展合作署的影响，保证其工作拥有足够的自由度。

（二）墨西哥发展援助的政策建议

墨西哥国际发展合作署刚成立，其仍然处于一个改进和不断调整的过程中，结合上述问题和挑战，墨西哥国家发展合作署在以下 4 个方面还应作出相应的努力。

1. 墨西哥国际发展合作署的改革和发展

目前墨西哥国际发展合作署除了要接受外交部的管理，还要与财政部进行业务协调，因为财政部可以在没有墨西哥国际发展合作署参与的情况下单独开展经济援助和金融援助，这极大限制了墨西哥国际发展合作署的工作。墨西哥政府可以考虑将墨西哥国际发展合作署升格为部级单位，这样不仅能使墨西哥国际发展合作署与外交部、财政部更好地沟通配合，也可以使墨西哥国际发展合作署有更多的自由度，能更有效地制定和实施发展援助项目。

2. 制定专门的国际发展援助政策，明确界定墨西哥特色的国际发展援助

虽然制定法律以及设立专门的发展援助机构等措施改善了墨西哥的发展援助状况，但是墨西哥仍然需要一个关于发展援助的专门政策，需要一个明确的、具有墨西哥特色的国际发展援助概念，以使墨西哥国际发展援助摆脱之前那种宽泛的、含糊不清的、缺乏政策指导的状态。这是改进墨西哥发展援助的最关键一步。

3. 充分利用国内政府层面的专业知识，重视专家和学者在发展援助中的作用

墨西哥拥有较完整、系统的科研体系，在环境和气候、生物医药研究和卫生、农林渔业等科研领域具有优势。环境与自然资源部（SE-MARNAT）、国家水务委员会（CONAGUA）、生物多样性委员会（CONABIO）在其相关领域具有世界领先的专业知识，墨西哥国际发展合作署应加强同这些相关的政府机构合作，同时尽可能将专家和学者纳入墨西哥发展援助体系。

4. 将私营部门和民间机构纳入墨西哥发展援助体系

私营部门和民间机构对国际发展援助做出了很大贡献，但是目前墨西哥的相关法律规定私营部门和民间机构的权利仅限于对墨西哥国际发展合作署实施的发展援助活动提出建议。墨西哥需要进一步提升私营部门和民间机构在发展援助领域的作用。

参考文献：

李小云、徐秀丽、王伊欢：《国际发展援助：非发达国家的对外援助》，世界知识出版社 2013 年版，第 89—99 页。

Chaturvedi, S., Fues, T. & Sidiropoulos, S., *Development Cooperation and Emerging Powers: New Partners or Old Patterns?* London: Zed Books, 2012.

F. Zimmermann & Smith，K. ，"More Actors，More Money，More Ideas for International Development Co-operation"，*Joural of Internaional Development*，2011，（3）．

OCED，Triangular Co-operation and Aid Effectiveness，2009．

K. Soyeun & Simon L. ， "Does 'DAC-Ability' Really Matter? the Emergence of Non-DAC Donors：Intruduction to Policy Arena"，*Journal of Internaional Development*，2011，（5）．

哥伦比亚的对外援助及其管理[*]

黄梅波　洪燕秋

摘要： 近年来，随着经济的发展，哥伦比亚逐步推动其对外援助的进程。本文介绍了哥伦比亚对外援助管理机构的沿革，并分析了其对外援助的发展状况以及发展的动因。最后，通过分析哥伦比亚对外援助的优劣势，研究了哥伦比亚进一步推进其对外援助发展的政策趋势。

关键词： 哥伦比亚；对外援助；南南合作

一　哥伦比亚参与国际援助的动机分析

在过去的几年里，哥伦比亚在国际发展援助领域开始扮演越来越重要的角色，它甚至可以被视为拉美地区的领导。哥伦比亚着力参与国际发展援助，积极推进南南合作进程的主要动因可以归纳为以下三个方面。

（一）政府的重新定位

哥伦比亚积极参与对外援助与哥伦比亚政府的重新定位有关。在过去的一段时期里，哥伦比亚给国际社会和公共舆论留下了不良的印象，尤其是在人权方面。20 世纪 90 年代末至 21 世纪初，哥伦比亚国内再次出现武装冲突，导致了难以解决的危机。哥伦比亚政府和欧盟的分歧产生于 2004 年 2 月的政治外交危机，当时哥伦比亚的安全政策受到诸

---

* 原载于《国际经济合作》2014 年第 2 期，第 45—49 页。

多欧盟国家政府的严厉批评：于 2003 年 12 月获得批准的反恐法规，允许在未经授权或登记的情况下进行调查、袭击、拘留和窃听，同时，司法警察为获取证据保有军事权力；对人权尊重不足；对民间社会组织（CSOs）态度消极；对准军事组织联合自卫军的态度暧昧。① 为了扭转哥伦比亚过去在国际上不够完美的形象，哥伦比亚政府自 2003 年以来开始积极参与规划、协调并执行发展援助项目。

（二）适应国际形势的变化

哥伦比亚积极参与发展援助的另一重要原因是为了适应其国际地位与国际关系的变化。一方面，长期以来哥伦比亚是美国的拉美邻居；另一方面，20 世纪 90 年代以来，随着国际形势的变化，考虑到地理临近、商业联系、经济一体化和外交关系等因素，哥伦比亚近年来开始重视南南合作。

（三）维护其战略利益

哥伦比亚积极开展发展援助的另一重要原因涉及其战略利益，包括巩固其作为新兴国家的地位、被接纳为经合组织（OECD）的永久成员国和北大西洋公约组织（NATO）的相关成员国（不是完全的）等。加入 OECD 是时任总统胡安·桑托斯的政府项目，他访问巴黎后将使哥伦比亚加入经合组织纳入了 2010—2014 年的国民发展计划中，他强调需要"设计一个能被经合组织接受的计划"，认为"加入经合组织可使哥伦比亚从世界主要经济体的公共政策的发展工作和经验中受益"。哥伦比亚与立陶宛于 2013 年 5 月被正式邀请成为永久成员。此前，OECD 在拉美地区的永久成员只有墨西哥和智利。鉴于 OECD 发展援助委员会（Development Assistance Committee，DAC）在国际发展援助体系中的重要地位，哥伦比亚希望通过积极参与 OECD 的援助有效性议程和促进南南合作的举措维护其战略利益。

---

① 关于准军事组织联合自卫军与政府及政府军的关系历来有很多议论，不少机构和组织揭露它与后者有着极其密切的关系，并得到后者或明或暗的支持。

二 哥伦比亚对外援助管理机构及其演化

哥伦比亚是拉美地区第一批设立国际技术合作部（División Especial de Cooperación Técnica Internacional，DECTI）的国家之一，哥伦比亚国际技术合作部归属于国家计划部门（Departamento Nacional de Planeación，DNP），并联合外交部负责发展援助的协调工作。

20世纪90年代，随着经济的发展，哥伦比亚的国际经济地位发生了重要变化。由此，哥伦比亚开始了发展援助政策的研究，国家社会经济政策委员会（Consejo Nacional de Política Económicay Social，CONPES）先后出台了两个文件，分别为1995年的2768号文件和1997年的2968号文件。CONPES于1958年建立，是最高的国民计划机构，并且是哥伦比亚经济社会发展的政府顾问。1995年DECTI被改组为哥伦比亚国际合作署（Agencia Colombiana de Co-operación Internacional，ACCI）。1999年ACCI从DNP被划拨到外交部，并于2003年再次被划拨到共和国总统行政管理部门（the Administrative Department of the Presidency of the Republic，DAPR）。由此总统开始直接管理发展援助政策。

2004年外交部创办了国际合作局（the International Cooperation Bureau），负责哥伦比亚国际发展援助问题的协商，并在双边、区域和多边领域主持国际合作谈判；同时，为推进可持续发展，国际合作局与公共机构、捐赠国家、国际和多边机构展开了互动。2003年末，第一个"国际合作战略"（2004—2006年）获得批准。

2005年，基于公共行政重组框架，哥伦比亚建立了社会行动和国际合作的总统机构（the Presidential Agency for Social Action and International Cooperation，Acción Social）。经过2007年3月至2007年8月多方参与的第一次磋商后，2007年11月，第二个"国际合作战略"（2007—2010年）得到批准。

2011年11月，政府批准了4152决议，它分割了Acción Social的职能，建立了哥伦比亚国际合作总统机构（the Presidential Agency of International Cooperation of Colombia，APC Colombia），归属于DAPR，是负责管理、指引和协调国际发展援助的政府实体，也是负责执行、管理和支持国际合作项目的政府实体。

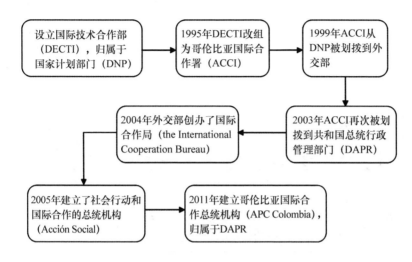

图1 哥伦比亚对外援助管理机构的演化过程

三 哥伦比亚对外援助及其特点

（一）对外援助概况

哥伦比亚与大约 30 个国家签订了框架协定，包括拉丁美洲、加勒比海地区、亚洲及非洲的国家；并与 50 个国家维持了南南合作关系；哥伦比亚每年都执行许多科学与技术合作的联合承诺；还与 17 个国家拥有双边多年合作项目；目前正在发展的项目已超过 200 个。2011 年拉丁美洲执行了南南合作的 586 个项目和 229 个行动，其中哥伦比亚执行了 102 个项目和行动，成为继巴西（220）、阿根廷（151）和墨西哥（119）之后的拉丁美洲第四大的国际发展援助的提供者。

1996 年哥伦比亚第 318 号决议建立的旨在为相似水平或是更低水平发展中国家提供具有技术性和不可补偿性质的金融合作项目的国际合作与援助基金（Fondo de Cooperación y Asistencia Internacional, FO-CAI），从 2002 年的 17 万美元增加至 2012 年的约 900 万美元（如图 2 所示）。2010 年国际合作与援助基金的增长是向海地地震所引起的人道主义危机额外提供援助的结果。

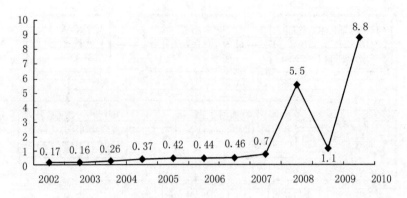

图2 哥伦比亚国际合作与援助基金规模（2002—2012年）（百万美元）

资料来源：哥伦比亚国际合作总统机构。

此外，哥伦比亚在促进发展援助（尤其是南南合作）的创新管理上也扮演着积极的角色。自2007年以来，哥伦比亚联合巴西、墨西哥和智利，通过设计项目来加强伊比利亚美洲的南南合作，以提高发展援助质量、扩大行动影响。

（二）援助的分配

哥伦比亚援助项目的部门分配较为集中。2009—2010年，哥伦比亚大约在40个国家开展了211项援助项目和特殊行动。如图3所示，这些项目和行动主要集中于政府现代化（20.8%），环境（17.5%），教育、艺术和文化（14.7%）及生产发展和工厂（12.3%）等部门。从项目的执行机构来看，主要由贸易、工业及监督部、环境部、麦德林上市公司和社会行动等公共团体共同完成。

2012年哥伦比亚还开展了一系列的紧急救援活动，如，由于自然灾害，哥伦比亚在洪都拉斯和菲律宾开展了相关的紧急救援活动；为解决食物问题和干旱危机，哥伦比亚联合太平洋海运协会（PMA）在索马里开展了救援活动；哥伦比亚也援助了与土耳其、约旦和黎巴嫩发生边界冲突的叙利亚，以及由于边境移民产生问题的厄瓜尔多。

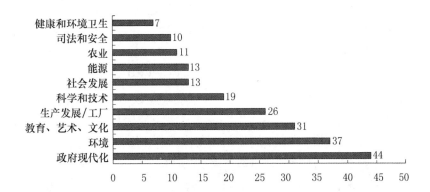

图 3　哥伦比亚发展援助项目的部门分配（2009—2010 年）（单位：项目数）

资料来源：根据 MinRex Colombia 的整理。

　　从地区分配上看，哥伦比亚所执行的大部分援助项目主要集中于中美洲和加勒比海地区，占援助项目总数的 60%—70%，随后是秘鲁。拉丁美洲和加勒比海的国家，尤其是位于加勒比海流域的和临近哥伦比亚的国家，都拥有与哥伦比亚在外交联系和南南合作战略上的优先权。

四　哥伦比亚发展援助展望

（一）哥伦比亚发展援助的优劣势

1. 哥伦比亚发展援助的优势

　　根据拉美和加勒比海的经济委员会（CEPAL）统计，2011 年，该地区的最大经济体（以当前价格计算的 GDP 为指标，单位为 10 亿美元）为：巴西（2476），墨西哥（1151），阿根廷（448），哥伦比亚（333）和委内瑞拉（313）。2005—2008 年，哥伦比亚实现了过去 30 年里最快的经济增长。哥伦比亚在 2011 年从国家金融危机中率先复苏，实现了 5.9% 的经济增长，成为拉美地区增长率最高的国家。与此同时，2009—2011 年哥伦比亚的通胀率和失业率分别从 6.2% 、14% 降为 3.8% 和 10.2% 。哥伦比亚经济快速增长、政治稳定，拥有充足的人力和自然资源，并且地理位置优越，外国投资环境较好，投资风险较低。哥伦比亚存在的社会问题也有了重大的改善，它部分实现了千年发展目标，特别是在教育和健康方面取得的成绩显著。目前，哥伦比亚的中小学教育的总覆盖率为100%，5岁以下和1岁以下的婴儿死亡率自1990年至2010年，从36.6%、29.6%分别降至19.1%、16.5%。

哥伦比亚在进行对外援助推进南南合作过程中，一个主要优势是其采取的系统方法，例如，"加勒比海流域的合作战略"和"中美洲的区域合作项目"就采取了这种方法。该方法采用地理目标型的援助方式，对发展援助政策进行有组织的规划和执行，通过综合方案的执行，南南合作表现为区域一体化，且覆盖范围更为广泛，时间更为长久；通过连接执行计划活动中公共和私人机构，发展援助形成一个国家系统。哥伦比亚还采用一系列的工具在制度上和方法上巩固南南合作。哥伦比亚在对外援助中致力于参与国际援助有效性议程和南南合作，并得到了OECD许多传统捐赠者的支持，其新兴发展援助国的地位也进一步强化。

哥伦比亚成功开展对外援助活动的主要原因之一是其动员了广泛的参与群体。哥伦比亚国际合作活动的主要参与者是政府，但是合作的大门也为有能力做贡献的其他参与者敞开，如地方当局、大学、民间机构和私人部门。

2. 哥伦比亚对外援助的劣势

哥伦比亚对外援助体系也存在着许多不足之处。

第一，南南合作被认为是哥伦比亚具有战略价值的外交关系，但其发展援助政策仍然受到不同政府部门的影响，导致在执行过程中出现效率低下的情况。

第二，哥伦比亚发展援助执行机构在使用公共基金方面缺乏灵活性，国民预算管理限制了官方资源承诺范围，影响了融资计划，并常常造成多年项目成本的增加。

第三，哥伦比亚民间社会组织如何有效参与规划和监测发展援助也存在诸多争议。例如，民间社会组织联盟曾批评官方部门在规划对外发展援助时缺乏公众参与辩论的程序。

第四，缺乏对发展援助项目的监督和评价。在监督和评价发展援助的计划与执行时，为了保证控制目标的实现，应该结合国际标准，在项目的执行中以及完成后进行适当的监测和评估，并公布必要的信息。为此有必要通过更多的学习和诊断，扩大参与方的范围，评估援助和发展的有效性。

表1　　　　　拉美各国接受的官方发展援助（1991—2010 年）

单位：百万美元

年份	哥伦比亚	海地	尼加拉瓜	玻利维亚	洪都拉斯
1991	180.6	281.17	1306.8	793.97	473.46
1992	340.92	155	977.29	986.84	554.58
1993	138.41	188.15	508.84	855.16	511.45
1994	115.49	871.18	924.85	816.13	433.1
1995	228.56	1014.3	876.52	944.05	536.37
1996	256.22	523.2	1243.2	1133.5	486.24
1997	295.89	490.48	634.89	1034.1	444.83
1998	253.6	629.7	941.91	972.47	490.39
1999	429.07	398.04	1038	858.75	1234
2000	283.33	313.73	895.44	767.08	699.72
2001	550.44	261.42	1678.2	1216.9	1025.2
2002	609.83	232.2	825.49	1083	635.74
2003	998.75	284.26	1170.2	1262.8	539.37
2004	622.29	381.85	1558.2	972.15	818.66
2005	725.82	525.4	942.91	791.17	842.99
2006	1134.5	686.9	892.77	1016.3	725.79
2007	777.96	773.1	928.97	550.22	509.11
2008	1002.1	957.35	772.42	651.71	587.97
2009	1107.5	1194	824.54	770.74	485.7
2010	944.39	3231.1	662.93	719.35	608.22

资料来源：世界银行。

（二）推进对外援助的措施

1. 加强国际合作

在国家发展计划（2010—2014）中，哥伦比亚历史上第一次提出，国际发展援助不仅是促进国家发展获取有效资源的通道，也是重要的外交政策工具。在此背景下，哥伦比亚须在新的全球空间上扮演重要的角色，必须"知道如何全球化"，而非"被全球化"。为实现该目标，哥伦比亚应将现代的且具有前瞻性的外交政策落实到位，并采取可以使哥伦比亚在多边体系内的存在更有效率，又能增强双边关系的外交政策。哥伦比亚外交政策的发展暗示其有必要加强和多样化国际发展援助，继续巩固它作为外交的政策工具，以实现民主繁荣并建设新的哥伦比亚。通过国际发展援助，哥伦比亚可以提高其实现可持续增长及社会发展的能力以及良好的管理能力。

2. 贯彻国家战略，实现战略目标

2012 年 2 月，外交部和哥伦比亚国际合作总统机构（APC Colombia）提出了 2012—2014 年国际发展援助的国家战略（the National Strategy for International Cooperation，ENCI）。该战略声称，哥伦比亚将向外交政策上有共同利益的区域提供发展援助，如亚洲和非洲，并且它也重申其在援助有效性议程中的承诺，以及继续推进釜山第四届高级别援助有效性论坛所提出的南南合作、三边合作等一系列主题的发展援助工作。

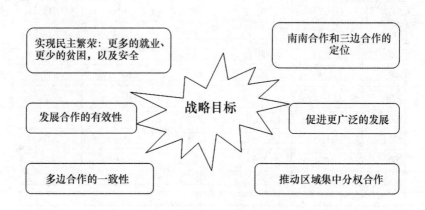

图 5　哥伦比亚 ENCI（2012—2014）的战略目标

资料来源：根据哥伦比亚国际合作总统机构的资料整理。

3. 直面国际合作中的各种挑战

哥伦比亚的国际合作之路存在着巨大的挑战。首先，对外援助的国际合作需与 ENCI（2010—2014）的目标结合起来，这其中存在三大挑战：增加就业、减少贫困以及安全保障。其次，为实现更加有效的合作，哥伦比亚应通过国际援助的国家系统（Sistema Nacional de Cooperación Internacional，SNCI）明确援助部门和援助国别；同时，开发多样化的合作资源，为巩固南南合作，应增加国际合作和援助基金（FOCAI）的预算；此外，哥伦比亚还应寻找更加快速的方式来为公共机构筹集发展援助基金；将三边合作作为保证南南合作融资的重要资源。最后，哥伦比亚仍应关注公平问题，更好地平衡国际发展援助项目的区域分配，并对那些没有受益于合作项目的地区和部门做出反应。

4. 容纳更广泛的参与方、建立监督机制

民间社会组织也是对外援助等国际合作的一股力量，其重要性与日俱增，因此哥伦比亚政府应重申民间社会组织的重要性，容纳更多的参与方，并确保它们可以参与援助有效性议程的讨论。并且，由于在监督和评估活动的过程中缺乏有效且及时的反馈以及在活动结束后缺乏可靠的评估报告，哥伦比亚政府在执行对外援助项目时无法根据实际情况进行调整并采取改进措施。为了扭转这一现象，应尽快建立监督与评估机制，携手国内、国际监管部门，如联合国的发展合作论坛（the Development Cooperation Forum，DCF）等，建立相互问责机制以更好地确保发展援助项目的贯彻落实。

参考文献：

《2011 年哥伦比亚经济发展形势》，中国驻哥伦比亚使馆经商处，2012 年 6 月。

《2012 年哥伦比亚经济发展情况概述》，中国驻哥伦比亚使馆经商处，2013 年 4 月。

CEPAL，CEPALSTAT Statistics of Latin America and the Caribbean，August，2013.

APC Colombia，the Cooperation is a Foreign Policy Tool which allows the Strengthening of the Country's International Relations，2012.

Acción Social，the Cooperation Represents an Important Commitment of the National Government in the Medium and Longer Terms，2009.

Cristina Xalma and SEGIB，Report of South-South Cooperationin in Ibero-America 2010，November 2010.

APC Clombia，National Strategy of International Cooperation 2012 – 2014，2012.

印度尼西亚的对外援助及其管理[*]

张　毅

摘要：本文主要讨论印度尼西亚的发展援助。首先分析印度尼西亚致力于南南合作的关键动因，以及南南合作在印度尼西亚国家政策中的历史。接着详细阐述印尼发展援助机构的设定及其与其他外部参与者的互动。最后对印度尼西亚的南南合作做出整体评价并对其未来进行展望。

关键词：印度尼西亚；对外援助；战略与政策；管理体系

21 世纪国际援助体系发生了巨大变化。新兴市场国家作为"新兴援助者"开始在国际援助体系中扮演重要的角色，南南合作作为发展中国家之间分享经济、社会文化以及技术和科学方面的信息、经验和知识的论坛，也成为南北合作和其他双边以及多边合作形式的有益补充。随着近年来经济的成功发展并成为较大规模的中等收入国家，20 世纪末，印度尼西亚政府开始致力于推动南南合作，希望通过加强南方国家间的经济和技术合作，成为提供有效南南合作的可靠伙伴。南南合作也因此成为一个更全面和有效的发展援助的重要形式，其快速发展推进了包括印度尼西亚在内的发展中国家自身的发展。

* 原载于《国际经济合作》2013 年第 12 期，第 45—49 页。

一 印度尼西亚对外援助的战略与政策

印度尼西亚在南南合作中的角色可以追溯到 1955 年亚非会议、1961 年的不结盟运动，伴随 1981 年加拉加斯行动规划建立的 G77、布宜诺斯艾利斯行动计划，其在南南合作中的角色得到加强。G15 和 D8（发展中八国集团首脑会议）的建立进一步提升了发展中国家在世界经济中的作用。近年来，印度尼西亚成为 G20 成员，在包含南南合作的知识分享中扮演了更为积极的角色。

印度尼西亚的发展援助致力于通过南南合作推动可持续发展，是在团结、无条件、包容和互惠以及不干涉的原则下进行的。其中的一个重要动力是发展中国家之间的团结。近年来，印度尼西亚对南南合作的参与不仅是基于团结的考虑也是根据其在世界政治经济中所处地位的变化做出的决定。印尼国家秘书处指出，考虑到印度尼西亚已经成为中等收入国家、G20 成员国以及东南亚国家联盟的领导者，印度尼西亚有必要采取措施通过南南合作实质性地参与国际论坛。

南南合作的另一个目标是加强经济和技术合作。印尼认为与南方发展中国家的合作和伙伴关系是推进印度尼西亚国际贸易发展的重要动力，发展中国家之间的技术和经济合作可以推动全面伙伴关系的建立。

印度尼西亚南南合作的最新动力是它希望积极参与全球经济政治事务。作为拥有 2.3 亿人口的中等收入国家，G20 成员国资格要求印度尼西亚承担更大的全球经济政治责任。在国际发展援助领域，印尼希望在 2005 年援助有效性巴黎宣言和 2008 年阿克拉行动议程等援助有效性国际决议中发挥更为重要的作用。

印尼政府希望通过独立积极和多向的外交政策达到"百万朋友，零敌人"的状态，通过外交努力与发展中国家形成发展合作关系。发展合作主要通过三种途径来实现：能力建设、杠杆投资和国际合作。能力建设的内容包括知识转移、项目管理和最好的练习即实践；杠杆投资包括推动 PPP（公司合作）和促使私人部门加入；国际合作的方式包括 G20、南南合作、三方合作以及双边多边合作。最终，通过以上的努力实现印度尼西亚的国家发展。

　　印尼 2007 年国家长期发展规划（2005—2025 年）的 17 号法律和国家的中期发展规划（2010—2014 年）明确了印度尼西亚在国际社会中的角色。后者授权印度尼西亚建立南南合作的相关制度并制定全面的政策。为此，印度尼西亚政府签署了已有 26 个发展伙伴接受的雅加达承诺，规定了其 2014 年以及之后发展援助的路线图，以执行基于巴黎宣言和阿克拉行动议程的援助有效性国际议程，有效推进印度尼西亚的发展援助。

　　雅加达承诺提出，对印度尼西亚来说，援助的数量重要，援助的质量和有效性更为重要。雅加达承诺制定了印尼实施援助有效性议程的路线图，规定了 2014 年以及之后印尼援助有效性的政策方向，包括 2010 年实行的优先行动，继续执行巴黎宣言以及阿克拉行动议程，进一步提高其援助有效性，并应对现存的挑战。雅加达承诺指出："路线图制定的战略愿景，就是我们以及我们的发展伙伴基于巴黎宣言原则和阿克拉行动议程在援助有效性议程的基础上希望执行的发展援助的方向。"

　　印度尼西亚的南南合作着力于构建繁荣的发展合作伙伴关系，包括以下任务：（1）提高印度尼西亚在南南合作框架中的地位并最大化国家利益；（2）最大程度地提高南方国家的团结和自力更生能力；（3）提高创新型发展合作和促进繁荣；（4）推动南方国家的经济合作；（5）推进南方国家的技术合作、社会文化合作以及科学技术合作；（6）提高印度尼西亚在双边、地区、多边合作中的外交能力以实现国家利益。

表1　　　　　　　　　　　印度尼西亚南南合作计划

制度发展和赋权	规划发展和资金	监管、评估和知识管理
加强南南合作协调小组	➤ 通过一流和定制的计划加强规划能力 ➤ 用弹性的方式执行南南合作 ➤ 提高对南南合作的潜在资金（来自于国家预算、双边和多边合作、信托资金、银行业和私人部门）	➤ 提高监管和评估南南合作的执行 ➤ 发展信息系统和监管、评估数据库，支持知识分享和南南合作商业进程

　　资料来源：Raden Siliwanti，"Indonesia South-South and Triangular Cooperation"，（2012）.

印尼南南合作计划的目标和时期可分为：（1）2011—2014 年，巩固印度尼西亚的南南合作，形成法律框架，并加强制度协调；（2）2015—2019 年，提高包括私人部门、NGOs 和大学等利益相关者的参与度，推动南南合作；（3）2020—2025 年，进一步推进南南合作。南南合作计划还列出了南南合作的三个优先领域：制度发展和赋权；规划发展和资金；监管、评估和知识管理。

二　对外援助的组织与管理

（一）组织机构设定

由于存在许多利益相关者，印度尼西亚南南合作的组织结构较为复杂。目前的技术援助由相关的部委和机构发起，但由于未建立完整的发展援助的管理机制，技术援助活动记录不全，技术援助没有集中的预算等原因，部委之间的协调机制往往缺乏效率。

1982 年，在联合国开发计划署的支持下，包括印度尼西亚计划部、外交部、财政部和国家秘书处的国际技术合作协调委员会（即协调小组）在总统令授意下成立，该委员会建立的目的是在超过十个政府部门和机构之间进行必要的技术和管理协调。自此之后，由印度尼西亚计划部和主要的部委发起的一系列协调会议确定了印尼发展援助的宏大计划和南南合作的蓝图，包括法律机构设立、法律架构、预算机制、监管和评估。

印度尼西亚推进南南合作的重要标志是 1982 年"南南和三边合作国家协调组"（简称协调组）的建立，其目的是协调发展援助核心机构（印度尼西亚计划部、外交部、财政部和国家秘书处）以有效地实施南南合作。协调组的指导委员会主席由印度尼西亚国家计划部副主席担任，联合主席由外交部副部长担任。指导委员会处理并指导技术委员会报告的内容。技术委员会的主席由多边外国基金和印度尼西亚国家计划部负责人担任，第一联合主席由社会文化事务和发展中国家国际组织、外交部负责人担任，第二联合主席由技术合作局、国家内阁领导担任。技术委员会指导秘书处报告的内容。秘书处由外交部、国家计划部和国家内阁组成。协调组需要协调与各部委、捐赠者、私人部门和非政府组织之间的关系和事务。

为了兑现雅加达承诺，2009 年，印度尼西亚政府正式成立了发展有效性援助秘书处（Aid for Development Effectiveness Secretariat），以领导发展援助并管理援助有效性进程。

2013 年，国家秘书处负责与发达国家和国际捐赠者的多边合作，外交部负责双边合作；政府机构、大学和非政府组织负责执行技术合作。

（二）资金来源

印度尼西亚政府没有专门的资金用于南南合作，国家预算通过国家秘书处配给资金，通过外交部谋求资金，同时依赖其他国家和私人捐赠者为印度尼西亚的南南合作提供资金支持。

2000—2012 年，印度尼西亚在亚太地区、非洲和拉丁美洲为 700 个发展援助活动支付了 5000 万美元。2013 年，印度尼西亚技术合作的预算是 235 万美元，用于农业、畜牧、渔业、基建、民主、自然灾害管理等领域和提高小额贷款的能力。援助项目从 2012 年的 15 个急剧增加到 2013 年的 40 个。这些项目包括对巴勒斯坦的小额贷款的研讨会，4 月份该会议在约旦的安曼、雅加达和万隆以及西爪哇举行；其他的项目包括来自非洲国家埃塞俄比亚的亚的斯亚贝巴和巴厘的 20 位代表参加的水资源管理研讨会；在巴厘举行的关于民主的国际培训，参会代表来自阿尔及利亚、苏丹、叙利亚、突尼斯和也门，培训同和平与民主委员会合作；还有一个项目关注于缅甸的社会和解。

（三）外部合作

印度尼西亚在南南合作中有许多外部伙伴。印度尼西亚的南南合作与北方国家圈、多边开发银行圈、联合国圈的南南合作特别小组有直接的联系。印度尼西亚通过作为受益人的南方国家与南方国家圈取得联系。印度尼西亚通过这些外部合作促进印度尼西亚和南方国家的发展。

鉴于印度尼西亚的发展援助规模以及与传统捐赠者的关系，从中期来看，印度尼西亚仍需要外部援助。北方国家以及多边开发银行发展伙伴应在这种新的范式下制定新的战略，寻求创新方法应对印度尼西亚的发展挑战。一方面继续向印度尼西亚提供发展援助，另一方面加强与印尼的交流，以便印尼获取新知识和实践经验。同时印尼政府作为援助国也应积极寻求发展援助的可用资源，包括用于发展的替代融资机制和渠道资源。这些资源包括公司合作、企业社会责任、全球和国内机构、贸易和国外投资。雅加达承诺建议，为巩固其中等收入国家的地位，印度尼西亚将与发展伙伴更紧密地合作以支持发展援助并更进一步巩固其地位。其发展伙伴包括私人部门和公民团体等。

发展有效性援助秘书处的建立，离不开多个国际捐赠者的支持。2008 年，加拿大国际开发机构和联合国贸发组织支持了印尼援助有效性的调查、雅加达承诺的准备和援助有效性的培训。多个国际捐赠者如澳大利亚国际发展署、美国国际发展署及德国联邦经济合作和发展部参与了发展有效性援助秘书处的六个小组。日本的国际协力机构在六个小组中都很活跃。

在接受来自传统援助国支持的过程中，印度尼西亚政府可以学习先进的方法，包括考虑受援国需要，引进项目设计的监控和评估。而且，在支持印度尼西亚发展援助的过程中，传统援助国也有机会观察印度尼西亚拥有的优势和诀窍。

三　对外援助概况

（一）援助分配

1. 地区分配

印度尼西亚的对外援助大多在南南合作框架下进行，援助的国家包括亚洲、非洲、大洋洲的发展中国家（见表 2），但主要集中于周边邻国，这是因为周边国家与印度尼西亚在文化、语言和历史等方面具有相似性，可以使印度尼西亚最大程度地满足受援国的需求。

表2 印度尼西亚援助国家分布

区域	受援国数量（个）	占受援国比例（%）	部分国家
亚洲	21	51	菲律宾、马来西亚、缅甸、泰国、老挝、孟加拉国、柬埔寨、越南、中国、巴基斯坦、阿富汗等
非洲	12	29	马达加斯加、埃塞俄比亚、肯尼亚、坦桑尼亚、南非、纳米比亚、阿尔及利亚、尼日利亚、苏丹等
大洋洲	8	20	巴布亚新几内亚、所罗门群岛、图瓦卢、瓦努阿图、基里巴斯、帕劳等

资料来源：李小云、徐秀丽、王伊欢：《国际发展援助——非发达国家的对外援助》，世界知识出版社 2013 年版，第 119 页。

如表 2 所示，亚洲的受援国占最大比重，有超过一半左右的受援国集中于该区域，其中包括比自己实力强的国家（比如中国）。在受援国数量上，非洲国家占据第二位，约占受援国总数的 30%，这主要是由于非洲的发展中国家数量较多。大洋洲受援国占总受援国数量的 20%，由于印度尼西亚横跨亚洲和大洋洲，印度尼西亚南部有些地区在大洋洲，重视与周边国家关系的印度尼西亚也同样关注其与大洋洲国家的关系。

2. 部门分配

印度尼西亚对外援助的主要部门包括生产领域、经济基础设施、社会基础设施和服务领域等。印度尼西亚技术合作局设定的合作计划主要包括企业能力建设、可再生资源、农业、林业、灾害管理、渔业、小额信贷、为女性赋权和民主改善等。根据印度尼西亚技术合作局的统计，从 2007 年到 2011 年，印度尼西亚的技术援助项目总数为 43 个，其中农业技术援助的主题有 11 个，占援助项目总数的 25%；林业主题为 3 个，占项目总数的 7%；渔业主题 4 个，占项目总数的 9%；农林渔业三者相加超过了 40%，可见印度尼西亚对外技术援助中，农业是重要的援助部门。排在第二位的是企业能力建设，相关项目数为 9 个，占项目总数的 21%。

3. 援助方式

技术合作方面，1998 年印度尼西亚与文莱一道发起成立了位于雅加达的南南技术合作不结盟运动中心。该中心组织了一系列的项目和活动支持南方国家的发展，以在国际开发合作背景下通过加强和扩展南南技术合作来加速推进国家发展。

农业合作方面，印度尼西亚为来自东南亚国家的农民和农业工作者组织职业培训项目。在该项目中，印度尼西亚派遣专家到东南亚国家，也接受来自其他国家的专家。印度尼西亚在东帝汶开展了巴西—印度尼西亚合作项目，旨在加强南南农业合作。

教育和培训方面，印度尼西亚至少组织了 40 个培训项目，400 名参与者来自亚太地区、非洲和中东的 40 多个国家。这些项目主要是关注经济和社会问题，项目得到了来自日本的东盟一般外汇基金和联合国亚太经社委员会的支持。印度尼西亚政府每年为来自其他国家的 50 位研究生提供奖学金以帮助他们在印度尼西亚大学学习。

知识合作方面，2012 年印度尼西亚开展了知识交流的大项目。2012 年 7 月印度尼西亚政府、世界银行、日本国际协力机构和联合国贸发组织等在巴厘共同组织高阶会议"迈向国家导向知识圈"，印度尼西亚为参与南南合作知识交流的 40 个国家的 200 名政策制定者设立了论坛来参与"知识圈"的学习并讨论如何加强机构能力。越来越多的发展中国家通过分享公共部门专家的意见，明确了发展中国家应承担的义务。巴西、印度尼西亚、墨西哥、新加坡和南非的经验被用来分析以确定可行的选项和解决方案。

四 印尼发展援助的总体评价和展望

印度尼西亚在南南合作的一些领域有比较优势。这些优势包括过去几十年各部委、执行机构、非政府组织通过活动形成的知识和经验以及印度尼西亚的发展经验。然而，南南合作的执行过于碎片化，没有充分实现利益最大化，可持续性也存在问题。

第一，没有南南合作的国家政策。联合国贸发组织关于南南合作的研究表明，尽管大部分国家制定了有国家特色和特定议题的合作战略，但是大部分（70%）抽样国家没有关于南南合作的国家政策。强有力的政策和参与框架的缺失影响了南南合作的执行，特别是在受援国。

印度尼西亚应该在战略层面而不是在战术层面计划和审查其南南合作倡议，一方面需要其阐明国家政策、制度架构、预算分布和年度审查，另一方面要求其在产出和影响层面明确发展的期望，在项目层面不限制短期或者中期的产出。

在对南南合作有清晰的国家政策和制度架构基础上，协调组的成立有利于更好地进行协调，从横向和纵向两个方面扩张自己的影响：横向协调强化部际之间的沟通来覆盖南南合作广泛的利益相关者，纵向协调加速顶层和底层的层级沟通。但协调组也需要对印度尼西亚南南合作进一步发展中出现的问题作好准备。印度尼西亚需要考虑现在的协调管理是否能实现其愿景。

第二，开发特定项目的能力以及评估能力的缺乏限制了印尼的发展援助。需求匹配方面的有限信息和受援国在项目发展方面的有限参与是主要的限制因素。项目发展过程中缺少受援国的参与说明受援国的自主权受到限制，这也是印度尼西亚更多地提供供给驱动型项目和进行后期干预的重要原因。

第三，没有系统地匹配援助国的供给能力及潜在受援国的需求，这会带来一些风险。首先，合作带来的是低质量的解决方法，特别是包括人权原则的国际标准。其次，一些国家会被排除出南南合作推动的项目，特别是那些更穷和处于更不利地位的南方国家，因为它们经常缺乏阐明它们的需要、获得南南合作机会的能力。

总之，为了使现在和未来的南南合作项目中的收益最大化，印度尼西亚需要对南南合作有清晰的国家政策和制度架构。同时，协调组应该致力于更高程度的协调。随着时间的推移，技术合作项目有望强化印度尼西亚的管理和推进其南南合作的能力。

参考文献：

National Coordination Team on South-South and Triangular Cooperation, Government of Indonesia "Vision: Better Partnership for Prosperity Indonesia to Boost Image Through

Worldwide Cooperation", *The Jakarta Post*, 10 April 2013.

Yukimi Shimoda and Shigeki Nakazawa, "Flexible Cooperation for Indonesia's Multidimensional Challenges for South-South Cooperation under a Shared Vision", in Hiroshi Kato (Ed.), *Scaling Up South-South and Triangular Cooperation*, Tokyo: JICA-RI, 2012.

Rose Wanjiru, "Is the South-South Cooperation Achieving its Intended Outcome? Critical Analysis of the South-South Cooperation Based on the Finding of the UNDP Study (2009)", CEGAA, 2010.

UNDP, Enlarging South-South and Triangular Cooperation: Study of the Current Situation and Existing Good Practice in Policy, Institutions and Operations of South-South and Triangular Cooperation, 2009.

"Leveraging South-South Cooperation and Triangular Cooperation", A background paper prepared for the Joint Meeting of the Executive Boards of UNDP/UNFPA/UNOPS, UNICEF, UN-Women and WFP in New York, 4 February 2013.

土耳其对外援助：现状与挑战 *

郭玉玮

摘要： 本文首先回顾土耳其对外援助的动机、利益和目标，以及其成立独立的南南合作机构即土耳其国际合作与协调署（TIKA）的必要性。其次介绍 TIKA 的宗旨、运行框架、资金来源以及它与国内利益相关方以及其他援助国的关系。最后分析 TIKA 适应当前国际发展援助发展趋势以及应对国内偏好所面临的挑战。

关键词： 土耳其；对外援助；TIKA

一 土耳其对外援助的战略与政策

土耳其自建国以来一直奉行"对内安定、对外和平"的政策。土耳其对外政策的主要目标是维持和加强地区及国际的和平、稳定、繁荣、合作的环境，以益于土耳其国内及其周边国家和其他地区人类的发展。为实现这一目标，土耳其通过广泛的和平途径，遵循有原则的、积极的和多方位的对外政策，在地区合作的进程中发挥牵头作用，促进睦邻友好关系和经济合作，向有困难的国家提供人道主义援助，参与维和行动，协助解决争端及冲突后的和解与重建等。

作为当今全球化世界的一名积极成员，土耳其对外政策的多方位性体现和反映在：广泛地参与联合国的相关行动，加入北大西洋公约组织，谋求加入欧盟，积极参与经济合作与发展组织（OECD）、世界贸易组织

---

* 原载于《国际经济合作》2013 年第 11 期，第 84—89 页。

（WTO）、伊斯兰会议组织（OIC）、黑海经济合作组织（BSEC）、经济合作组织（ECO）、发展中国家八国集团等主要国际及地区组织。凭借其特殊的地理位置和与周边地区密切的历史文化联系，土耳其在欧亚大陆心脏地区架起不同文化之间对话和互动的重要桥梁。近年来，土耳其凭借其日益增强的综合国力和地缘战略优势，推行积极务实的外交政策，开始注重实现外交多元化，重视发展与亚洲、非洲国家的关系。

对外援助是土耳其对外政策的重要组成部分，其主要目的是为国家外交和安全服务。与大多数的新兴援助国一样，土耳其开始既是受援国也是援助国，但土耳其已经从净受援国变为援助国。作为一个发展中国家以及新兴援助国，土耳其认为，发展援助有利于提高土耳其的战略重要性。首先，发展援助可以提高土耳其的国际地位，帮助土耳其成为一个积极的全球和区域行为者。发展援助是土耳其提高其在联合国、世行、国际货币基金组织等国际组织中地位的一个工具，同时也可以提高土耳其在国际发展援助决策制定过程中的作用。其次，发展援助有利于维护地区和平与稳定。土耳其所处地区的地理位置十分重要，该地区的繁荣和平符合土耳其的利益。因此，维护地区和平与稳定是土耳其发展援助政策的首要目的，它有助于土耳其改善与受援国的关系，巩固土耳其与其他国家的历史和文化联系，同时也促进区域合作的开展。再次，发展援助有利于土耳其在其他国家创造和改善商业机遇，增加对这些国家的出口，引导私有部门投资于有增长潜力的市场。

二　土耳其对外援助的组织与管理

作为新兴援助国，土耳其设有相对完善的对外援助管理机构。土耳其外交部是其对外援助的主管部门，负责监管各个发展援助相关机构并制定政策，土耳其国际合作与协调署是协调土耳其官方发展援助的主要机构，土耳其新月会和灾难及应急管理办公室则负责执行人道主义援助。此外，土耳其还有一个由相关部门和机构代表组成的协调董事会，负责监管土耳其发展政策的制定。

（一）土耳其国际合作与协调署

1992 年 TIKA 成立，最初归属于外交部，其主管的经济、文化、教育和技术合作旨在"帮助发展中国家发展,且主要针对突厥语和周边国家"。成立初衷是为了支持中亚、高加索山脉及巴尔干地区国家的经济过渡。TIKA 归属于外交部的安排被视为政府希望利用援助作为外交政策工具。1999 年,土耳其成立了涉及所有突厥语国家的项目协调办公室,包括波斯尼亚、摩尔多瓦,乌克兰克里米亚地区等突厥语国家和格鲁吉亚。同时,由国家计划组织提供的技术合作的规模也持续增长,并在 1995 年达到近 200 万美元。1999 年,为改善发展援助的协调性并集中更多资源,TIKA 开始直接归总理领导,但在外交政策和策略方面仍然接受外交部的领导。发展援助成为外交政策工具的一个例子就是2009—2010 年土耳其竞选联合国安理会席位之前,TIKA 积极介入大量发展中国家(尤其是太平洋岛国)事务,为它们提供可观的援助。当前 TIKA 在土耳其争取 2015—2016 年联合国安理会席位以及支持伊兹密尔举办 2010 世博会过程中也发挥了重要作用。此外,TIKA 还承担了向DAC 报告对外援助统计数据的任务。

TIKA 直接隶属于总理某种程度上改善了其获得资金的能力,同时更加强调专业知识、技术导向型的援助,援助地区主要向非洲和中东倾斜,为此 TIKA 设立了几个项目协调办公室,TIKA 也将拉丁美洲和亚太地区纳入其工作范围,但有些地方尚未设立办公室。2010 年一个隶属于总理的独立机构成立,接管了部分 TIKA 的职能。

TIKA 的宗旨为:通过共享土耳其的技术和经验,帮助伙伴国家消除贫困、促进可持续发展;与国际机构合作支持危机国家和冲突区域实现和平与稳定;处理突发事件并提供人道主义援助。土耳其希望通过发展援助改善投资环境、发展经济、减少贫困和失业,提高教育水平和政府管理,改善女性在社会和发展中的地位,传播信息技术,改善环境和自然资源管理,发展能源和基础设施投资。TIKA 也支持人力资源和制度能力建设。

TIKA 的主要活动是通过技术合作提高伙伴国家的制度建设和人力资源发展能力,这是土耳其擅长的领域。技术合作活动包括由赠款提供经费或由直接捐赠支持的培训和咨询项目。

目前,TIKA 在 30 个伙伴国家有 33 个项目协调办公室,执行土耳其与 100 个国家的发展援助。在项目执行过程中,协调办公室提供与当地利益攸关者的直接信息，收集第一手情报。在没有 TIKA 协调办公室的地方，由土耳其驻当地大使负责发展援助协调工作。

TIKA 的资金来源包括：（1）中央政府预算拨款；（2）在总理同意下由其他资源转化；（3）任何提供给 TIKA 的赠款和援助；（4）TIKA 资金增值带来的收入；（5）其他收入。中央政府预算拨款包括经常转移，但这仅占土耳其 ODA 相当小的比例，2008 年累计达到约 2700 万美元（3100 万土耳其里拉），但同年全部 ODA 为 7.8 亿美元；2012 年达到大约 3600 万美元（6100 万土耳其里拉），同年全部 ODA 为 12.73 亿美元；2013 年将达到 3800 万美元（7200 万土耳其里拉），同年全部 ODA 为 25 亿美元。

TIKA 有责任与国际组织和其他国家的发展援助机构合作，尊重它们的原则和目标，改善与其他致力于发展援助的国际组织的关系，推动项目计划并为其融资。

（二）土耳其民间社会组织

早期土耳其民间社会组织并没有积极参与其他发展中国家事务。发展援助对民间社会组织开放的原因一是 1999 年大地震带来的意识转变，二是主要由欧盟成员国协商的民间社会组织管理框架推进的行政改革。民间社会组织的资金由 2005 年的 5670 万美元增长至 2011 年的 2.15 亿美元，其中 1500 万美元由国家承担，私人捐款 2 亿美元。2008 年，1.25 亿美元中 5300 万美元为私人捐款，约占 42%。自此之后，国家捐款在绝对数量和比例上均稳步下降，同时私人赠款稳步增长。民间社会组织的资金主要向卫生部门援助倾斜，对伊斯兰公民社会组织有明显偏好。这也是这类民间社会组织在贫穷的发展中国家异军突起的结果。很多土耳其民间社会组织已在性别平等、职业训练和人权等议题上积累了丰富的经验，但尚未在其他发展中国家扩展活动。索马里是接受民间社会组织资金最多的国家，2011 年收到约 5800 万美元，约是阿塞拜疆和巴基斯坦接受援助数量的三倍。2011 年，60% 的民间社会组织援助扩展到非洲，包括索马里、尼日尔、埃塞俄比亚、坦桑尼亚、海地、苏丹和布基纳法索。不过，并非所有民间社会组织援助都被上报。一些土耳其企业也积极参与发展援助活动，例如，土耳其商人和企业家联合会

（TUSKON）成员在非洲、美国和欧洲都非常活跃。TIKA 和这些民间社会组织之间存在非常紧密的联系。

土耳其亚洲战略研究所（TASAM）一直在组织关于土耳其优先合作地区的高水平会议方面积极与 TIKA 合作。TASAM 事实上为土耳其学者以及研究土耳其在该区域的战略和合作的国际专家提供了一个交流的平台。

表1　　　　土耳民间社会组织发展援助规模（2005—2011 年）

单位：百万美元

	2005	2006	2007	2008	2009	2010	2011
从私人部门流出总量	56.7	78.5	55.38	125.43	157.06	144.68	214.9
来自官方部门的支持	—	0.25	9.72	53.11	48.06	39	15.4
私人赠款净额	56.7	78.25	45.66	72.32	109	105.68	199.52

数据来源：OECD 数据库。

三　土耳其发展援助概况

（一）发展援助的历史

20 世纪 80 年代，冈比亚、几内亚、几内亚比绍、毛里塔尼亚、塞内加尔、索马里和苏丹遭遇严重干旱，之前一直（现在仍然是）是受援国的土耳其为这些国家提供了大约价值 1000 万美元的食品、紧急救助和制度能力建设的援助。在此之后，土耳其逐渐认识到它作为援助国的潜力，在国家规划组织社会计划部专门设立了一个机构协调发展援助。1987—1991 年，土耳其的发展援助额从 12.8 万美元增至 69 万美元。

1991 年 12 月苏联的突然解体，高加索和中亚地区的前苏联国家纷纷独立，格鲁齐亚、亚美尼亚、阿塞拜疆成为土耳其的东部邻国。土耳其开始意识到中亚和高加索地区（突厥语国家）的重要性，并率先承认了这些国家的独立，同时，以这些国家"老大哥"自居的土耳其认为其有责任扶助这些国家的发展。于是土耳其及时调整了外交政策，并成立了土耳其国际合作与协调署（TIKA），专门负责协调对外援助。其后 TIKA 隶属关系和职能多次变更和扩展，于 2005 年成为协调官方发展援助及非官方发展援助的独立机构。TIKA 的调整反映了发展合作在土耳其外交中开始日益占有重要的地位。

（二）援助规模

近年来土耳其发展援助规模持续增长。从 2003 年约 6663 万美元增长至 2012 年 25. 31 亿美元。2011 年，土耳其发展援助高达 23 亿美元，其中 12. 73 亿美元是官方发展援助（ODA）。土耳其也成为新兴援助国家中，援助规模增长最快的国家之一。根据 OECD 公布的 ODA 数据，在向 OECD/DAC 汇报的非 DAC 国家中，2010 年和 2011 年，土耳其 ODA 规模位居第二，其 ODA 占 GNI 的比例为 0. 16%，居于马耳他、阿联酋和冰岛之后。2011 年，土耳其 ODA 已经超过 6 个 DAC 国家，土耳其成为国际发展援助领域中的一个重要角色。

土耳其 ODA 的显著增长缘于其对 ODA 定义的变化，并包含了一些之前未报告的发展援助项目。例如，专家服务以往没有被计入援助数据，之后被纳入统计范围。此外，工程项目提供的实物援助最近才纳入到支出当中。2012 年数据显示，土耳其发展援助额近年的急剧上升大部分源自土耳其对叙利亚难民的人道主义援助。

（三）援助分配

1. 地区分配

土耳其援助的地区分配反映了其潜在的区域优先顺序。土耳其对具有文化亲缘性的国家的重视和人道主义援助极大地影响了其对外援助的地区分配。2004—2011 年，土耳其援助的最大接受国为巴基斯坦，其次为阿富汗、吉尔吉斯斯坦、哈萨克斯坦、伊拉克、阿塞拜疆、巴勒斯坦、波黑、土库曼斯坦、苏丹、伊朗和格鲁吉亚。这些国家均为土耳其语国家或伊斯兰国家。

非洲是近年土耳其发展援助的优先区域，非洲也成为土耳其的新合作伙伴。在 1998 年提出"开放的欧洲行动计划"之后，土耳其出台过各种战略。2002 年，土耳其获准以观察员身份进入非盟。2008 年，土耳其举办了"土耳其—非洲合作峰会"，标志着非洲开始成为土耳其的重要伙伴。2010 年 3 月 26 日土耳其总理宣布了"非洲战略"以及"伙伴关系共同实施计划"，而发展援助就是土耳其非洲战略的重要组成部分。TIKA

在非洲有 8 个办公室，在 37 个非洲国家有援助项目。一些非洲项目如下：非洲农业发展计划旨在应对非洲粮食危机，由 TIKA 与土耳其粮食农业和牲畜部负责；非洲清洁水供应计划旨在减少水资源短缺问题，由 TIKA 负责在非洲打井；非洲健康计划旨在消除某些疾病和提高卫生部门能力，TIKA 与卫生部和民间社会组织协调。土耳其对撒哈拉以南非洲国家的发展援助从 2010 年的 1.02 亿美元增长至 2011 年 1.564 亿美元。

对最不发达国家的援助增多。2011 年在伊斯坦布尔举行的第四届联合国最不发达国家会议上，土耳其宣布了大量的对最不发达国家的发展援助计划。2010—2013 年接受土耳其 ODA 的最不发达国家大概可以归为三类。第一类包括接受大部分土耳其 ODA 的国家，例如阿富汗、索马里和苏丹。这些国家大部分都与土耳其具有历史文化亲缘关系。第二类国家由利用土耳其 ODA 卫生或教育援助、能力建设援助和人道主义援助开始，其后扩大到供水、农业和运输项目。土耳其 ODA 在这些国家有望继续增长，如埃塞俄比亚、塞内加尔、尼日尔、几内亚和也门。第三类国家为其他最不发达国家，土耳其对这些国家的 ODA 比较有限而且零星，诸如医疗甄别、特定部门的设备和车辆供给、培训以及人道主义援助。

土耳其援助的地区分配彰显了土耳其发展援助的宗旨和动机，就是扩大土耳其在周边的影响力。土耳其比其他国家先进入周边国家，可以利用先发优势，一方面提供财政援助以支持其国家建设，另一方面也营造一个对土耳其有利的商业环境。

财政援助主要来自土耳其进出口银行和国库，主要为基础设施融资，直接由 TIKA 提供的援助通过现金和实物赠送以及派遣专家等方式实现。但总的来说 TIKA 的资金相对不足，且大部分被分配到教育部门，为突厥语学生提供帮助。在许多国家，援助资金也被用于宗教教育以及对前社会主义国家重返穆斯林的教育，这些项目持续至今。TIKA 一般不参与三边合作，土耳其三边合作的案例是 TIKA 和德国 GTZ 合作改善在中亚和高加索地区的管理的项目。2012 年，日本国际协力机构（JICA）与 TIKA 签署了谅解备忘录，阿富汗成为日本和土耳其三方合作的重点区域。土日在阿富汗主要以技术合作的形式开展能力建设项目。

当援助的动机体现为帮助营造对土耳其有利的商业环境时，许多情况下企业会首先进入受援国。在后苏联时代早期，在一些地区几乎不具备商业竞争力时，土耳其企业已经进入这些区域。土耳其企业进入初期也并未以成熟的商业态度行事。为与羽翼未丰的当地公司竞争并寻求快速回报，土耳其企业也做了许多有损声誉的事情，后来才开始相对规范地进行商业经营。

2. 部门分配

土耳其不仅对外援助分布范围广，而且援助也涵盖了大多数领域。土耳其援助的重点是经济和社会领域的技术合作，主要通过教育、健康项目实现。土耳其援助的主要部门包括：（1）基础设施建设的项目援助；（2）人力资源发展的技术合作；（3）教育，包括学校建设、设备供给和培训；（4）健康，包括设施建设、设备供给、实地操作和培训；（5）供水和环境卫生，尤其是水井；（6）改善民事和行政基础设施；（7）文化合作；（8）修复古迹；（9）冲突后和灾后避难；（10）农业。

表 2　　　土耳其官方发展援助部门分配（2010 年和 2011 年）

单位：百万美元

部门	2010 年	2011 年
双边 ODA	920	1226
项目援助计划	367	487
技术合作	219	112
财政援助	10	0
资助留学生（学费）	40	74
难民	67	214
紧急援助	153	267
支持非政府组织和私有部门	1	1
发展援助宣传	0	1
管理费	64	71
多边 ODA	47	47
累计 ODA	967	1273

资料来源：TIKA。

如表 2 所示，2010 年和 2011 年，项目援助计划和技术合作合计大约占全部 ODA 的一半，其中紧急援助占有十分重要的地位。土耳其的紧急援助 2010 年增长了 207%，2011 年增长了 73%，达到 2.67 亿美元。紧急援助在发生内部冲突（如阿拉伯之春）或者灾难（如苏丹干旱、巴基斯坦洪水、海地地震）时提供，包括人道主义援助，修建医院、道路、水井、卫生措施以及财政援助。2011 年，大约 30% 的紧急援助提供给了索马里。对于非洲，土耳其援助的重点领域是农业，其他包括教育、健康、水和卫生、职业培训、制度能力发展和人道主义援助。根据非洲国家的发展需要，土耳其在非洲开展了"非洲农业发展计划"、"非洲健康计划"和"非洲职业培训计划"等。

此外，由表 2 可以看出土耳其双边 ODA 援助占据重要地位，多边援助份额相对低得多。以 2011 年数据为例，双边 ODA 援助高达 12.26 亿美元，约占 96.3%，而多边援助份额仅有 3.7%。

TIKA 近来强调修复奥斯曼帝国时代遗留下来的清真寺、桥梁、陵墓等名胜古迹，尤其在巴尔干半岛地区，在中亚也有大量的修复工程，包括在蒙古 Göktürk 遗迹上挖掘、保护、恢复和维护。这些修复工程与土耳其人的文化历史有关，修复工作一方面可以拯救奥斯曼帝国遗产，也有利于土耳其恢复与中亚国家的友好关系。

四　TIKA 面临的挑战

土耳其官方发展援助主要是通过 TIKA 进行协调的。在土耳其对外援助工作中出现的各种问题和挑战也聚集在 TIKA 这个援助机构中。

第一，制定对外援助发展战略。对紧急援助请求和人道主义援助作出反应相对比较简单，因为土耳其对于请求的认定比较明确。而提供旨在帮助受援国经济转型的援助需要更好地在需求面理解局部优先和需求情况，在供给面对这个国家相对优势和出口方面的专业技术有客观的评价，这就要求制定一个发展援助战略，TIKA 面临的首要挑战就是建立这样一个战略并与国际社会沟通。

第二，提供更多的全球公共产品。TIKA 有动力积极参与发展机构的国际对话。TIKA 在 OECD/DAC 原则下运作，并且得到 DAC 的一些支持。尽管此类行动的成本—收益仍有争议，但很明显 TIKA 愿意提供更多的全球公共产品。土耳其在二战后发展援助方面主要致力于维护和平与繁荣，例如对阿富汗、索马里和苏丹的援助。TIKA 还可以在全球气候变暖等方面有所作为。

第三，扩大受援国范围。TIKA 希望扩大受援国家覆盖范围，但面临的一个问题是如何在未设立代表处的国家发挥作用。即便在有土耳其大使馆的地方，也很难获得相关信息和建议。因此，TIKA 正在考虑与联合国开发计划署各国办事处在需求识别、设计和执行、评估等方面进行合作。

第四，集中发展援助资金。技术合作活动的可持续性与资金的连续性直接相关。相比其他发展机构 TIKA 自有资金偏少。土耳其大多数援助资金投向与土耳其有历史和文化联系的国家，并且土耳其还致力于解决人道主义关怀、战后重建、突发状况等问题，也包括诸如支持现代行政实践等问题，受援国和受援项目相当宽泛，将来有必要将其有限的资金进一步集中。

第五，进一步开拓援助资源。到目前为止，土耳其提供的援助是需求导向型的，主要集中于土耳其具有相对优势和经验积累的领域，如向受援国提供土耳其经济增长和转型方面的成功经验。新的发展援助理念强调提高生产能力和实现经济结构转型（如伊斯坦布尔 LDCs 行动项目中所规定的内容）以及提供全球公共产品。土耳其要在全球发展援助社会内获得可持续影响并提高土耳其在发展援助领域的地位，也应加强该性质的援助。如果这类多样化援助可以由额外而非替代的资金支持并以此提高土耳其的国际声誉，将更加容易获得公众支持。

参考文献：

TIKA，《TIKA 成立章程》。

TIKA，《2008 年土耳其发展报告》。

TIKA，《2011 年发展援助报告》。

ANKARA, "Turkey's TIKA Provides Assistance Unconditionally", in *Hürriyet Daily News*, 2011. 2. 14.

JICA, "Japan and Turkey Link Arms to Suppotr Social and Economic Development Assistance in the Region", in *Today's Zaman*, 2012.

UNDP, Turkey as An Emerging Donor, 2009.

第三篇
中国对外援助的政策与管理

南南合作与中国对外援助[*]

黄梅波　唐露萍

摘要： 南南合作的核心要义是发展中国家在坚持和平共处五项原则的基础上在政治上相互扶持，共同协调立场以增强在与发达国家谈判中的地位和在世界舞台上的话语权，在经济上通过贸易、投资、技术转移和一体化等培养集体自力更生能力，促进共同发展。作为近年来备受关注的发展中援助国之一，中国的对外援助是在南南合作的框架下展开的，其援助原则、政策和理念均与南南合作的核心要义一致，最终目标是促进南南合作的不断深化和南方国家的共同发展，以此推动千年发展目标的早日实现。

关键词： 南南合作；对外援助；原则；理念

冷战结束后，伴随着国际形势的深刻变化，世界主要力量对比逐渐改变。世界经济发展中心从西方传统大国向发展中新兴大国转移，国际经济金融秩序从主要由西方大国主宰向西方与非西方国家、发达与发展中国家共同协调的方向转变。在世界体系发生变化的同时，国际援助领域也出现了同样的趋势，发展中国家的援助成为国际援助中一支不容忽视的新兴力量。传统的西方援助包括双边援助和多边援助，其中双边援助一般带有较强的政治附加条件，西方国家希望通过对外援助输出其民主意识、价值观念和国家制度，多边援助更多地要求受援国接受市场取向的结构调整计划。而发展中国家对外援助是在 1955 年的万隆会议精

---

* 原载于《国际经济合作》2013 年第 5 期，第 66—71 页。

神（即南南合作原则）指导下展开的，在政治上坚持尊重伙伴国主权、不附加任何政治条件，在经济上强调互利双赢和通过对外援助促进双方的经济发展。中国自始至终坚持在南南合作的框架下开展对发展中国家的援助，其坚持的"平等互信、互利共赢"的原则充分体现了南南合作的核心要义，而这些又是与中国的国际政治经济地位相辅相成的。

一 南南合作的核心要义及其体现

南南合作产生于 20 世纪 50 年代，至今已有六十多年的发展历史。目前，对于南南合作（South-South Cooperation，SSC）这一概念，国际上的许多组织机构都作出了界定，如联合国南南合作局（The United Nations Office for South-South Cooperation）、联合国开发计划署（The United Nations Development Program，UNDP）、2008 年的阿克拉行动议程等。虽然各个机构对南南合作的定义表述不尽相同，但核心要义是一致的，即南南合作是发展中国家自己发起、组织和管理的，在双边、多边、地区和地区间等多个层次为促进共同的发展目标而开展的合作。政治上，遵循相互尊重主权和独立、平等互利、不附加任何政治条件和不干涉别国内政等原则；经济上，主要涉及知识、技术的共享和经济联系的加强，体现为南南国家之间的贸易、投资、技术转移和地区一体化趋势的加强。

虽然联合国对南南合作有多种定义，但是南南合作并不是由联合国发起的。从南南合作的历史来看，其起始于政治领域，发展于经济领域，深化于政治和经济合作的有机结合。20 世纪 50 年代到 60 年代是南南合作的初始阶段，南南合作主要体现在政治领域，规模不大，具体的方向和实施措施也不是很明确，影响力有限。20 世纪 70 年代到 80 年代南南合作进一步向经济领域发展，双边的、区域的合作组织增多，南南国家也积极探索指导南南合作的纲领性文件以及具体的实施措施，但是由于这一阶段发展中国家的整体经济实力不强，南南合作并未取得实质性的进展，南方国家依然面临对其严重不利的国际经济秩序。20 世纪 90 年代之后，南南合作在政治和经济合作领域均进一步深化并取得显著进展，区域的政治经济合作组织以及跨区域的对话对发展中国家的经济发展起到很大的促进作用，发展中大国的崛起使得发展中国家在世界舞台上的话语权有所提高，联合国对南南合作的支持力度也不断增强。

经过六十多年的发展，南南合作的核心要义在政治经济层面均得到了充分体现。

政治上，和平共处五项原则已经成为各发展中国家的基本外交原则。和平共处五项原则最初是周恩来总理于 1953 年 12 月底会见印度代表团时提出的，1955 年万隆会议形成的万隆会议十原则（南南合作原则）就是这五项原则的引申和发展。半个多世纪以来，这五项原则不仅成为中国奉行独立自主和平外交的基础，也被其他发展中国家所接受，成为规范国际关系的重要准则。此外，和平共处五项原则还在各国大量的双边条约中得到体现，被许多国际多边条约和国际文献所确认。多年来，在坚持和平共处五项原则基础上，发展中国家在南北对话与国际事务中用"同一个声音"说话，为维护发展中国家的正当权益以及改变不合理的国际政治经济秩序而不懈努力。例如，成立多年来，77 国集团已成为南方国家在国际经济组织中共同利益的代表，其主要活动方式就是在每届联合国贸易和发展会议召开之前举行成员部长级会议，协调立场，采取联合行动，为改革不平等的国际经济关系同发达国家进行斗争。其他一些地区性的南南合作组织如东盟、非盟等也在逐步向政治经济合一的方向发展，在地区与对外事务中逐步统一政策。

经济上，南南合作主要体现为知识和经验分享、技术转移、金融贸易领域合作和发展援助等。几十年来各发展中国家都致力于为本国和伙伴国经济的发展创造更好的条件（如一些经济对外开放措施，自由贸易区的建立等），南南合作的开展使得发展中国家的经济联系不断加强，贸易和投资额不断增长，相互之间的技术合作与交流也不断扩大。

在贸易方面，根据联合国贸发会议的数据，20 世纪 70 年代发展中国家间的贸易增长率超过了发达国家间的贸易增长率，前者平均为 28%，后者平均为 24.9%。发展中国家之间的出口在其总出口额中所占比重由 1970 年的 20.9% 上升到 1980 年的 26%，而向发达国家出口所占的比重由 72.1% 下降到 68.8%。90 年代以后发展中国家之间的贸易活动更加频繁，南南国家之间的贸易额在 2003 年之后直线增长，

2009 年金融危机期间有所下降，之后又迅速反弹，到 2011 年，南南国家之间的贸易已达 42996 亿美元，占世界总贸易额的比重为 23.77%，在发展中国家对外贸易额中所占的比重已经高达 55.19%。

在对外直接投资方面，1970 年世界流入发展中国家的 FDI 总额（流量）为 38 亿美元，由发展中国家流出的 FDI 仅有 5000 万美元，发展中国家之间的 FDI 流动则更是微不足道。但是，南南国家之间的 FDI 流动在 2000 年之后快速增长，到 2009 年已经达到 1500 亿美元，在世界总 FDI 中所占的比重也呈上升趋势，2009 年南南国家之间的 FDI 流量在世界总 FDI 流量中所占比重接近 15%。

在技术合作方面，发展中国家之间的技术合作主要集中在实用技术（如推广良种、种植水稻等）和从北方国家借鉴过来的"中间技术"两方面。印度、中国、巴西、阿根廷等发展中大国相对来说技术水平更高、从北方国家获得的科技情报也更多，这些国家是对其他南方国家输出技术的重要力量。印度对外援助的 35% 都是技术援助，中国也通过派遣技术人员和专家以及在发展中国家当地组织培训等方式进行技术输出。鉴于相似的发展条件与发展问题，发展中国家之间的技术输出与合作更具针对性与适用性，对当地的经济发展与技术进步有积极作用。

二 南南合作与中国对外援助的原则

从根本上说，发展中国家对外援助是南南合作的一种表现形式，也是发展中国家经济外交中的重要工具，万隆会议之后，和平共处五项原则以及在此基础形成的"万隆十原则"普遍被发展中国家所接受，成为它们在进行南南合作和处理对外关系时的基本准则，其核心是尊重受援国主权和独立，不附加任何政治条件，促进双方共同发展，这也成为发展中国家对外援助遵循的基本原则。中国对外援助原则的基石也是"和平共处五项原则"。1964 年周恩来总理提出的中国对外经济技术援助八项原则、赵紫阳总理 1982—1983 年访问非洲期间宣布的对非"经济技术合作四项原则"是中国外交五项原则在经济技术合作领域的具体表现，构成了中国对外经济援助互利合作的整体框架，这些原则充分体现了南南合作的原则与核心要义，并且在中国对外援助工作中不断得到丰富、完善和发展。

（一）和平共处五项原则

"和平共处五项原则"是 1954 年由中国政府提出的，并与印度和缅甸政府共同倡导的、发展中国家处理各国间关系及进行交流合作时应遵循的基本原则，其内容是：相互尊重主权和领土完整、互不侵犯、互不干涉内政、平等互利、和平共处。1957 年，毛泽东主席在莫斯科向全世界宣告，中国坚决主张一切国家实行和平共处五项原则。1974 年，邓小平同志在联大特别会议上再次强调国家之间的政治和经济关系都应建立在和平共处五项原则的基础上，1988 年，邓小平同志又明确提出以五项原则为准则建立国际政治经济新秩序的主张。几十年来，和平共处五项原则显示了强大的生命力，在促进世界和平与国际友好合作方面发挥了巨大作用。中国不仅是和平共处五项原则的倡导者，而且是其忠诚的奉行者，无论是处理与他的政治关系还是与别国开展经济合作都以此为基础。

（二）中国对外经济技术援助八项原则

1963 年底至 1964 年初，周恩来总理出访亚非欧 14 国时，把中国的外交五项原则扩展到了经济领域，提出了中国对外经济技术援助的八项原则。这八项原则是周恩来结合自己的思考，吸取了中国其他领导人的援外思想，并总结了新中国对外援助实践的经验教训而提出来的，它不仅适用于中国对非援助，也适用于中国对亚洲和其他新兴国家的援助。"八项原则"的基本精神是：平等互利，不干涉内政；切实帮助受援国自力更生；力求使受援国真正受益；尽量减轻受援国的负担；严格履行承担的义务。以平等互利、不附带条件为核心的对外经济技术援助八项原则一直是中国对外援助遵循的基本方针。

（三）中国对外经济技术合作四项原则

1982—1983 年，赵紫阳总理访问非洲 11 国时重申中国将继续对包括非洲在内的发展中国家特别是对一些最不发达国家提供力所能及的援助，同时宣布中国同非洲国家开展经济技术合作要进一步实行"平等互利、讲求实效、形式多样、共同发展"四项原则。该原则明确将对外援助纳入了国家经济发展的战略之中，中国的对外援助不再单纯地提供单向援助，而是要互利共赢并量力而行。可以说，经济技术合作四项原则是 1964 年周恩来总理提出的对外经济技术援助八项原则在新的历史条件下的继承和发展。

从"经济技术援助八项原则"到"经济技术合作四项原则"，其基石均为和平共处五项原则，本质上也与南南合作的核心要义一致。从"团结友好、平等互利，尊重对方的主权，不干涉对方的内政，不附带任何政治条件"的原则出发，中国在对外援助与经济技术合作中一方面"尽量减少受援国的负担"，"对外提供的任何一种技术援助，都要保证受援国人员充分掌握这种技术"，"帮助受援国逐步走上自力更生、经济上独立发展的道路"，"使受援国政府能够增加收入，积累资金"；另一方面中国认为"援助是相互的"，援助项目的执行应"从双方的实际需要和可能条件出发，发挥各自的长处和潜力"，以达到"取长补短，互相帮助，以利于增强双方自力更生能力和促进各自民族经济的发展"的目的。

三 中国对外援助政策与动机的演变

中国的对外援助始于 20 世纪 50 年代，六十多年来中国的对外援助政策和动机经历了由政治动机向经济动机直至发展动机和经济动机相结合的演变。从中国对外援助政策与动机的演变，可以发现其具有的鲜明的时代特征，与南南合作的历史过程相一致，同时也反映了国际发展援助的总体发展趋势。

20 世纪 50 年代到 60 年代是南南合作的初始阶段，主要体现在政治领域，该阶段中国的对外援助的动机也主要体现为政治动机。当时的对外援助政策受无产阶级国际主义的影响，致力于通过对外援助，支持反帝、反霸和民族解放运动，故而这一时期的对外援助是单向的、无偿的，在受援国的选择上具有很强的政治性。

20 世纪 70 年代到 80 年代，南南合作进一步向经济领域发展，中国对外援助的经济动机也开始显现。改革开放后，中国确立了以经济建设为重心的发展方向，外交的主要目的就是为国内经济发展服务。与此相应，中国的对外援助政策也进行了改革和调整，中国对外援助的经济意义超越了对政治利益的诉求。20 世纪 90 年代之后，南南合作在政治和经济合作领域均进一步深化并取得显著进展。中国外交更强调"互利合作、共同发展"。90 年代中期以后，"平等互信、互利共赢"的中国对外援助的原则与理念逐渐形成：通过对外援助，一方面要促进受援国的经济发展和社会进步，另一方面要推动中国和受援国之间的经济技术合作，以达到共同发展和繁荣的目的。1995 年 10 月 17 日的全国援外工作改革会议成为中国对外援助工作改革启动的标志。时任外经贸部部长的吴仪在会议上指出，在继续遵循援外八项原则的基础上，中国援外主要采用以下方式：一是积极推行政府贴息优惠贷款，由中国政府向受援国提供优惠贷款，国家用援外经费贴息，以扩大对外援助的规模，提高援外资金的使用效益，推动双方企业的投资合作，带动设备、材料和技术出口；二是积极推动援外项目合资合作，以利于政府援外资金与企业资金相结合，扩大资金来源和项目规模，巩固项目成果，提高援助效益；三是根据本国财力适当扩大无偿援助，并且继续减免重债贫穷国和最不发达国家的债务，帮助它们突破制约发展的瓶颈。随着"大经贸战略"的贯彻实施，中国的对外援助进入了援助与贸易、投资等互利合作为一体的全面的经济合作阶段。

21 世纪以来，联合国千年发展目标的提出，为国际发展援助制定了目标和方向。2004 年之后，在经济持续快速增长、综合国力不断增强的基础上，中国政府根据国际国内形势进一步调整了援外政策。一是注重推动千年发展目标的早日实现。为落实千年发展目标和促进普遍发展，2005 年胡锦涛主席在联合国发展筹资高级别会议上宣布了中国支持发展中国家加快发展的五大举措，内容涉及关税待遇、重债穷国的债务免除、优惠贷款、对非援助以及发展中国家人才培养等各方面。二是援助方式的调整。中国除通过传统双边渠道援助外，还在国际和地区层面加强了与受援国的集体磋商，主要表现为在联合国发展筹资高级别会议、联合国千年发展目标高级别会议，以及中非合作论坛、上海合作组织等会议上，中国多次宣布一揽子有针对性的对外援助政策，加强在农业、基础设施、教育、医疗卫生、人力资源开发、清洁能源等领域的援助力度。

2011 年，中国政府公布的《中国的对外援助》白皮书进一步重申和明确了现阶段的中国援助政策。在援外原则方面，仍然"坚持不附带任何政治条件"，"坚持和平共处五项原则，尊重各受援国自主选择发展道路和模式的权利，相信各国能够探索出适合本国国情的发展道路，绝不把援助作为干涉他国内政、谋求政治特权的手段"。在援外目标和动机方面，则注重发展动机和经济动机的结合，一方面，"坚持帮助受援国提高自主发展能力"，在提供对外援助时，"尽力为受援国培养本土人才和技术力量，帮助受援国建设基础设施，开发利用本国资源，打好发展基础，逐步走上自力更生、独立发展的道路"。另一方面，"坚持平等互利、共同发展"，"中国坚持把对外援助视为发展中国家之间的相互帮助，注意实际效果，通过开展与其他发展中国家的经济技术合作，着力促进双边友好关系和互利共赢"。

四　中国对外援助的理念

南南合作强调发展中国家的互相帮助、共同发展，中国在南南合作的框架下发展对外援助。从以上中国对外援助政策与动机的内容及其发展来看，中国的对外援助理念包含着南南合作的目的和要求，可以总结为：政治上的平等互信、经济上的互利共赢。

（一）政治上平等互信

中国与广大发展中国家都有过沦为殖民地或半殖民地的经历，共同的历史遭遇和现实的发展问题使得它们在处理国际关系时，有相同的准则：相互尊重，平等相待。无论是对外援助或者是进行商业合作，中国与伙伴国始终是以一种平等的合作伙伴身份致力于实现共同发展，其所坚持的"互不干涉内政"、"平等相待，维护共同利益"、"不附带任何政治条件"原则即是明证。

首先，中国坚持不干涉内政原则。一方面由于"不干涉他国内政"是中国外交政策原则的根本要求；另一方面，也源自中国长期作为受援国的经验总结。中国作为受援国，积累了大量吸收援助为中国所用的经验，即任何援助，只有被受援国自主纳入国家总体发展计划中，才能发挥最大功效；无论是经济改革还是政治改革，只能由内生力量驱动，任何外来干涉或压力，都可能由于不符合国情而适得其反。因此，中国的对外援助以不干涉内政作为前提，同时考虑援助伙伴国的实际需要，在彼此协商的基础上与之建立援助合作关系。

其次，与西方国家的援助不同，中国对外援助不附加任何政治条件。早在 1964 年周恩来总理提出的中国援外八项原则中的第二项就要求严格尊重受援国的主权，绝不附带任何条件，绝不要求任何特权。2006 年 1 月《中国对非洲政策文件》进一步指出："中国政府在对外提供援助的时候，严格尊重受援国的主权，绝不附带任何条件，绝不要求任何特权。"

再次，中国强调受援国经济社会的自主发展。中国认为每个国家的发展主要还是靠自己，即"自力更生，艰苦奋斗"，但这并不意味着排斥援助。援助对于发展中国家来说是有益的，不过接受援助必须以发展中国家主权和自主发展权得到尊重为前提，正如 1974 年邓小平在联大第六届特别会议上的发言提到的：自力更生决不是"闭关自守"，拒绝外援。各国在尊重国家主权、平等互利、互通有无的条件下，开展经济技术交流，对于发展民族经济，是有利的和必要的。这种思想在中国作为受援国和援助国时都得到了体现。当中国接受外国的援助时，为了保证自主发展，政府一般也配套相应的资金，以保证中方对项目的主导性。当中国对外提供援助时，也会尽量避免其他国家对中国的援助产生"依赖性"。

（二）经济上互利共赢

中国是世界上最大的发展中国家，人口多、底子薄、经济发展不平衡，发展仍然是中国长期面临的艰巨任务，这决定了中国的对外援助属于南南合作范畴，是发展中国家间的相互帮助。

中国在提供对外援助时，一方面坚持帮助受援国提高自主发展能力。首先，中国的援助更关注受援国民生和经济发展，努力使援助更多地惠及当地贫困群体，这也是中国援助集中于基础设施、公共设施、生产性部门（农业、工业、能源开采业）等的原因；其次，在对外援助中中国采取措施扩大对发展中国家的进出口，鼓励中国企业到发展中国家进行平等互利的投资，尽力为受援国培养本土人才和技术力量，使其逐步走上自力更生、独立发展的道路。

另外，在"援助＋合作"的大援助观下，中国并不回避援助与合作中的经济利益，互利和互助是中国对外援助的一个基本宗旨。以中国对非洲的援助为例，中国不像传统援助国一样将非洲看成是不断需要援助的落后大陆，而是看好非洲的贸易投资前景，中国在对非援助中坚持互利共赢的合作方式，将援助与贸易和投资结合为一体，推动双方经贸合作的不断扩大，从而实现双方的共同发展。中国和非洲国家之间的贸易具有很大的互补性，非洲对中国出口的原油、矿产和农产品等正是中国经济快速发展时期所稀缺的产品，而中国出口到非洲国家物美价廉的工业制成品也正好满足非洲人民当前的需求，中非双方都能从贸易中获益。中国对非洲的投资涉及采矿、制造、建筑、金融、旅游等方面，中国企业按照互利共赢、共同发展的原则，积极参与非洲资源开发，帮助非洲国家发展资源加工业，提高资源附加值，将资源优势转化为社会经济发展的动力，拓宽了非洲发展的资金来源，提升了资源价值。据中国统计年鉴数据，2000 年中非合作论坛建立以来，中非贸易总额由 2005 年的 55.56 亿美元上升为 2011 年的 932.40 亿美元，中国对非投资净额也由 2005 年的 3.92 亿美元上升为 2011 年的 37.41 亿美元，中非之间贸易额和中国对非投资净额的大幅度增加无疑对推动非洲当地经济发展和增加就业有积极的作用。

五　结　语

南南合作的核心要义是发展中国家在和平共处五项原则的基础上政治上相互扶持、经济上互助合作以提高南方国家在国际舞台上的地位和促进共同发展。中国作为主要发展中援助国的出现为国际援助体系带来了全新的南南合作的理念和原则，也对现有国际援助体系产生了冲击和挑战。中国对外援助是在 1955 年的万隆会议精神（即南南合作原则）指导下展开的，其对外援助的原则（坚持尊重伙伴国主权、不附加任何政治条件）和对外援助的实际做法（强调互利双赢和通过对外援助促进双方的经济发展）与发达国家存在根本性的不同。中国对外援助的动机和政策在不同的历史时期有不同的侧重和体现，但是其对外援助的原则和理念始终未曾改变。

参考文献：

黄梅波：《中国对外援助机制：现状和趋势》，《国际经济合作》2007 年第 6 期。

胡美：《中国援非五十年与国际援助理论创新》，《社会主义研究》2011 年第 1 期。

胡美、刘鸿武：《中国援非五十年：中国南南合作理念的成长》，《国际问题研究》2012 年第 1 期。

胡再勇：《对外援助领域的经济外交》，《国际经济合作》2012 年第 7 期。

金铃：《对非援助：中国与欧盟能否经验共享》，《国际问题研究》2010 年第 1 期。

吕行健、陆仁：《南南经济合作的现状与前景》，《现代国际关系》1983 年第 5 期。

沈仲菜：《南南经济合作的发展》，《世界经济》1983 年第 3 期。

中华人民共和国外交部、中共中央文献研究室：《周恩来外交文选》，中央文献出版社 1990 年版。

中华人民共和国国务院新闻办公室：《中国与非洲的经贸合作》，2010 年 12 月。

中华人民共和国国务院新闻办公室：《中国的对外援助》白皮书，2011 年 4 月。

张海冰：《发展引导型援助：中国对非洲援助模式探讨》，《世界经济研究》2012 年第 12 期。

张严冰、黄莺：《中国和西方在对外援助理念上的差异性辨析》，《现代国际关系》2012 年第 2 期。

Ssenyange, E., "South-South Development Cooperation: A Challenge to Traditional Aid Relations?" Quezon City, The Reality of Aid/ Ibon Books, 2010.

中国对外援助管理体系的形成和发展[*]

黄梅波　胡建梅

摘要：新中国成立以来，中国政府对外援助管理机构及管理制度几经变迁，随着对外关系和对外援助工作的发展，中国政府管理对外援助的各级机构逐步建立和加强，管理水平逐渐提高。近年来，政府援外主管部门从管理机构、管理体制、行政规章等方面加强了援外工作体制的建设，进一步推动了对外援助工作的进行。随着中国对外援助各机制的建立和强化，对外援助管理体系正在逐步优化的过程中。

关键词：中国；对外援助；管理体系

一　对外援助管理机构的演变

政府是对外援助的主要行为体，在对外援助工作中起着主导、管理和协调的作用。新中国成立后不久，就开始进行对外援助活动。随着对外援助规模的不断扩大以及国内外政治经济形势的变化，中国的援外管理机构也几经改变，但总的来说，中国对外援助的工作主要是由商务部及其前身进行管理的。从商务部机构变迁的过程就可清晰地掌握中国政府对外援助管理机构的设置、职能的发展过程。

（一）中国对外援助管理初始阶段（1950—1960 年）

20 世纪 50 年代初，中国开始对外提供援助，主要是物资及少量现

＊　原载于《国际经济合作》2009 年第 5 期，第 32—39 页。

汇和技术援助。当时，对外援助任务由中央人民政府直接下达，交有关部门执行。1952 年 8 月 7 日，中央人民政府委员会第 17 次会议决定，设立对外贸易部，从此，物资援助开始由对外贸易部统一管理，组织下属各进出口总公司实施。财政部负责拨款并直接管理现汇援助。

1954 年，中央人民政府对外贸易部改名为中华人民共和国对外贸易部。同年，中国开始对外提供成套项目援助，由对外贸易部和国家计划委员会归口管理，其中对外贸易部负责援助谈判和协议签订工作，国家计划委员会则按照专业分工原则将项目交国务院有关部门执行。1956 年对外贸易部下设技术合作局、成套设备局和对外经济联络部等，共同负责援外工作的执行。

（二）中国对外援助管理发展阶段（1961—1982 年）

1. 对外经济联络总局（1961—1964 年）

1961 年 3 月 1 日设立对外经济联络总局，对外经济联络总局下设成套设备局和经济合作局，负责全国对外经济技术援助工作的归口管理，将原由国家计划委员会和中华人民共和国对外贸易部负责管理的成套项目援助和由财政部管理的现汇援助改由对外经济联络总局负责管理。

2. 对外经济联络委员会（1964—1970 年）

1964 年撤销对外经济联络总局，同时设立对外经济联络委员会总管对外经济技术援助。该委员会下设三局负责对社会主义国家、亚洲地区和非洲地区的援助，并成立设备材料局和技术室负责对外经援事宜。1965 年 3 月 1 日在华东、华北、东北和中南等四大区成立对外经济联络局，作为对外经济联络委员会的派出机构，负责组织援外材料设备、派遣专家、培训外国实习生，以及接待外国代表团等工作。

3. 对外经济联络部（1970 年 6 月—1982 年 3 月）

随着中国对外关系的发展，受援国的数目以及援助项目的数量有了显著增加。为了强化援外业务的功能，1970 年 6 月中共中央和国务院决定将对外经济联络委员会改为对外经济联络部。对外经济联络部下设办公厅、政治部和 6 个局，分别掌管社会主义国家、非洲国家、外国实习生、计划财务和经济合作事务等。在地方上，除了青海、宁夏和西藏外，各省、自治区和直辖市也都相继成立了援外管理机构，如对外经济联络局、对外经济联络办公室、援外办公室等。

对外经济联络总局以及后来的对外经济联络委员会、对外经济联络部的工作任务主要是负责中国对亚、非、拉国家的经济援助和经济技术合作工作，主要职责为在中央和国务院的领导下，负责对亚、非、拉国家经济援助谈判工作，对外签订科技合作协定、议定书，掌握协议、议定书的执行情况，了解援外项目和科技合作项目的工作进度，办理清算手续等；安排外援款的拨款使用计划，编制援外计划；处理列席八国经互会各常委会的工作，办理国际上有关国家的铁路、交通、民航、邮电和农林电等方面的经济技术合作工作；对外派遣技术援助专家，考察专家，推荐和派遣实习生，交换技术资料和实物样品等工作。

（三）援外管理体系化阶段（1982年至今）

中国对外援助管理到20世纪80年代初期已逐渐体系化，对外援助的主要工作由主管对外经济贸易的国务院直属部门承担。

1. 对外经济贸易部（1982年3月—1993年3月）

1982年3月对外贸易部、对外经济联络部、国家进出口管理委员会、国家外国投资管理委员会合并，成立对外经济贸易部。对外经济贸易部归口管理中国的对外援助，其主要职责为：拟定和执行对外援助的政策、规章、制度和援助方案，签署有关协议；编制和组织实施年度援助计划；监督检查对外援助项目的实施情况；管理援外经费、专项优惠贷款、专项基金等；推行援外方式改革。

2. 对外贸易经济合作部（1993年3月—2003年3月）

1993年3月16日，对外经济贸易部更名为对外贸易经济合作部。作为中央具体负责计划和管理外援的机构，对外贸易经济合作部的职责之一就是归口管理对外援助，负责对外援助工作，具体包括：拟定并执行对外援助政策和方案；签署并执行对外援助计划，监督检查援外项目执行情况，管理援外资金、援外优惠贷款、援外专项基金等政府援外资金；推进援外方式改革。其下设的对外援助司是管理中国对外援助的专门机构，职能包括：拟定和执行对外援助的政策、规章、制度和援助方案；编制对外援助计划并组织实行；编制对外援助成套项目、一般物资、现汇援助、人才培训援助与决算，组织实施并监督检查实施情况，具体管理成套项目资金的使用；宏观监督、管理企业实施优惠贷款和援外合资合作项目，并解决政府间重大问题；牵头制定发展中国家人才培训管理办法，会同地区司及有关单位提出年度工作方案，负责项目资金的管理和监督；推行援外方式改革。

3. 商务部（2003 年至今）

商务部是主管国内外贸易和国际经济合作的国务院直属部门，归口管理中国对外援助工作，负责对外援助工作中政府层面的事务管理和对外援助政策的制定，拟定并执行对外援助政策，起草对外援助法律、法规，拟订部门规章，研究和推进对外援助方式改革，编制对外援助计划，拟订国别援助方案，确定援助项目并组织实施等。商务部援外司是国家援外工作的归口管理机构，负责拟订并执行对外援助政策和方案，签署并执行有关协议；编制并执行对外援助计划，监督检查援外项目执行情况，管理援外资金、援外优惠贷款、援外专项基金等中国政府援外资金；推进援外方式改革。

从中国对外援助管理机构的演变过程可以看出，中国对外援助管理机构主要是由商务部及其前身主管的，这与其他国家对外援助主要由外交部主管有所不同。商务部及其下属的援外司在主管援外工作时比较侧重对外援助的经济层面；而外交部主管则更多地考虑政治和外交利益，视援外为外交总体战略的重要组成部分。

二 对外援助管理体制

对外援助项目的实施涉及国内大量物资、人力、资金的筹集和组织，需要中央和地方许多部门、单位的协作配合；同时，还必须同受援国政府协调行动，密切合作。纵观五十多年来对外援助的发展，中国对外援助管理体制经历了从总交货人部制、承建部负责制到投资包干制、承包责任制、企业总承包责任制的变化历程。

（一）总交货人部制（1958—1970 年）

20 世纪 50 年代中期，中国刚开始对外提供成套项目援助，经援管理体制基本上是参照苏联向中国提供成套设备项目的做法。1958 年，进一步确定实行总交货人部制，即为了确保援外项目的工程质量和按期完成，国家计委按援外项目的专业性质，指定中央有关部门担任总交货人。总交货人部应该根据承担的项目，负责选调人员，搜集资料，勘察厂址，编制和审定设计任务书，编制援外预算，供应设备和材料，进行设备安装、调整和试运转等工作，并且负责培训受援国家的生产技术人员。中央总交货人部可以根据地方的工业特点和生产能力，委托某一个省、市、自治区负责完成援外项目的全部或者一部分任务。总交货人部和有关地区必须加强协作，共同保证任务的完成。

在总交货人部制的管理体制下，可以由总交货人部调集力量，直接组织援外项目实施；也可以由总交货人部委托下属企业、事业单位或省、自治区、直辖市的专业厅（局）（总称为筹建单位）来执行，这些执行单位作为筹建单位，此时的总交货人部仅负责审定项目建设方案和设计，以及制定实施计划，组织协调，督促检查，指导出国考察组、专家组的工作。一些援外项目中包括的土木建筑、广播、电信、动力等工程，如果总交货人部没有这类专业单位和技术力量，则委托有关专业部门协作完成。接受协作任务的部门称为协作交货人部，它们大多也把协作任务委托其下属企业、事业单位或地方专业厅（局）（统称为协作单位）执行。

1961 年以后，由对外经济联络总局（1960—1964 年）和后来的对外经济联络委员会（1964—1970 年）负责协调各总交货人部和协作交货人部的工作。

50 年代和 60 年代，对外援助的国别和经援项目由少到多，逐步增加，但总的援助规模还不大。总交货人部制基本上同当时的援外任务和国内经济体制相适应，有效地保证了经援项目建设任务的完成。

（二）承建部负责制（1971 年—1980 年 12 月）

随着受援国的增多，援外规模日益扩大，五六十年代实行的总交货人部制已经不能适应对外援助工作的实际需要。1971 年，中国放弃总交货人部制，开始实行新的援外管理体制——承建部负责制。

承建部负责制的出发点是要充分发挥中央和地方的积极性，由承建部对经援项目的实施负经济和技术责任,而项目的具体实施工作交由地方来完成。具体做法是:国家对外承担的经援项目,按行业分工,确定由国务院有关部门作为承建部。承建部根据项目要求,征得有关省、自治区、直辖市人民政府同意后,确定项目的筹建单位、设计单位、协作单位;然后由对外经济联络部(1970—1982 年)代表国务院正式向有关省、自治区、直辖市人民政府下达项目筹建(协作)任务。项目的土木建筑、广播、电信、动力等工程,仍可由承建部直接委托有关专业部门(称为协作部)负责。协作部在获得地方政府同意后,也可将协作任务委托给有关企业、事业单位或地方专业厅(局)负责完成。

承建部负责制的运作,主要依靠各承建部、协作部和各地方政府之间的互相支持,密切配合。但是这种管理体制也存在着严重的缺点:由于这种管理体制主要依靠行政手段对经援项目进行管理,因此承建部和项目实施单位在项目实施中缺乏必要的自主权,不可避免地存在着项目实施单位责任不落实、经费实报实销等弊端。十一届三中全会后,为了弥补承建部负责制的缺陷,对外经济联络部根据国家经济体制改革的精神,开始探索用经济和行政手段相结合的方式来管理经援项目。

(三)投资包干制(1980 年 12 月—1983 年 12 月)

1980 年 12 月,对外经济联络部颁发了《关于对外经援项目试行投资包干制的暂行办法》。所谓的投资包干制,就是国家把实施某一经援项目的全部工作,承包给某一特定部门或地区,由其负担全面经济技术责任,并对项目实施的管理享有自主权。

(四)承包责任制(1983 年 12 月—1993 年)

经过三年的试行,在总结经验的基础上,1983 年 12 月对外经济贸易部颁布《对外经援项目承包责任制暂行办法》,全面实行承包责任制。具体做法是将原规定由国务院有关部门和省、自治区、直辖市人民政府作承包单位,改为由其所属的国际经济技术合作公司或其他具有法人地位的国营企业、事业单位作承包单位,实行政企分开,有利于真正实现独立经营、自负盈亏。同时引入竞争机制,部分项目通过招标确定国内承包单位,使承包单位的责、权、利相结合,增强了它们经济核算和质量与效益观念，调动了它们完成援外任务的积极性，缩短了一些项目的建设周期。

（五）企业总承包责任制（1993年至今）

随着中国经济体制改革的发展，到1993年，根据政企职责分开，政府转变职能、企业转换机制的原则，援外工作由行政和事业单位分段管理的体制，改为行政部门集中行使管理职能，事业单位转为企业。政府部门运用行政规章和经济手段对援外工作实行规范化的宏观管理，同时建立企业总承包责任制，由总承包企业作为中国政府指定中方执行机构负责实施援外任务，以充分发挥企业的积极性，从而提高援外工作的质量、效率和效益。

中国对外援助管理体制的转变折射出中国对外援助项目的具体管理从计划经济时代的总交货人部制、承建部负责制到逐渐市场化阶段的投资包干制、承包责任制、企业总承包责任制的变化过程。建立合理的、同国内经济体制相适应的实施对外援助的管理体制，对于保证各项对外援助任务的顺利完成，具有重要的意义。

三 当前中国的对外援助管理体系

随着中国对外援助事业的不断发展和对外援助过程中经验的积累，中国对外援助管理体制开始形成。目前中国对外援助管理机构除主管部门商务部外，中央政府各机构和部门中，负责对外援助事务的主要有外交部、财政部等23个部委，地方省区商务部门、驻外使领馆等也共同参与了对外援助的管理体系。现阶段中国对外援助工作的管理机构按层级可以划分为国家归口管理机构、部门管理机构、地方管理机构和驻外管理机构四个层次。

（一）国家归口管理机构

商务部是主管国内外贸易和国际经济合作的国务院直属部门，归口管理中国对外援助工作，负责对外援助工作中政府层面的事务管理和对外援助政策的制定。商务部下设援外司。

2003 年 3 月，商务部成立国际经济合作事务局，援外司将原由其负责的援外项目的具体实施和管理交由国际经济合作事务局承担，国际经济合作事务局在工作中接受援外司的指导。

（二）部门管理机构

除商务部外，国务院所属各有关部委也负责承担和管理一些对外援助事务，参与对外援助工作，按行业分工负责，组织实施。与对外援助有关的部门，一般都设有管理对外援助的机构，有的由对外联络司（局），或外事司（局）兼管，有的专设援外办公室，具体负责组织实施对外援助的各项工作。商务部及其下属的援外司在制定和执行具体的援外项目时，比较侧重对外援助的经济层面，商务部国际司负责国际多边组织间的援助事务；外交部在制定与外援有关的政策时主要是出于政治和外交利益的考虑，往往视援外为实现外交总体战略的一个载体，对援外的原则和导向等做出规定；财政部负责财政援助，部内财务、人事、纪检和地区司等单位与商务部、外交部以及技术专家合作建立了对援外项目的巡检制度；卫生部负责援外医疗队的选派和管理；中国人民银行负责与多边开发银行的联系；中国进出口银行负责优惠贷款项目；科技部管理中国对外科技援助工作；农业部承办政府间农业涉外事务，组织有关国际经济、技术交流；教育部、全国妇联也承担部分援助事务。

（三）地方管理机构

各个省、市、自治区的地方商务主管部门负责一定的对外援助的归口管理，在对外援助中发挥协调管理职能，一方面，协助商务部做好各方面工作，执行对外援助的政策、规章、制度和援助方案；另一方面对援外实施主体的监督管理，推荐属地援外企业的工作，参与跟属地企业相关的援外项目管理，监督检查对外援助项目的实施情况。

（四）驻外管理机构

中国对外援助工作的驻外管理机构是驻外使馆经商处（经济参赞处或经济商务参赞处），或中国派驻受援国的经济代表处。中国驻越南大使馆 1956 年 5 月设立的中国驻越南经济代表处，是中国第一个驻外管理对外援助的代表机构。

驻外使馆经商处是中国与受援国发展经贸合作的桥梁和纽带，协助商务部对援外物资项目进行监督管理，并根据商务部授权处理有关的政府间事务。驻外使馆经济参赞处或经济代表处在管理中国对外援助工作方面的职责包括：执行国家援外方针政策和国务院关于援外工作的指示。

驻外管理机构应重视国别研究，加强与驻在国政府有关部门的交流和沟通，疏通和拓展经济技术合作的渠道，促进双方经济技术合作关系的发展；根据国内主管部门的授权，及时办理政府间协议（包括协定、换文、会谈纪要、交接证书、账务处理细节等）的有关事宜；加强对各类援外项目的管理与协调。要将参与项目的中方人员纳入援外人员管理，关心他们的思想、工作、学习和生活；做好对受援国的人才培训工作。及时了解对方的培训需求和对中国培训项目的反馈意见，审核受训人员，研讨新的培训方式；及时反馈受援国援助要求，如认为可行，应报国内主管部门研究；做好中国援外工作的对外宣传工作，以增进了解，扩大影响，促进双边关系和经贸合作。

经过逐步的调整和改革，中国已经建立了从中央到地方，从国内到国外，从政府到企业和中介机构的援外管理网络，形成了由商务部牵头，有关部门、金融机构和企业参与，国内外相互配合的援外工作格局。2006 年，以"中非合作论坛北京峰会"为契机，商务部、外交部、财政部与中央各有关部委、地方商务主管部门进一步加强了沟通与协作，采取积极有效的措施，不断优化援外管理机制，提高援外管理水平。随着中国对外援助各机制的建立和强化，对外援助工作发生了积极的变化，援外管理体系总体框架基本形成。

四 对外援助执行机构

对外援助包括成套项目援助、一般物资援助、现汇援助、人才培训援助、援外合资合作、政府优惠贷款等，根据对外援助方式的不同，中国对外援助的程序及执行机构也有所不同。

（一）对外援助成套项目

成套项目援助历来是中国对外援助的主要方式。受援国政府提出项目要求后，两国政府签订政府间援助协议，由中国专家组成的考察组考察受援国提出项目的可行性；若项目可行，则两国政府办理立项换文手续，选择中国国内的设计咨询机构与受援国签订设计合同，对项目进行设计；再通过招议标方式选择中国企业与受援国签订施工合同实施项目；项目完成后，由两国政府主管部门各自派专家组成项目验收组进行项目验收，并签订交接证书。

中国成套设备进出口（集团）总公司（简称中成集团）成立于1959年11月。在此后的34年间，公司受中国政府委托，作为中国对外援助成套项目唯一的专门执行机构，对内行使政府职能，统一组织管理中国对外援助项目的建设工作，对外作为中国援外项目的总实施单位，在亚非拉等发展中国家组织实施了1400多个大、中型成套项目，在中国成套项目对外援助中发挥了重要作用。1993年中成集团进行改组，改组后的中成集团在实施中国对外援助的成套设备和技术进出口中依然具有优势。

（二）技术合作项目

对外经济技术合作是在中国已在受援国援建成套项目的基础上进行的，应受援国政府请求，中国可对已援建的成套项目进行技术合作。双方政府办理换文手续，对技术合作的内容、派遣人数、专业、合作费用、合作期限及提供项目所需维修零配件等加以规定，由中国商务部选派中国企业（一般为原项目实施企业）承担项目的技术合作。在项目技术合作期间，受援国政府主管部门负责保障提供技术援助的中方企业必要的生活条件，办理所需物资进口，派遣合格人员参加培训等。

（三）政府贴息的优惠贷款项目

政府贴息优惠贷款项目始于1995年5月，是中国对外援助改革的一项重要内容，中国政府指定中国进出口银行作为该项贷款的唯一承贷行，负责优惠贷款的项目评审、贷款协议的签订、贷款发放、贷后管理和本息回收等工作。商务部为该项业务的政府归口管理部门，负责制定政策和计划及与受援国商签政府间框架协议，并向中国进出口银行推荐优惠贷款项目。

"优惠贷款"主要用于中国企业与受援国企业合资合作建设、经营的生产性项目，或提供给受援国购买中国生产的成套设备和机电产品等。根据受援国的要求和可行性，中国政府同受援国政府就提供"优惠贷款"的额度、主要贷款条件、使用范围、承贷行、转贷行等签订政府间框架协议。中国企业和受援国企业在两国政府签订框架协议前可以先行探讨项目供中国向受援国提供"优惠贷款"时参考。中国政府主管部门审核由受援国政府或两国合资企业或中国企业提出的拟使用优惠贴息贷款项目，并推荐给中国进出口银行。中国进出口银行同受援国政府指定银行对项目进行经济和技术可行性分析，对确有经济效益的项目，中国进出口银行与受援国政府指定银行或政府部门签订借贷协议。在借贷协议签订后，中国进出口银行会同受援国银行选择贷款使用企业实施项目，并监督贷款使用，以及收回到期贷款本息。

政府贴息优惠贷款形式的对外援助实施过程涉及较多部门，商务部与中国进出口银行是主要管理机构，财政部提供贴息资金，中国人民银行负责监督中国进出口银行业务。每年的贷款规模，由中国人民银行会同商务部、外交部、中国进出口银行提出，并报国务院批准。

政府贴息优惠贷款项目实施过程中，地方商务主管部门起到较大作用，尤其表现在协助商务部对申请援外优惠贷款项目企业资信进行审核。而且地方商务主管部门须参加由属地企业承担实施援外成套项目的检查验收及重大援外工程联合检查。

（四）援外合资合作项目

援外合资合作项目基金是用于支持中国企业利用受援国当地资源和中国设备、技术，与受援国企业在受援国经营有市场、有效益并以生产性为主的中小型合资合作项目的专项资金。

援外合资合作项目基金由商务部和财政部统一实施管理。商务部负责援外合资合作项目的立项审批，对外签订协议，向财政部报送"基金"的年度使用计划和"基金"的年度决算，负责项目借款合同的签订、拨款和借款催收，并根据财政部核准的"基金"年度使用计划、决算和有关规定进行帐务处理。

国务院有关部委，省、自治区、直辖市或计划单列市的外经贸厅、委对申请基金的项目进行审核，合格后转报商务部。中国各驻外使馆经商处配合企业做好境外项目的考察和当地市场的调研工作，并根据驻在国的经济、政治情况，对项目进行审核，合格后向商务部出具项目建议书。援外司负责对项目进行审核、计财司负责审查借款单位财务状况并核定借款金额，对于借款金额超过（含）1000 万元人民币或等额美元的项目，由商务部会同财政部共同审核并确定借款金额。

（五）援外人力资源项目

进入新的历史时期，中国的援外人力资源培训得到快速发展。2002年以来，用于人力资源开发培训的援外支出增长近五倍，且培训领域和专业范围不断扩展。援外人力资源项目的实施需要国家教育主管部门、相关部委、省级商务主管部门以及全国性行业的推荐，并由商务部最终评审确定。

2000 年，中国面向非洲国家设立的"非洲人力资源开发基金"用于帮助非洲国家培训各类管理和技术人才等，该基金的使用根据培训专业的数量和非洲国家学员报名的情况而定，不设固定限额。由商务部负责以经济管理官员研修活动、发展中国家技术合作项下的专业技术培训、双边培训、派专家"走出去"培训等方式为非洲国家进行人员培训。

（六）一般物资赠送

受援国政府提出物资赠送要求后，两国政府签订政府间协议。受援国政府主管部门提出所需物资清单，并与中国商务部根据协议金额确定物资的品种和数量。中国商务部选定中国企业负责物资的组货和发运，如有必要还提供售后服务，如设备安装、人员培训等。

（七）紧急人道主义援助

紧急人道主义援助是指在海啸、地震、飓风、旱灾等自然灾害发生后，中国政府向受灾国提供紧急救灾物资、派遣救援队和医疗队，以及现汇资金等的援助。紧急人道主义援助实施过程中涉及外交部、商务部、卫生部、国家地震局等，各部门按各自职能，协调配合，落实救援事项。

对外援助项目通过中央和地方各部门、单位的密切合作，对于保证各项对外援助任务的顺利完成，具有重要的意义。

五 法律法规建设

随着中国对外援助工作的开展，特别是 1994 年对外援助改革以来，相关部门相继出台了一些行政法规、管理办法等，对援外活动进行协调管理，这些部门法规在援外资金使用、项目管理、援外人员的管理等方面取得了一定的成果。到目前为止，中国尚没有相应的对外援助法律、法规。现有的对外援助工作主要是在由部门规章为主体，由一系列规范文件和部门规章构成的援外制度体系下进行的。

（一）援外资金使用

关于援外支出预算资金的使用，1998 年财政部颁布了《对外援助支出预算资金管理办法》，对对外援助资金支出的范围、预算编制、预算执行和调整、财务监督和管理做出了相对较为具体的规定。援外资金由财政部按预决算制统一管理，国务院有关主管部委根据职责分工具体管理本部门的援外资金。

关于援外专项基金的管理，1992 年对外贸易经济合作部、财政部联合下发《多种形式援外专项资金管理办法》规定"多种形式援外专项资金"由财政部和经贸部共同管理，并对专项资金和借款单位的资金使用情况进行监督和检查。1998 年用新的《援外合资合作项目基金管理办法》代替原管理办法，加强对援外专项资金的管理，并制定《援外合资合作项目基金管理办法细则》，加强对援外合资合作项目基金的财务管理。

（二）援外项目管理

1998 年以来，外经贸部以及后来的商务部在援外项目管理方面制定了大量的政策、法规，用以规范援外物资项目、成套设备项目、人员培训项目工作。1998 年外经贸部制定了《对外援助物资检验管理办法（试行）》《对外援助工程质量检验评定及验收办法》《对外援助工程施工技术资料管理办法》；1999 年又颁布了《对外援助项目奖惩办法》；2004 年商务部又出台了《对外援助成套项目施工任务实施企业资格认定办法》《对外援助物资项目实施企业资格认定办法》；2005 年商务部全面启动各类援外项目合同标准文本的协定工作，并开始起草《援外成套项目安全生产管理办法》《对外援助物资项目管理办法》《对外援助人力资源项目管理办法》，同时制定并发布了《商务部关于进一步加快对外援助实施进度的意见》《对外援助培训项目实施管理内部暂行规程》等规范性文件；在此基础上，2006 年商务部正式颁布了《对外援助物资项目管理暂行办法》《援外成套项目安全生产管理办法》，同时制定了《对外援助成套项目考察设计评标办法（暂行）》和《商务部关于对外援助项目评标结果公示和质疑处理的规定（试行）》。由此逐步形成了基本完备的援外项目法规制度，明晰了援外项目的分类管理，规范了援外项目招标制度和实施企业的资格认定，并加强了对援外项目的质量、安全的监督、管理。《对外援助成套项目管理办法（试行）》（商务部 2008 年第 18 号令）2009 年 1 月 1 日起施行。

（三）援外人员管理

商务部于 2004 年颁布了《援外青年志愿者选派和管理暂行办法》，就援外青年志愿者范围、相应条件、招募方式、志愿服务期限、业绩考核和奖励、主管部门和管理机构等做出了明确规定，将援外青年志愿者纳入援外人员进行管理，援外青年志愿者服务成为援外人力资源开发合作的新方式。同时更广泛的《援外人员的管理办法》也在制定过程中。与此同时，为了提高援外人员的素质，中国连续几年坚持举办援外管理规章培训班，对援外项目执行单位的国内负责人、技术组负责人、设计代表、监理工程师和项目质检员进行培训，切实把好援外项目质量关。以 2003 年为例，全年共举办 5 期培训班，对 27 个项目的近 200 人进行了培训。

另外，其他援外相关部门也制定了一些规章，规范援外管理工作。

例如，国家税务总局 1999 年就对援外出口货物的税收征收工作做了安排。《对外承包工程及援外物资报检指南》对援外物资质量做出了法律规定，对援外物资的检验检疫需国家质检总局、商务部援外司协调管理。

随着对外关系和对外援助工作的发展，中国政府对外援助的管理机构逐步规范，管理制度逐渐健全，管理网络逐渐完善，法制法规逐步健全。随着中国对外援助各机制的建立和强化，中国对外援助管理体系正在逐步优化的过程中。

参考文献：

黄梅波：《中国对外援助机制：现状和趋势》，《国际经济合作》2007 年第 6 期。

刘小云：《中国对外援助改革与调整二十年》，《国际经济合作》1998 年第 10 期。

薛红：《中国对外援助的特色和改革方向》，《国际贸易》1993 年第 9 期。

林玫：《对外援助方式的改革与实践》，《国际经济合作》1997 年第 11 期。

石林：《当代中国的对外经济合作》，中国社会科学出版社 1989 年版。

石志夫：《中华人民共和国对外关系史（1949.10—1989.10）》，北京大学出版社 1994 年版。

吴天：《中国对外援助的政策分析》，硕士论文，外交学院，2004 年。

张彩霞：《试论 20 世纪 90 年代以来中国的对外援助》，硕士论文，北京语言大学，2007 年。

贺创新：《我国对外经济援助中的问题和对策研究》，硕士论文，国防科技大学，2004 年。

丁培洋：《改革开放以来我国对外援助政策分析》，硕士论文，华中师范大学，2007 年。

中国对外援助机制：现状和趋势[*]

黄梅波

摘要：近年来，中国的对外援助发展很快，受到了国际社会的广泛关注，但是，在研究中国对外援助问题的时候，西方的学者对中国的对外援助机制不甚了解，对中国对外援助管理机构、管理体系都认识不够，甚至误解很深。本文试图对中国的对外援助机制的现状和问题做一个总体的分析，包括中国对外援助的原则、政策，主要援助机构和职责，对外援助体系的构成等，并试图探讨中国对外援助机制的未来发展趋势。

关键词：官方发展援助；中国对外援助；援助机制

中国对外援助始于 20 世纪 50 年代。截至 2006 年底，中国共向 100 多个国家和区域组织提供了援助，帮助受援国建成各类项目约 2000 个；在 60 多个国家实施了 100 多个优惠贷款项目；向 110 多个国家无偿提供了大量的物资援助，为 100 多个国家培训培养了各类技术和管理人才 2.3 万人。另外，中国政府已与亚、非、拉美和南太地区的 46 个国家签署了免债议定书，免除这些国家部分到期债务。此外，中国政府积极响应国际社会和有关国家呼吁，在阿尔及利亚、伊朗、巴基斯坦大地震，印度洋海啸，美国飓风灾害等重大灾难后，在最短的时间里提供了紧急人道主义援助，有效支援了有关国家政府和人民的救灾工作。①

近年来，特别是 2005 年以来，中国的对外援助受到了国际社会的广泛关注，但是，在研究中国对外援助问题的时候，外界对中国的对外援助机制不甚了解，对中国对外援助的管理机构、管理体系都十分迷惑。本文试图对中国的对外援助机制的现状和问题做一个总体的分析，分析中国对外援助的原则、方针策略、主要援助机构和职责、对外援助体系的构成等，并试图探讨中国对外援助机制的未来发展趋势。

一　中国对外援助机制

（一）中国对外援助的基本精神和原则

对外援助是中国经济外交工作的重要组成部分。新中国成立后，中国在对第三世界的援助过程中，逐步形成了自己的对外援助思想，主要体现为 1964 年周恩来总理访问亚非 14 国时提出的"中国对外经济技术援助八项原则"，其基本精神是：平等互利，不干涉内政；切实帮助受援国自力更生；力求使受援国真正受益；尽量减轻受援国的负担；严格履行承担的义务。援外八项原则阐明了中国对外援助的性质、宗旨，也是中国对外政策在援外工作中的具体体现。这些原则确定了中国对外援助的基本思想和立场。

改革开放以后，中国开始推行全方位的对外开放政策。在与发达国家交往的同时，中国仍然把与发展中国家的合作和与周边国家的合作作为对外政策的重中之重，力求与发展中国家形成互利双赢的共同发展模式。中国的对外援助政策开始呈现出一些新的特色，创造了一些更加符合经济合作规律的新的做法。

20 世纪 80 年代，根据邓小平对外开放的指导思想，中国总结了长期以来与第三世界国家合作的经验，提出了新时期对外援助工作的基本原则：平等互利，讲究实效，形式多样，共同发展。1996 年 5 月，江泽民同志在非洲总部发表演讲时郑重宣布了与非洲国家合作的五点原

①　《王世春司长谈我国对外援助情况》，商务部网站，http：//www. mofcom. gov. cn/fang-tan/061227. shtml。

则：真诚友好，彼此成为可信赖的全天候朋友；平等相待，相互尊重主权，不干涉内政；互惠互利，谋求共同发展；加强磋商，在国际事务中密切合作；面向未来，创造一个更加美好的未来。这一思想成为中国新时期对外援助的工作方针。

党的十六大以来，党中央高度重视援外工作。近一时期，随着中国经济实力的上升和对外交往能力的提高，胡锦涛总书记和温家宝总理对援外未来发展方向、援外战略性任务等大政方针亲自部署、亲自决策，先后做出了一系列重要指示。2005 年 9 月，胡锦涛主席在出席联合国首脑会议时宣布了中国政府加强对发展中国家援助五项新举措；① 在 2006 年 11 月举行的中非合作论坛北京峰会上，胡锦涛主席提出，中国政府将采取 8 个方面的政策措施推动中非新型战略伙伴关系，② 其中主要内容涉及援外工作。援外工作开始进入了一个新的发展时期，对外援助正在发生重大变化。

从新中国成立以来中国对外援助政策的发展过程可以清晰地看出，中国对外援助秉承"援外八项原则"的精神，总的原则呈现以下几个特点：第一，平等相待，维护共同利益；第二，尽力而为，不附带任何政治条件；第三，互利共赢，谋求共同发展。这些特点是我们过去工作经验的总结，也是中国对外援助的基本精神和原则。

（二）中国对外援助政策的变化

从新中国成立初到现在，根据国内外形势的发展变化，中国政府对对外援助政策做了一些调整，总的来说，中国对外援助政策发生了以下变化。

1. 意识形态在对外援助中的作用逐渐减弱。新中国成立伊始，中国的对外援助工作是在无产阶级国际主义的指导下进行的，即通过援外，反对帝国主义、殖民主义，促进民族解放运动，促进世界和平。此时，中国在国内进行大规模建设的同时，仍然对第三世界特别是未独立国家提供了大量的援助，以至于中国不堪重负。60 年代和 70 年代，是

---

① 《中国的和平发展道路》，中华人民共和国国务院新闻办公室，2005 年 12 月。
② 《胡锦涛在中非合作论坛北京峰会开幕式上的讲话》，人民网，2006 年 11 月 4 日。

中国对外援助受意识形态影响最大的阶段，无产阶级国际主义被提高到了极高的地位，其对中国的外援政策的影响也逐步加深。1980 年后，中国外交逐步摆脱了左倾思想的束缚，外交政策进行了调整。政治上平等互信、互相尊重主权和互不干涉内政，经济上互惠互利、共同发展成为中国对外政策的主题。

2. 经济因素在对外援助中的作用不断增大。20 世纪 80 年代后，随着外交战略的调整，中国在处理对外援助与国内经济建设的关系时，越发侧重于经济建设的需要。一方面，中国政府认识到，对外援助应该考虑本国的国力，量力而行。1980 年的全国外经工作会议指出，中国的对外援助要根据国家财力、物力的可能，量力而行。1983 年起，中国开始减少无偿援助的支出，直到 80 年代中期以后，随着国家经济实力的增强，对外援助的规模才开始扩大。另一方面，对外援助逐渐成为推动中国对外贸易和投资的一条重要渠道。中国与受援国之间的贸易额随之增长，对外援助也将越来越多的国内企业带入了国际市场，为它们带来了承包工程和劳务合作业务。对外援助与经济建设呈现出相互促进的和谐关系。

3. 人道主义援助力度加大。从 90 年代后半期开始，特别是近些年，随着中国国际地位的提高，影响力的增大，中国向遭遇战乱和自然灾害的国家提供了大量的人道主义援助。

2000 年以来，世界各地海啸、地震、飓风、旱灾等自然灾害频频发生，造成受灾国家大量人员伤亡和财产损失。在 2005 年印度洋地震海啸、美国飓风灾害、巴基斯坦大地震等自然灾害发生时，以及 2006年印度尼西亚发生强烈地震、黎以爆发战争冲突、菲律宾遭受强台风袭击时，中国都快速启动紧急人道主义救援机制，在最短时间内向有关国家提供了紧急人道主义物资援助。中国人道主义救援力度的加大，反映了随着中国经济实力的上升，中国作为国际社会的一员，秉承对国际社会负责任的精神，愿意为国际社会的共同发展、创造和谐世界尽义务、做贡献。

（三）中国对外援助管理机构与管理机制

在中国对外援助思想和原则逐渐成熟，对外援助政策逐渐转变的过程中，中国也初步形成了具有中国特色的中国对外援助管理体系，管理机构以及管理机制的建设都有了长足的发展。

1. 对外援助主要管理机构与管理机制

随着中国对外援助工作的开展，中国逐步形成了由援外管理体系和援外支持体系共同组成的对外援助体系。

（1）援外管理体系

随着对外援助工作的进行，中国逐渐建立了以商务部（14个司局）、外交部和财政部三个部门为主，23个部委以及地方省区商务部门共同参与的对外援助管理体系。

2006年，以中非峰会为契机，商务部、外交部、财政部与中央各有关部委、地方商务主管部门进一步加强了部门沟通与协作，采取积极有效的措施，不断优化援外管理机制，提高援外管理水平。目前中国的援外管理机制包括：

·商务部、外交部和财政部三部门援外工作联动机制；

·商务部、中国人民银行、财政部以及国家开发银行、中国进出口银行等部门和机构的减免债务工作机制；

·商务部、外交部、解放军总参谋部等部门的紧急人道主义援助联动工作机制；

·23部委援外合作机制；

·商务部与地方省区商务部门的工作联系机制；

·商务部部内14个司局援外工作联系机制；

·商务部、外交部、财政部及部内财务、人事、纪检和地区司等单位和技术专家建立的援外项目巡检机制；

·中国进出口银行优惠贷款联席会议工作机制等。

随着中国对外援助各机制的建立和强化，对外援助工作发生了积极的变化，援外管理体系总体框架基本形成。

（2）援外支持体系

除了商务部、外交部、财政部等国家部委和省区商务部门，援外工作的顺利开展还需要其他相关机构的支持和协助。商务部国际经济合作事务局以及中国进出口银行就是两个重要的对外援助的支持机构。

国际经济合作事务局是商务部为了更好地适应中国加入世贸组织和

行政管理体制改革的新形势，依据决策、执行、监督相互协调、相对分离的精神于2003年7月组建的。作为中国对外援助工作的辅助管理力量，主要负责中国对外援助业务的促进、服务和保障工作，并承担推动中国企业"走出去"开展对外经济合作业务的促进工作。①

中国进出口银行是中国专门支持国际经济合作的政策性银行，成立于1994年。从1995年开始，中国进出口银行成为中国政府指定的承贷银行，负责办理援外性质的政府援外优惠贷款业务。中国政府优惠贷款的归口管理部门为商务部，负责制定政策和计划，签署优惠贷款框架协议，中国进出口银行负责项目评估审查、放款、贷款管理、本息回收等。每年的贷款规模，由中国人民银行会同商务部、外交部、中国进出口银行提出，并报国务院批准。

2. 对外援助主要归口管理部门：商务部援外司

中国对外援助的归口单位是商务部援外司，主要负责拟定并执行对外援助政策；起草对外援助法律、法规，拟定部门规章；研究和推进对外援助方式改革；编制对外援助计划，拟订国别援助方案，确定援助项目并组织实施等。② 近年来，随着中国对外援助工作的发展，援外司逐渐加强了援外管理工作。

（1）加强制度建设，促进对外援助的法制化

1964年，周恩来总理宣布了"对外经济技术援助八项准则"，之后，这一准则成为中国施行援外工作的唯一标准。1991年，全国对外经贸工作会议专题研究了援外工作问题，会议强调了进一步做好援外工作的意义，明确规定了援外任务单位的职责，制定了加强援外物资供应和援外出国人员管理等办法。2003年，商务部条法部门会同相关司局正式启动了《中国对外援助条例》的起草工作，以加强援外工作管理，将对外援助纳入法制化管理。

但到目前为止，中国援外尚无统一的立法，现有援外制度体系主要以部门规章为主体，包括一系列规范性的文件和内部规则。

近年来，商务部外援司加强了制度建设，先后印发实施了《对外

---

① 商务部国际经济合作事务局网站，http://jjhzj.mofcom.gov.cn/。
② 商务部外援司网站，http://yws.mofcom.gov.cn。

援助物资项目管理暂行办法》《对外援助物资项目实施企业资格认定办法（试行）》《对外援助成套项目安全生产管理办法》《对外援助成套项目施工任务实施企业资格认定办法（试行）》《对外援助成套项目施工任务评标原则（修订版）》等重要部门规章，制定《商务部制订和实施〈对外援助物资供货指导目录〉工作方案》等规范性文件，拟定实施《关于建立对外援助项目经济技术咨询服务网络的内部暂行规定》《对外援助项目招标工作内部管理暂行规程》等一批内部工作规则。仅2006年，全年制定和颁布实行的援外管理文件就达到38件，推进了援外管理的制度建设。

（2）研究和推进对外援助方式改革

20世纪50年代到70年代，中国对外援助以资金和物质援助为主。20世纪80年代以来，特别是1995年以后，中国尝试了新的对外援助方式，并对已有的对外援助方式进行了改革，这其中，优惠贷款援助方式和援外项目合作方式逐渐增多，主要目的是为了帮助受援国建设当地有资源、有市场的生产性项目，鼓励国内的企业到受援国进行投资建厂，将对外援助与投资、承包等项目结合起来。

中国政府对外优惠贷款是指中国政府指定中国金融机构向发展中国家政府提供的具有政府援助性质的含有赠与成分的中长期低息贷款。1994年初，国务院决定通过政府贴息优惠贷款的方式开展对外援助。1995年7月，中国同津巴布韦签订了第一笔优惠贷款框架协议。优惠贷款改变了传统的中国对外援助资金仅仅来自于财政拨款的途径，将财政资金同金融资金结合起来，扩大了对外援助的规模，而且，由于银行资本的介入，银行对所投资的项目进行评估、审核及监管，有助于提高对外援助的效率与效益。

援外项目合资合作是在中国政府与受援国政府原则协议的范围内，双方政府给予政策和资金支持，中国企业同受援国企业以合资经营、合作经营的方式实施的项目。援外项目的合资合作方式自1992年开始试行，其优点在于除了中国政府投入对外援助资金以外，企业也投入了自己的资本，因此，对外援助规模扩大了；而且，这种方式可以促进双方企业在管理、技术上长期合作，有利于培养受援国企业管理人才，帮助受援国增加收入和就业，从而提高援助的效益；同时，也能使中国企业更加顺利地开拓海外市场。

（3）建立健全援外管理机制

对外援助工作要达到预期效果，必须健全援外管理制度，加强援外项目的管理。经过五十多年的建设与改革，中国援外已基本形成了符合政治需要、适应市场经济要求的一整套援外管理机制。援外项目的考察、设计、设计审查、设计监理、招标、贯标、施工、施工监理、中期质量检查、竣工验收检查、重大工程巡检等重要环节都建立了相应的制度和管理目标。

近年来，商务部积极采取措施，加强了援外项目的主体管理以及援外人力资源项目和优惠贷款项目的管理。在援外主体管理方面，2004年以来，商务部加强了援外企业评价制度的建设工作，并准备从2007年起，构建一整套援外企业评价制度，以及配套建立的鼓励制度和严格推出机制；在援外人力资源项目管理方面，2002年以来，配合中国人力资源开发培训援外支出的增长以及培训领域和专业范围的扩展，商务部加强了援外人力资源培训的主体资格管理工作；在优惠贷款管理方面，2004年以来，针对优惠贷款迅猛发展过程中暴露的一些管理方面的问题，商务部加强了优惠贷款项目企业的资格准入制度和竞争制度。

（4）加强对外援助的理论和政策研究，大力加强援外宣传

近年来，商务部援外司加强了援外政策研究和专家队伍建设，稳步推进援外宣传等工作。一方面，商务部在重要援外政策推出之前，开始积极运用社会力量和各种专业优势资源，邀请国内主要高校和研究机构专家进行专题研究和论证，并积极与农业、卫生、教育等有关部委和银行进行沟通和交流，以加强援外政策的学术性和科学性。同时，工作中也积极总结援外工作实践的经验，向中央和国务院呈报了大量有深度的汇报材料。另一方面，创办《援外工作通讯》、制定援外标识、编印援外大型画册、启动拍摄援外专题电视片、编制宣传手册、整理援外历史资料等大力加强了援外宣传。[1]

在增加援外政策透明度方面，尽管目前中国对外援助总体信息还未

---

① 《王世春司长谈中国对外援助》，商务部网站，http：//www.mofcom.gov.cn/fangtan/061227.shtml。

在公开出版物或官方网站上公布，但是已经可以通过公开渠道找到一些相关的数据和资料。2005 年，中国通过新闻发布了对外人道主义援助的详细数据；在商务部的年鉴上，列有对外赠款、贷款和工程项目的总体数额；商务部网站不断在发布对外援助项目的消息；媒体上也出现了一些援外项目的深度报道；中国进出口银行也公开发布其对外信贷投资的统计数据。

二　中国对外援助管理机制存在的问题

虽然在改革开放后中国的对外援助机制的建设取得了显著的进展，但是，在现阶段中国的对外经济援助工作仍然存在一些不足。

（一）对外经济援助工作缺乏完整的理论指导

改革开放以后，根据邓小平同志对国际形势和中国国情的深刻认识，中国的对外经济援助工作进行了合理的调整和改革。但是，中国基本还未形成对外经济援助的理论研究。中国还没有独立的类似英国 ODI（海外发展研究所）的对发展援助问题进行专门研究的研究力量。国家对发展援助理论与政策的研究十分薄弱。目前，一方面，中国对西方对外援助体系不甚了解，另一方面，自己也还没有形成一套较为完整，有中国特色、适合中国国情和经济发展水平的对外援助理论体系。

（二）对外援助未纳入法制化的轨道，对外援助战略不清晰

在发达国家，无论是美国、日本还是欧洲国家，都有对外援助法和相关法案，内容包括对外援助的原因和目的、执行机构、提案及其批准程序（必须得到国会的批准）、援助总额与 GDP 和财政收入的比例等，以规范政府的对外经济援助行为，避免对外经济援助的随意性。到目前为止，中国尚没有相应的对外援助法律、法规。现有的援外制度体系仍是由部门规章为主体，由一系列规范文件和部门规章构成的。中国的对外援助总体上透明度比较低。对于外部世界而言，中国的援外决策是怎样制定的，决策主体是谁，决策过程是怎样的等都带着几分神秘的色彩，决策内容更不需要经过人大的批准，因此中国对外援助工作的随意

性较大，政策变动也较多。

（三）对外援助管理机制尚未成熟

近年来，商务部虽然开始致力于建立完整、规范的对外援助管理机制，对外援助管理机构和制度有了一定的基础，但还不完善，管理机制建设可以说刚刚起步，许多方面都需要继续完善。

首先，在项目主体管理方面，虽然 2004 年以来，援外管理制度建设得到有力的推进，2004 年 7 月 1 日开始，援外项目实施主体开始实行资格认定制度，主体管理取得了一定的进展，但是，一系列深层次问题还没有得到根本解决，具体表现在主体培育方面，相当一部分新企业缺乏承担援外任务的实践经验和思想准备，对援外工作的政治性和政策性要求缺乏正确认识；在主体监管方面，适当的激励机制、必要的约束机制和刚性的退出机制还不健全；在主体选择方面，现行援外项目招投标制度在坚持"公平、公正"原则的基础上还无法从根本上处理好"公平"与"合理"的关系，特别在企业评价以及合理反映企业既有业绩和优势方面有待改进。

其次，优惠贷款管理方面，2004 年以来，虽然优惠贷款发展迅猛，项目可行性评估工作逐步规范，但这一类项目还没有建立配套的资格准入制度和竞争制度。主体管理方面的滞后在一定程度上影响了优惠贷款的使用效果。

再次，在援外人力资源项目管理方面，随着近年来党中央、国务院对援外人力资源培训工作的重视，2002 年以来用于人力资源开发培训的援外支出增长很快，培训领域和专业范围不断扩展。但相对于援助规模和内容的迅速发展，援外人力资源培训的主体资格管理仍相对滞后。①

此外，中国援外管理工作还存在援外规章制度不健全，项目管理不规范，援外人员队伍素质有待提高等问题。

---

① 《2006 年中国对外援助基本情况》，商务部外援司网站，2007 年 1 月 15 日，http：// yws. mofcom. gov. cn/aarticle/b/d/200701/20070104267249. html。

（四）多边援助渠道未得到充分重视

从恢复联合国合法席位到改革开放前，中国向联合国提供过 9 笔多边援助款。[①] 80 年代，中国也尝试了将对外援助同联合国的多边援助、受援国自筹部分资金、国际金融组织或第三国援助等相结合，开展对外援助工作。自 1983 年起，中国就开始与联合国发展机构合作，积极参与发展中国家间的技术合作，由中国实施了一批多边援助项目。随着中国国际地位的提升，中国越来越注重国际形象，进一步加大了多边援助的力度，同国际组织的合作越来越频繁，合作力度也越来越大。2005 年，中国政府通过联合国多边救援行动向海啸受灾国提供了 2000 万美元捐款。[②] 从 2006 年起，中国已经开始从联合国粮食计划署（WFP）的受援国转变为援助国。农业部的官员表示，中国政府重视同 WFP 的合作，愿意继续加强与 WFP 的合作。[③] 但总的来说，中国对多边渠道还未予以充分的重视，通过多边渠道的援助还比较少，援助的力度不够，涉及的范围也不广。

（五）NGO 在援助中的作用未得到有效发挥

在官方援助中纳入 NGO 的参与，可以适当缓冲和"稀释"官方援助的政治性，有时更容易被受援国国民接受。一国公民对他国的善意表达，有时候比为表达政治意愿而进行发展援助的政府有更强的感染力。近年来，国际 NGO 在援外机制较成熟的国家中起到了越来越大的作用。

早在 20 世纪 80 年代，中国政府就开始吸纳 NGO 参与对外人道主义援助，扩大资金来源。2004 年印度洋海域发生海啸之前，中国已有民间力量参与对外人道主义援助，但是规模比较小，主要通过中国红十字会、中华慈善总会等民间团体进行。2004 年东南亚海啸救灾期间，国内首次出现大规模的民间力量参与对外人道主义援助。中国 NGO 组

---

① 魏建国：《优化主体，健全管理，加强援外骨干队伍建设》，《国际经济合作》2007 年第 2 期。

② 刘向东：《邓小平对外开放理论的实践》，中国对外经济贸易出版社 2001 年版。

③ 《中国向海啸受灾国提供救灾重建援助大部分已落实》，中国广播网，2005 年 2 月 1 日，http：//www.cnr.cn/home/column/dizhen/zxdt/200502010426.html。

织和中资企业开始参与对外援助，向当地政府提供了一些紧急的援助。中华慈善总会和中国红十字会成为政府指定接收社会捐款的 NGO。之后，中国扶贫基金会也跻身国际人道主义救援组织的行列。同时，一些企业也参与到国际救援中。在印尼发生海啸灾害的时候，中国的华为通讯技术有限公司就向印尼紧急提供了无线通讯设备，金额不小；巴基斯坦发生地震之后，有十几家中资企业纷纷向巴基斯坦政府提供现金援助，援助最多的一家企业提供了 1000 万美元。[①] 但是，总的来说，中国对外援助中缺少民间参与的活力，NGO 发育低下，能力不足，在外援机制中参与程度很低，在中国对外援助中发挥的作用还十分有限。

三 中国对外援助管理机制的发展方向

对外援助是中国对外关系的一个重要方面。改革开放以来，中国经济飞速发展，作为一个大国，经济的发展必然带动责任的上升，中国对世界其他国家的援助也是越来越多，特别是近几年来，中国在对外援助上表现得相当活跃。在新的形势下，建立系统成熟的援助机制和策略以保障援助的有效性，建立有中国特色的对外援助管理体系，关系到中国能否建立可持续地担负大国责任的形象，关系到中国对外援助的实际效果。

因此，中国应从国情实际出发，积极借鉴国际社会对外援助有益的做法，汲取先进管理经验，建立起符合国际运行规则，具有中国特色的对外援助管理体制。

（一）加强对外援助理论研究

对外援助是中国整体对外政策的组成部分，是中国长期的可持续的和平发展战略的一个组成内容，是中国经济外交的具体实施步骤之一。它应该有一系列与之配套的原则、法则和措施，是一个科学决策的过程。而且，在对外交往的过程中，中国将面临越来越多、越来越复杂的

---

① 韩轩、李童：《从粮食受援国转向对外援助国中国面临转型考验》，中国农产品加工网，2006 年 3 月 28 日，http://www.csh.gov.cn/article_ 6365.html。

援助课题，对外援助需要依据哪些新的原则、它与对外政策的相互关系怎样、如何使援助更加有效、如何使援助更能够有助于发展中国家摆脱困境、中国作为一个自身在许多方面需要得到援助的国家如何实现对其他国家提供力所能及的有力支持、援助行为如何实现互利与互助并最终达到深层次的经济合作的目的等，都是值得深入探讨和研究的问题。对于这些问题的研究，不仅关系到受援国的利益，也关系到中国自身的长期发展。

因此，中国应加强对外援助理论的研究，增加对外援助理性科学的成份。这方面，发达国家，特别是 OECD 的 DAC（发展援助委员会）成员在官方发展援助方面的研究比较成熟，很多东西值得借鉴。

（二）加快对外援助立法，加强制度建设

目前，中国的对外援助随意性较大，不够透明，对外援助政策不需要通过人大的决议，这都是现存比较大的问题。中国要成为一个现代化的负责任的大国，中国的外交就必须向着专业化、科学化、综合化和理性化方向发展，避免由于主观臆断、感情用事对外交和国家利益产生损害。对外援助的法制化就是理性外交决策的重要组成部分。因此，中国应该加快对外援助立法，加强制度建设，实现援外规范管理，使对外援助成为一项有规则、有秩序、有目的的工作。

多数发达国家都有自己的援助法，或针对某一个特殊事件而出台的具有指导意义的援助法案。这些法案在具体实施过程中起到了比较有效的作用，中国在制定对外援助的标准、法规时，可以借鉴其中部分合理成分，形成有中国特色、体现大国风范同时又具有较强指导意义的科学务实的对外援助法。

（三）建立系统成熟的援助机制

建立系统成熟的援助机制和策略关系到对外援助的实际效果，对改进对外援助工作，提升对外援助工作水平和运行效率十分重要。这方面，中国应特别注意加强国际合作，吸取西方好的经验。

1. 科学制定援助规划，提高立项工作水平

商务部在制订对外援助计划过程中，要从中国长远和整体战略利益

出发，从有利于受援国发展的目标出发，统筹规划，充分论证，科学制定国别援助方案，精心选定援助项目，合理安排有限的援助资金。在继续帮助受援国建设与国计民生密切相关的标志性项目、提供紧急救灾援助、搞好人才培训的同时，积极探索帮助发展中国家发挥丰富的资源优势，加快发展经济的新途径、新方式。

2. 合理设置管理机构，加强干部队伍建设

要根据对外援助发展的实际需要，按照建立社会主义市场经济体制、国家行政管理体制改革的发展方向，建立健全管理机构，强化组织保障；同时解决援外行政管理人员不足的问题，适当增加主管部门人员编制，充实管理型、专家型人才，建立一支政治可靠、业务熟练、擅长管理的复合型的援外管理干部队伍。

3. 加强援外项目管理，提高援外工作效率

首先，应加强主管部门与驻外使（领）馆、国内相关单位的有效配合和相互支持，加强信息化和电子政务建设；其次，通过有效地运用法律、经济、行政手段，采取先进管理方式，及时监控援外项目实施管理过程每一环节，重点对进度、质量、投资、安全等问题实施动态、精细的管理；最后，认真做好项目评估工作，确保援外项目达到预期的目的。在项目评估方面，应注意学习发达国家的项目评估经验，在总结经验的基础上建立项目评估与项目总结报告制度、全面统计制度和年度报告制度，规范项目评估工作，提高评估水平。

（四）加强与多边援助组织的合作

国际援助体系目前由 150 多个多边机构，33 个双边机构［其中 22 个国家为经济合作与发展组织发展援助委员会（OECD/DAC）的成员］，至少 10 个提供了大量 ODA 但是非 DAC 成员的政府和正在迅速成长的全球纵向基金会（Vertical Global Funds）组成。其中，双边援助机构提供了总援助支出的 70%，多边援助机构提供了其余 30%。

当前最主要的多边援助组织为联合国系统，主要为联合国所属的各专门机构，包括联合国开发计划署（UNDP，The UN Development Programme）、联合国儿童基金会（UNICEF，The UN Children's Fund）、世界粮食规划署（WFP，The World Food Programme）、联合国人口基金

（UNFPA，The UN Population Fund）、联合国环境规划署（UNEP，The UN Environment Programme）、联合国人类住区规划署（UN-Habitat）等，以及欧盟、世界银行及区域开发银行（如非洲开发银行，美洲开发银行和亚洲开发银行）、国际开发协会（IDA）等。多边援助以优惠贷款和赠款的形式为主，其中，区域开发银行、欧盟和IDA注重经济基础结构和生产部门，而联合国则在提供食物和其他救助品援助中占支配性地位。一般来说，多边援助组织先是向各个国家募集资金，然后将募集到的资金提供给受援国。虽然目前多边援助机构只提供了30%的官方发展援助，但是其重要作用正日渐凸现出来。中国在向多边援助组织提供援助方面还没有足够的经验。今后，中国应该更多地加强与国际组织的合作，向这些组织提供资金。因为，首先，这些国际组织在全球援助中占有重要地位，向它们提供资金能提升中国的国际地位。其次，这些国际组织在向不发达国家提供援助的时候不会带有很强的利益目的，它们更加真心地希望能改变受援国的贫困状况，因此其援助往往能收到很好的效果。

（五）逐渐发挥 NGO 在对外援助中的作用

发挥 NGO 在对外援助中的作用，不仅可以提升援助的真实性和效率，还可以促进中国的国际就业与社会成熟发展。更重要的是可以使中国的救援理念及文明关爱影响传播得更广更深，并对政府的外交和国际角色起缓冲和弥补的作用。中国政府应该充分发挥 NGO 在对外援助中的作用。一方面，借助 NGO 的力量，吸取社会资源和力量参与国际援助，扩大援助的规模；另一方面，通过引导 NGO 平等参与执行国际人道主义救援的任务，而不是简单地把钱拨给受援国的政府，可以提高援助资金的利用效率，达到更好的援助效果。国际援助中，应提倡采用招投标的方式，以透明的市场化操作进行援助资金的分配。而且，NGO对国际援助的参与、意见和声音，包括批评和压力，还可以提高官方援助的透明度。[①] 近年来，国内的扶贫领域已经开始了政府招标采购 NGO

---

① 陈健：《对外援助与人均 GDP 多少无关》，《中国经济时报》，http：//finance.163.com，2006 年 1 月 19 日。

服务的尝试，以增进国内"援助"的效率和透明度。在国际援助特别是国际人道主义援助领域，政府也可从信息发布、提供渠道等方面对NGO进行统一的引导、组织和管理，引导中国的NGO介入国家对外援助中。中国的NGO也应积极主动地加强国际合作，走向国际化。

参考文献：

魏建国：《优化主体，健全管理，加强援外骨干队伍建设》，《国际经济合作》2007年第2期。

《王世春司长谈我国对外援助》，商务部网站，http：//www. mofcom. gov. cn/fangtan/061227. shtml。

《2006年中国对外援助基本情况》，商务部网站，http：//yws. mofcom. gov. cn/aarticle/b/d/200701/20070104267249. html。

李荣民：《如何提高中国对外援助工作水平》，《学习时报》2006年8月8日，第347期。

李荣民：《中国的对外援助促进世界和谐》，《学习时报》2006年7月10日，第343期。

刘向东：《邓小平对外开放理论的实践》，中国对外经济贸易出版社2001年版。

付涛：《NGO参与：国内国际人道救援的新视角》，中国发展简报网站，2006年8月刊No. 31，http：//www. chinadevelopmentbrief. org. cn/wzdd/wzdd. jsp? id = 564&pageNo = 4。

齐国强：《新形势下对外援助工作探讨》，《国际经济合作》1992年第6期。

魏红：《我国对外援助方式改革的经验与问题》，《国际经济合作》1999年第5期。

中国对外援助项目的组织与管理[*]

黄梅波　谢琪

摘要：中国目前已初步形成了以商务部为援外归口管理部门的援外管理体系，以企业总承包责任制的援外助管理制度，包括企业资格认定、援外项目立项、项目实施招标、项目监督、验收与移交以及实施结果评估等一系列规制为内容的援外项目管理程序。在未来的发展过程中应注重加强援外项目质量、建立科学合理的监测评估机制、加强各层面的协同统一。

关键词：中国对外援助；援助项目管理

一　中国对外援助项目管理的责任划分

当前中国援外项目的组织与管理工作主要是由商务部援外司及国际经济合作事务局根据宏观和微观、决策和执行的科学合理划分的原则进行的。

商务部援外司执行宏观政策、宏观决策和监督援外项目管理工作的宏观职能，并涉及援外成套项目管理的少数微观职能。其主要运用行政法规、制度对援外工作进行规范化的宏观调控；运用现场监理保证援外工程的质量和进度；运用竞争机制，根据项目规则、性质和内容，分别采取相应的方式招标，通过招标择优选定承担各类援外任务的总承包企业；实施援外任务的企业按照总承包责任制原则进行经营；择优选定技

* 原载于《国际经济合作》2013 年第 3 期，第 63—66 页。

术、咨询、审计单位对援外项目进行审查、质量监督、财务审计和工程验收，实现对外援助的宏观管理。

国际经济合作事务局主要负责援外项目具体实施和管理的微观职能，包括援外项目招标、援外项目管理以及援外财务管理，[①] 对援外项目进行动态监督，确保实现援外效果。

二 援外项目管理的主要内容

援外项目代表国家形象，其建设监督模式与国内工程项目类似，分为项目考察立项、设计、施工、竣工验收等若干阶段。援外项目的考察设计、设计监理、施工和施工监理单位都通过招（议）标的方式在有援外资质的企业（仅限国内企业）内择优选定，并分别与商务部签订总承包合同。项目设计单位和施工单位按照中国规范进行项目的设计和施工，并根据合同要求保证项目质量和建设进度，控制投资规模。监理单位（包括设计监理和施工监理）代表国家监督项目的实施，履行监理职责，保证项目设计和施工质量满足国家规范要求，并对项目的实施进度和投资规模进行监控。

项目实施过程中，商务部在国家质检总局的支持和配合下，通过加强对援外物资的检验检查保证援外物资质量，依托国内专业机构对施工企业的国内后勤保障能力进行审核，并通过项目中期质量检查、竣工验收、重大项目巡检和评估等手段强化对援外项目的监控。[②] 商务部驻受援国使馆经商处代表商务部对项目实施履行行政管理职能。

总的来说，中国从项目前、项目进行中以及项目完结后三个阶段对援外项目进行监督和管理，采取资格认定、立项、招标、订立合同、项目监督、项目验收与移交以及实施结果评估的管理程序。[③]

---

① 杜奇华、卢进勇：《商务国际合作》，中国商务出版社 2005 年版，第 284 页。

② 中国商务部援外司，http：//gzly. mofcom. gov. cn/website/face/www_ face_ history. jsp? esc = desc&p_ page = 2&sche_ no = 1354，2007。

③ 杜奇华、卢进勇：《商务国际合作》，中国商务出版社 2005 年版，第 284—285 页。

（一）资格管理

援外项目由具有独立民事主体资格的中国法人具体实施，商务部对援外项目实施主体实行资格认定制度，同时对取得援外物资企业资格的企业实行动态资格管理，每两年进行一次资格核验。

自1993年以来，为适应中国社会主义市场经济的需要，商务部按照"公平、公正、诚信、竞争"的原则，择优选择援外成套项目和物资项目的实施企业。为规范援外项目实施企业的资格管理，进一步优化实施企业主体，商务部从2004年7月起，对援外项目实施主体实行资格认定制度。援外项目执行机构在经资格认定的援外项目实施主体范围内通过招标方式确定援外项目的实施主体。

（二）立项管理

商务部根据对外援助协议与国务院批准的年度资金计划负责受理援外项目的立项申请，组织立项评估、确定援外项目并与受援方签订立项协议。

（三）招投标管理

商务部对外援助项目采取招标方式。援外项目招标可采取公开招标、有限邀请招标、议标三种形式。

中国援外项目招标包括成套项目考察设计、援外项目施工、项目监理、物资项目四个方面。以物资项目为例，现行援外物资项目采取委托单位评标的方式，由评标单位对评标结果负责。同时，商务部一直致力于推进援外物资项目评标组织方式改革。2006年由援外司和国际经济合作事务局联合启动了援外物资项目评审专家的征集工作。截至2006年12月底，共有479名物资项目评审专家补充进入对外援助项目评审专家库。同时，商务部逐步开始修改援外物资项目评标办法及其实施细则、物资项目招标书范本和合同范本，并对评审专家进行培训，随机抽取专家评标，以使评标工作更加公正合理。

商务部或援外项目执行机构根据招标结果与援外项目实施主体签订承包合同，必要时授权援外项目实施主体与受援方订立实施合同，执行机构应将合同报国务院主管部门备案。

（四）监督管理

商务部或其授权的执行机构组织对援外项目实施主体质量、进度、投资等方面进行监督管理。在实际操作过程中，商务部及相关机构通过施工监理、中期项目检查以及重大项目巡检三项工作对援外项目进行现场监督。

1. 施工监理

1988 年，为适应援外体制改革的需要，援外工程实行建设监理制度，由商务部经过招标和竞标的符合资质的企业承担监理工作，对承包企业实施项目的全过程的工程质量、进度、投资进行全面的控制。监理单位（包括设计监理和施工监理）代表国家监督项目实施，履行监理职责，保证项目设计和施工质量满足国家规范，并对援外项目的实施进度和投资规模进行监控。[①] 实践证明，监理制度提高了援外工程质量管理水平，取得了较好的效果。

建立监理制度以来，商务部已出台多个文件加强援外工程项目监理管理工作，对援外工程项目监理的资质、职责、权限、奖惩以及监理收费等问题做了具体的规定。[②] 能够承担监理任务的企业必须具备国务院主管部门批准的相应行业最高等级施工监理资质。截止到 2011 年，国内有 101 家企业通过援外成套项目监理备案，有 800 多名监理工程师取得援外成套项目专家管理岗位证书。[③]

对于援外成套项目监理，在国内负责监控主要设备材料的订货、采购及储运环节；在国外，则通过派遣监理工程师，现场落实《监理细则》，进行全方位监控，对援外项目的质量、进度、投资、变更、质量体系和安全六个方面进行控制。国内监理的职责包括：（1）审核设备材料采购运输计划并监督落实；（2）审批实施性施工组织设计；（3）监督主要设备材料的订货采购仓储运输；（4）审查非主要设备材料；（5）鉴证

---

① 中国商务部援外司，http：//gzly. mofcom. gov. cn/website/face/www_ face_ history. jsp? esc＝desc&p_ page＝2&sche_ no＝1354，2007。

② 同上。

③ 同上。

抽样和鉴证检验；（6）主持设计交底会；（7）主持重大问题的工程例会；（8）监督审核国内后勤组质量保证能力。国外现场监理的职责包括：（1）施工组织设计的审批管理；（2）现场人员管理；（3）开工申请审批管理；（4）过程质量管理；（5）竣工验收审批管理；（6）安全生产管理；（7）进度和拨款管理；（8）设计变更的审批管理。[①]

2. 中期项目检查

中期项目检查由商务部国际经济合作事务局负责。国内具有相关资质的单位受事务局委托，派遣相关专家会同事务局相关工作人员，组成中检组，按期赴项目所在地开展中检工作。中检组向当地使馆经商处汇报，并与项目现场施工监理、设计代表等专家座谈，对项目的施工技术资料、工程质量、财务管理，以及项目的设计、施工、监理等方面进行详细核查。[②]

3. 重大项目巡检

援外项目巡检组一般由商务部援外司、合作局以及外聘工程专家组成。巡检组赴援外项目所在地，听取施工技术组关于项目进展情况和面临困难的汇报。施工技术组设计代表、工程监理和施工单位分别汇报各自工作的进展情况。此外，巡检组通过实地走访项目施工现场，检查项目施工质量，以及时发现问题，并预防问题的发生。[③]

（五）项目验收与移交

援外工程竣工验收是对援外工程的一个最终质量的认可，也是对监理、设计和施工单位在工程施工过程中的工作态度和工作效果的一种评价。商务部或其授权的执行机构组织援外项目的验收并与受援方办理移交手续。验收与移交的主要程序包括：

第一，在现场具备验收条件时，由三方共同协商后打报告到经商处，在经商处同意后由其向援外司正式递交申请验收报告。竣工验收不仅是对工程质量进行检查验收，还是对工程资料及各方工作程序的检查。

---

① 刘睿、刘伊生、张明武：《援外工程项目施工监理》，《港工技术》2004 年第 2 期。

② 杜大详：《援外项目的实施及管理程序》，商务部国际经济合作事务局。

③ 鲁军：《援外成套项目监理工作》，援外成套项目管理专家培训班，2011 年 3 月 29 日。

第二，验收组在到达项目所在地后，与商务部驻外经商处及时联系，议定验收程序。

第三，验收组主持召开工程验收首次会议，宣布验收程序及检查内容，并听取各方的工作汇报。

第四，现场的工程质量检查验收和工程资料的检查，在检查中对现场发现的质量问题，提出整改意见，并审查资料的完整性，手续的齐备情况等问题，检查完毕后，书面列出检查结果，并下发整改通知，要求在规定时间内进行质量和资料的完善、整改。经过认真的质量整改和资料的完善补充，验收组专家判断是否通过验收。

第五，召开验收末次会议，即正式的验收签字仪式，宣读工程验收结果。①

（六）项目后评估

在援外项目移交后，商务部还需对援外项目实施效果组织（追溯性）评估。商务部于 2007 年启动了援外项目后评估试点工作。为落实好该项工作，国际经济合作事务局成立了援外项目后评估工作小组（以下简称工作组），并制定后评估实施方案。援外项目后评估工作包括后评估工作的启动、国内调研和国外实地调研三部分。

1. 启动项目后评估工作

为落实好后评估工作，商务部国际经济合作事务局会同援外司、财务司成立相关项目后评估小组启动后评估工作。后评估工作的启动常常通过召开后评估工作座谈会的方式进行。与会专家按照后评估工作的要求，回顾援外项目当年考察、设计、施工、竣工验收及使用期间的工作情况，介绍对外移交后项目使用状况及影响，总结项目经验教训，对援外项目实施管理工作提出建设性意见。通过座谈会，评估小组收集了部分项目资料。②

---

① 《援巴新水产品加工厂和冷库项目中期质量检查工作顺利完成》，商务部国际经济合作事务局，http://jjhzj. mofcom. gov. cn/aarticle/feihuiyuan/jmjg/zwglbm/200710/20071005156164. html。

② 《忻顺康大使陪同商务部项目巡检组视差纳米比亚在建援外成套项目》，中国驻纳米比亚共和国大使馆，http://www.fmprc. gov. cn/ce/cena/chn/xwdt/t980129. htm。

2. 国内调研

一般通过召开座谈会，工作组对援助项目施工单位进行调研。首先，施工单位详细介绍项目前期准备、施工过程、运营维护情况和实施过程中存在的问题，并对援外项目实施管理提出建议；其次，工作组和施工企业依据国内调查问卷和座谈提纲，围绕项目的适当性和意义、实施效率、实施的效果与影响、可持续性等深入细致地交换意见。通过国内调研工作，工作组成员对项目情况进行进一步了解，为国外实地考察调研打下坚实基础。评估小组由商务部援外司、国际经济合作事务局相关负责人和中国国际工程咨询公司专家组成。①

3. 国外调研

工作组针对项目的适当性、效率、效果、影响、持续能力等五个方面，对项目的立项、管理、实施以及运营等全过程相关情况进行实地调研。通过实地后评估调研工作，工作组搜集到较为全面的项目后评估信息和资料，并结合国内调研工作，完成项目后评估工作报告的编制。②

三　援外项目管理改革建议

经过五十多年的建设与改革，中国援外已基本形成了符合政治需要、适合市场经济要求的一整套援外管理机制。总体上实现了质量、进度、安全和投资控制目标。③

但是中国援外项目管理中仍存在一定的问题，如概算审批不够严谨、项目合同执行具有一定随意性、项目后续监督评估不够完善、管理各方协调不足等。④ 这些问题影响了援外工作的效率和对外援助的有效性。因此，中国应从国情实际出发，积极借鉴国际社会对外援助有益的

---

① 郭凤才：《浅谈援外工程的管理》，《黑龙江科技信息》2009 年第 5 期。

② 《经济合作局召开援安巴展览中心项目后评估工作座谈会》，商务部经济合作事务局，http：//jjhzj. mofcom. gov. cn/aarticle/feihuiyuan/jmjg/zwjrjg/200711/20071105228458. html，2007。

③ 《援外成套项目后评估（非洲组）国内调研工作顺利完成》，商务部经济合作事务局，http：//jjhzj. mofcom. gov. cn/aarticle/feihuiyuan/jmjg/zwjrjg/200811/20081105866925. html，2008。

④ 《援安巴展览中心和援秘鲁水泥厂两项目国外后评估工作顺利完成》，商务部经济合作事务局，http：//jjhzj. mofcom. gov. cn/aarticle/feihuiyuan/jmjg/zwjrjg/200712/2007120526901 5. html，2007。

做法，汲取先进管理经验，建立起符合国际规则、具有中国特色的援外项目管理体系。提高项目质量、建立健全评估体系以及加强多层次协调机制是目前中国对外援助管理体系建设的当务之急。

（一）注重援外项目质量

质量是援外工作的生命，直接关系到援助的实际效果、关系到国家声誉、关系到中国与受援国的友好合作。要提高对外援助项目的质量，健全符合援外实际的政府采购制度，确保招标程序公正、合理、透明。对援外项目实施企业分类动态管理，提高企业准入门槛，引入退出机制，培育一批高素质骨干企业。强化驻外机构对援外实施企业和项目的一线管理、现场指导和跟踪监督。建立审计和监督长效机制，完善项目实施监督检查办法。地方政府要对本地区企业参与的援建项目加强指导协调和监督管理。禁止援外项目转包，规范分包，依法从严查处各类违法行为。

（二）建立健全评估管理

对整体规划或者项目决策而言，引进科学评价方法、贯穿绩效评估主线是实现科学管理的机制保证。在项目评估管理过程中，要遵循"结果导向型管理"理念，促进援助目标同援助实际效果更加直接地联系起来。具体工作中，要注意把握以下四个方面。

第一，建立与援助项目管理直接相关的信息统计分析系统和历史数据库，这是规划决策的基础信息来源，也是评估援助绩效的基本依据。

第二，建立包括对外援助的政策评估、项目预评估、中期评估和后评估在内的全程评估管理体制，以据此全面掌握信息、总结经验教训、提供决策依据。

第三，建设专业评估机构，合理确定绩效评估指标体系、操作方法和实施流程，以准确测定援助目标及其实现程度，以支持援外决策与规划。

第四，建立援外评估机制及其方法的功能定位，这不仅是决策规划的重要依据，而且是因地制宜调整改进援助战略以及监管项目实施的重要手段。通过目标与结果的挂钩，实现对援外管理过程的监督与制衡。

（三）坚持多层次的协同原则

对外援助的规划是国家战略，提倡协同原则，本质上是一种开放的集体决策。结合中国政府体制特点和援外管理实践，援外项目管理的协调应当涵盖三个层面的参与主体。

一是相关政府部门的协调协同。当前中国政府对外援助涉及商务部、外交部、财政部等二十多个部委和单位，应在科学分析界定各部门职能内容的基础上，提出具体的职能结构优化方案，从中选择同对外援助关系最为直接和密切的一部分部门，以制度化方式确立援助规划与决策的沟通协商机制，做到业务活动的协调，切实避免由于相互掣肘可能导致的援助"割裂"现象。

二是主管部门与外部专家及援外企业的协调。在援外规划决策中发挥学界独立专家的智库作用十分必要，应积极推动建立由发展援助专家、项目管理专家和政府管理学者参与的援外咨询库，重视推动援外战略课题的研究工作，推动发展援助专业人才的培育。近年来，适应大量援助项目有效实施的需要，主管部门重点培育了一大批援外项目实施企业。作为援外第一线的执行主体，这些企业在市场需求和项目建设领域富有经验，有必要以企业公民的身份吸收它们适度参与援外的规划决策。

三是国别政策和项目决策层面的利益相关者的协调。最大限度地邀请受援国政府、伙伴部门、学者及公众代表参与国别方案及项目的论证评估是国际通行做法，社会公示和听证制度也是一种有效协同途径。中国历来在援外项目决策环节重视同政府部门的协商沟通，在项目实施环节重视同相关合作伙伴的交流，但是远未形成稳定的协同参与机制。因此，有必要结合绩效管理体系的建立，将各方利益相关者纳入援外决策与管理的参与主体范畴。①

---

① 中国商务部援外司，http：//gzly. mofcom. gov. cn/website/face/www_ face_ history. jsp? esc = desc&p_ page = 2&sche_ no = 1354，2007。

中国政府对外优惠贷款的
发展历程与前景[*]

黄梅波

摘要： 自 1995 年起，中国政府开始以对外优惠贷款的形式提供主权贷款，在短短 15 年时间里，优惠贷款发展较快，已形成较完善的管理体系，贷款资金来源、财政条件、借贷方式等与优惠贷款业务相适应。优惠贷款的特点决定了其在中国对外援助中将继续处于主要地位，但今后需在总量与结构上作出相应调整，建立完善的内外保障机制是促进优惠贷款业务健康发展的关键。

关键词： 优惠贷款；管理体系；保障机制

中国政府对外优惠贷款，是 20 世纪 90 年代中期中国援外方式改革的产物。这一已有 15 年历史的事物并未引起中国理论界太多注意，现有的专门研究优惠贷款的文献多是援外方式改革初期，由当时外经贸部及中国进出口银行专门从事优惠贷款业务的相关人员对优惠贷款业务的介绍以及对实施过程中可能遇到的问题的分析。此后，也仅有零星文献专门介绍外国政府优惠贷款经验。近年来，中国政府对外优惠贷款受到国际社会的广泛关注，从国际社会对负责任的贷方行为的重视、国际援助发展趋势及中国优惠贷款长远发展等角度出发，有必要详细考察中国政府对外优惠贷款的发展历程、当前态势以及未来的发展趋势。这不仅是顺应国际潮流的必然选择，也有利于形成对中国主权贷方责任的清晰

---

* 原载于《国际经济合作》2010 年第 11 期，第 47—53 页。

认识，指导中国政府对外优惠贷款业务。

一　中国政府对外优惠贷款发展历程

中国政府对外优惠贷款（又称政府贴息优惠贷款、对外优惠贷款，以下简称优惠贷款），是中国政府向其他发展中国家提供的具有援助性质的中长期低息贷款。该援助方式实施初期，优惠贷款被定义为，是中国政府对外提供的具有援助性质、含有赠与成分的中长期低息贷款。优惠贷款是中国对外援助的有机组成部分，是以中长期低息贷款形式提供的援助。1995 年 5 月，在党中央、国务院统一领导下，中国援外方式进行了重大改革，政府贴息优惠贷款、援外项目合资合作、无偿援助成为中国对外援助的三种主要方式。

（一）优惠贷款产生的背景

优惠贷款是中国援外工作方式改革的产物，产生于特定的历史时期。从国内环境看，到 20 世纪 90 年代，经过改革开放十几年的发展，企业成为经济活动的主体，金融机构在中国社会主义市场经济活动中的作用日益凸显，而政府则更加明确了其宏观调控的作用。从国际环境看，作为主要受援国的其他发展中国家也在进行经济体制改革，普遍实行经济自由化与企业私有化，单纯的小额无偿援助方式已不能满足这些国家增加收入、提高就业、促进经济发展的迫切需要。此外，20 世纪 90 年代，国际援助格局发生了巨大变化，前苏联东欧国家由援助国变为受援国，中东产油国的援助额减少了 3/4 以上，发达国家失去两大竞争对手，开始垄断国际援助市场，官方发展援助总额趋于减少，政治和其他附加条件增多，受援国能利用的国际发展援助资金锐减。

从国内外形势出发，1994 年初，国务院拟采用政府贴息优惠贷款的方式开展对外援助，帮助受援国建设当地需要的、具备相关资源的生产性项目。此举可将对外经济关系的三大支柱——对外援助、对外投资及对外贸易结合起来，在国家援外政策指导下，推动中国企业与受援国企业的长期合作，获得促进受援国经济发展及推动中国企业进入国际市场的双重利益，实现中国与受援国的互利合作。

（二）优惠贷款的发展

1995 年 5 月，国务院下达《关于改革援外工作有关问题的批复》，开始实行优惠贷款援助方式。1995 年 7 月，中国政府同津巴布韦政府签订第一笔优惠贷款政府间框架协议，1995 年 12 月，中国进出口银行与苏丹签订谅解协议（贷款协议），苏丹石油开发项目成为第一个利用中国政府对外优惠贷款的项目。中国 1995 年全年共签订 11 个优惠贷款政府间框架协议，且全部是对非洲国家的。经过一年多的探索，到 1996 年底，中国政府对外签订优惠贷款框架协议金额达 26.9 亿元人民币，中国进出口银行签订 10 个贷款协议，批贷金额 8.59 亿元人民币。截至 1997 年 8 月底，中国与 25 个国家（其中亚洲 4 国、非洲 17 国、拉美 3 国、南太 1 国）签订了 30 个框架协议，总金额达 33.3 亿元人民币，推动企业在上述国家开展了 41 个项目。1999 年，中国政府与 13 个国家签订 14 个框架协议，截至 1999 年底，中国累计与 47 个国家签署了 60 个框架协议，受援国范围进一步扩大。1999 年中国进出口银行签署 19 个贷款协议，累计签署 42 个。1995—1999 年，中国签订优惠贷款框架协议与贷款协议的具体情况可见表 1。

表1　　　**中国政府签订对外优惠贷款协议情况（1995—1999 年）**　　（个）

年份	框架协议				贷款协议	
	当年		累计		当年	累计
	国家	协议	国家	协议	协议	协议
1995	11	/	11	/	1	1
1996	11	/	22	/	10	11
1997	14	14	31	38	15	26
1998	16	18	43	56	16	42
1999	13	14	47	60	19	61

资料来源：根据 1996—2000 年《中国对外经济贸易年鉴》整理。

进入 21 世纪，中国进出口银行签订的借贷协议平稳增加，2000 年

16 个，2003 年 15 个，2005 年高达 24 个。① 近年来，在维持与原有优惠贷款受援国联系的同时，中国不断将优惠贷款项目推广到新的受援国，向更多与中国建交的国家提供优惠贷款，帮助这些国家发展民族经济。根据商务部的统计数据，截至 2008 年底，中国已向 74 个国家提供了优惠贷款，支持各类项目 252 个。截至 2009 年底，中国政府对外优惠贷款共支持了 76 个国家的 325 个项目。

二 中国政府对外优惠贷款现状

（一）资金来源

中国优惠贷款资金有两个来源：中国政府从援外费中核拨的本金部分和银行自筹解决的本金部分，两者比例大概是 1：2。对于银行自筹解决的本金部分，其优惠利率与中国人民银行公布的基准利率之间的利息差额，由商务部及其前身②从财政部核定的援外支出中予以贴息。而中国政府从援外费中核拨的本金部分则不进行财政贴息，该部分本金收回的利息用以弥补银行自筹本金的利率与基准利率之间的利息差和有关费用后，余额并入优惠贷款本金。

中国政府对外优惠贷款属于混合贷款。根据国际上通行的混合贷款做法，中国的优惠贷款分为软贷款和硬贷款两部分：政府援外资金属于软贷款，贷款条件优惠，在政府间框架协议内进行；银行自筹资金属于硬贷款，框架协议只规定硬贷款的额度，其他贷款条件由银行与外方商定。

（二）财政条件

优惠贷款的财政条件属于政策性问题。由于优惠贷款本金的一部分来自于中央财政，而银行自筹本金部分可得到财政贴息，优惠贷款得以以优惠利率对外提供。OECD、IMF 等规定官方发展援助贷款需满足赠与成分至少为 25% 的标准（用 10% 的固定利率折现）。一般而言，政

---

① 历年《中国对外经济贸易年鉴》、《中国商务年鉴》。
② 详细继承关系可参见黄梅波、胡建梅《中国对外援助管理体系的形成和发展》，《国际经济合作》2009 年第 5 期。

府优惠贷款年利率应在 2.5% 以下，甚至为零，期限最低 15 年，最长达到 40—50 年。从国际实践看，政府优惠贷款条件逐年优惠，优惠贷款年利率平均水平从 1990 年的 5.2% 逐渐下降到 2008 年的 3%，还款期与宽限期也相应有所延长（见表 2）。

表2 外国政府贷款与政府担保贷款条件（受援国角度）（1990—2008 年）

	1990	1995	2000	2004	2005	2006	2007	2008
利率（%）	5.2	5.8	4.7	2.6	3.6	3.9	3.9	3.0
还款期（年）	23.5	19.3	20.5	22.4	22.1	22.7	22.7	23.8
宽限期（年）	6.7	5.3	5.1	6.0	5.7	6.1	6.3	6.7

注：该表提供的是 Average terms of new commitments—official creditors。

资料来源：World Bank，Global Development Finance：External Debt of Developing Countries，2010，p. 34.

中国优惠贷款实施初期规定的年利率最高不超过 5%，贷款期限最长不超过 15 年（含使用期、宽限期、偿还期）。一般情况下，中国政府对外优惠贷款年利率为 4%—5%，期限为 8—10 年，按该条件，中国政府对外优惠贷款刚刚达到 OECD 关于官方发展援助规定的赠与成分为 25% 的最低限。经过几年的实践，2001 年贷款条件更改为年利率最低为 2%，贷款期限最长不超过 20 年（含宽限期）。

（三）借贷方式

优惠贷款的借款人一般是受援国财政部，特殊情况下可以是受援国政府指定并经中国进出口银行认可、由受援国财政部或政府指定金融机构提供还款担保的金融机构或其他机构。具体实施过程中，主要采取转贷方式和直贷方式两种方式对外提供优惠贷款。

1. 转贷方式

优惠贷款的转贷方式是指根据双方政府间框架协议的规定，中国进出口银行与受援国转贷机构签订贷款协议，再由转贷机构将优惠贷款转贷给最终用款人，用于双方政府同意的、经中国进出口银行和转贷机构评估审定的项目，由转贷机构负责向中国进出口银行还本付息的优惠贷款借贷方式。转贷机构包括受援国政府及其指定金融机构，转贷机构可向最终用款人收取一定的转贷费。为保证优惠贷款项目的顺利实施，避免转贷机构收取过高的转贷加息加费影响企业使用优惠贷款的积极性，常在政府间框架协议中对转贷费作出原则性规定。

转贷方式下，转贷机构与最终用款人签订转贷协议，最终用款人可以是中外合资企业、外方企业或中方企业。根据最终用款人的不同，具体转贷方式如下：

（1）转贷给双方合资企业。转贷给在受援国当地注册的中外合资企业，合资企业的中外双方都可以享受优惠贷款的优惠条件。若中方企业在合资企业中的股份较多，按照合资企业运营模式，中方企业将从优惠贷款使用中获取较多收益。

（2）转贷给受援国企业。将优惠贷款全部转贷给受援国企业，作为股本投入项目。该种方式下，常由中方企业投入一定资本，由双方企业合资兴建项目。这种方式可以进一步扩大援外规模，除财政资本与银行资本相结合的优惠贷款外，还可带动中方企业的对外投资，将企业、银行、国家三方利益统一在援外项目中，提高援外项目效益。

（3）部分转贷给受援国企业，部分直贷给中方企业。经受援国政府同意后将部分优惠贷款直贷给中方企业，一方面可避免转贷给合资企业时中方企业承担较高转贷费的问题，另一方面可以为中方企业提供投资受援项目的资金。

2. 直贷方式

优惠贷款的直贷方式是指经受援国政府同意，根据两国政府间框架协议，中国进出口银行与最终用款人签订贷款协议并将优惠贷款直接贷给最终用款人，用于经双方政府同意，并经中国进出口银行评审通过的项目，由最终用款人向中国进出口银行还本付息的优惠贷款借贷方式。为保证优惠贷款的顺利收回，在直贷方式下，最终用款人需向中国进出口银行提供其认可的还款担保，担保机构可由受援国政府部门或其指定金融机构承担。直贷方式下，虽然不需要中国进出口银行与受援国转贷机构签订贷款协议，但为了保证贷款项目的顺利进行，中国进出口银行常与受援国政府签订谅解协议，与受援国银行签订委托代理协议，由受援国银行作为中国进出口银行的代理行监督贷款项目的实施。

直贷方式下的最终用款人也包括三类，即中外合资企业、中方企业和外方企业。与转贷方式相比，直贷方式下优惠贷款的借贷行为与商业贷款的借贷行为更为接近，都是银行与借款人（也是最终用款人）的直接交易。与商业贷款不同的是，优惠贷款直贷方式下由受援国政府或其指定金融机构承担偿付义务，属于主权借贷范畴。

（四）管理体系

优惠贷款作为中国援外方式改革的重点之一，在优惠贷款实施之初就设立了较完善的管理体系。

1. 管理机构

优惠贷款的政府归口管理部门为商务部，商务部会同外交部、财政部、中国人民银行、中国进出口银行等有关部门制定优惠贷款政策和年度计划，上报国务院批准。商务部负责在国务院批准的对外新签援款年度计划内对外签订优惠贷款政府间框架协议，对优惠贷款的额度、利率、期限、使用范围等给予原则性规定，并抄送财政部、中国人民银行、中国进出口银行。对外新签援款年度计划包括对外提供优惠贷款的总金额、国别额度、年利率、贷款期限等。

商务部下设对外援助司，负责拟订并组织实施对外援助的政策和方案；组织对外援助谈判并签署协议，处理政府间援助事务；编制对外援助计划并组织实施；监督检查对外援助项目的实施。商务部各驻外商务参赞处协助援外司进行优惠贷款项目的审核，为中国企业外出考察项目提供必要服务。商务部国际经济合作事务局为优惠贷款业务提供促进、服务和保障工作。

2. 执行机构

优惠贷款的执行机构由中国进出口银行和中方企业两部分组成，中国进出口银行是优惠贷款的唯一承贷行，中方企业是优惠贷款项目的主要施工单位。

（1）中国进出口银行

中国进出口银行是优惠贷款的唯一承贷行，成立于1994年，是专门支持国际经济合作的政策性银行，自1995年起办理中国政府对外优惠贷款业务，在优惠贷款援助方式中起着关键性作用。除承贷优惠贷款外，中国进出口银行在援外项目选择上拥有决定权。作为优惠贷款的执行机构，中国进出口银行负责对外与借款人①签订贷款协议，以中外政府间框架协议规定的贷款条件对外贷款，监督贷款项目的实施与本息收回。中国进出口银行负责项目评估审查、放款、贷款管理、本息回收等，银行内具体负责办理优惠贷款的部门是优惠贷款部。

（2）中方企业

中国企业在优惠贷款项目实施中发挥着重要作用，尤其在优惠贷款援助方式实施初期，受受援方国内条件及中方企业资金短缺等因素的限制，优惠贷款常直接贷给中方企业实施项目。优惠贷款援助方式实施初期，中方企业出外考察项目需向当时的外经贸部提出考察申请，目前为鼓励有能力的中方企业申请使用优惠贷款，新政策放松限制，中方企业只需经中国驻外使馆经商机构同意后，即可赴受援国考察拟使用优惠贷款的项目。完成项目考察后，中方企业将拟承建项目的有关申请材料提交商务部及中国进出口银行，经商务部正式推荐后，中国进出口银行对项目可行性及借款人的资信情况、财务状况及偿债能力进行审查，经评审批准后，中方企业与中国进出口银行签订贷款协议，贷款条件参照中国政府与受援国政府签订的政府间框架协议的规定。由于优惠贷款利率低于商业贷款，企业可以利用低成本资金从事海外投资活动，还可为该企业进一步进入受援国市场创造条件，所承担的援建项目可以为企业树立良好形象。

3. 项目管理

优惠贷款主要用于帮助受援国建设有经济效益的生产性项目，或支持有偿还能力的受援国用于建设基础设施项目及社会福利项目，也可用于提供成套设备或机电产品等。推行优惠贷款援助方式要以项目为中心，项目管理是优惠贷款的具体实施过程，是整个优惠贷款业务的核心。

为提高优惠贷款项目质量，需双方企业共同探讨项目，若项目确有经济效益，可由中方企业向所在省级外经贸部门②提出申请，省级

---

① 转贷方式下的借款人为转贷机构，直贷方式下的借款人为最终用款人。
② 省级外经贸部门指省、自治区、直辖市及计划单列市外经贸委（厅、局）。

外经贸部门对项目和企业资质审核通过后向中国进出口银行对外优惠贷款部申报，中央管理企业直接向中国进出口银行优贷部申报。受援国政府可向中国商务部提出优惠贷款项目申请，再由商务部推荐给中国进出口银行。理论上说，优惠贷款项目应在双方政府签订框架协议后再由双方企业考察，为使项目较快落实，双方可先行探讨项目，经中国进出口银行评估认为可行后，中国政府再对外商签政府间框架协议。中国进出口银行负责优惠贷款项目的评估，具体评估内容包括项目目的和必要性；项目技术、经济和社会效益等方面的可行性；借款国宏观经济情况和债务偿还能力；项目执行机构的管理能力和财务实力；以及中方机构的资质和业绩等。进出口银行将评估结果上报商务部批准。

不同借款人的项目采用不同的组织实施方式。如受援国政府或金融机构作为借款人，使用优惠贷款进行政府采购或建设基础设施及社会福利项目，原则上应通过招标方式组织实施；如系受援国提出招标的项目，由其在我国企业范围内进行招标；其他项目，由中国进出口银行负责招标。最终用款人作为借款人的项目，则由借贷协议双方商定项目组织实施方式。借款人应向中国出口银行报告项目进展、资金使用情况，并为实地检查提供协助。为保证资金有效使用，中国进出口银行按照项目进度发放贷款，并监督项目实施。借款人按贷款协议规定向中国进出口银行提交有关单据，申请提款，银行审核同意后将贷款拨付至中方执行机构账户。项目完工，借款人提交完工报告。中国企业向银行及时提供项目执行情况，协助业主完成完工报告。

项目执行机构负责项目运营，中国进出口银行可监督项目运营并在必要时提供建议。借款人根据贷款协议规定支付利息和费用，并偿还本金。运营一段时间后，中国进出口银行会选择项目进行后评价。

三 前景展望

1995 年援外工作方式改革将政府贴息优惠贷款确定为中国对外援助的三种主要方式之一，经过十几年的改革与发展，当前形势下，优惠贷款将继续作为中国对外援助的主导方式，发挥越来越重要的作用。

（一）优惠贷款特点

对援助国而言，优惠贷款具有以小博大的特点，可使有限的援外资金发挥尽可能大的效用；由银行作为实施优惠贷款援助方式的执行机构，能有效提高援外资金的使用效益；中方企业承担优惠贷款项目的实施，企业不负担债务，综合成本低，不影响企业的继续融资能力，同时促进了我国企业的海外投资，为我国产品开拓了更广阔的市场。同时，优惠贷款方式有助于在受援国和援助国之间建立起长期的合作关系，可以促进双方的良好合作，有利于双方经济增长。中国对优惠贷款的贴息与赠款性质相同，完全属于中央财政支出，且不能收回，但与赠款相比，这部分贴息仍留在国内（留在了中国进出口银行），未改变中国的国际收支平衡表，赠款资金则流到其他国家。

中国对外提供优惠贷款的最主要目的是促进受援国经济的发展，能否达到这一目的是决定中国是否提供优惠贷款以及提供多少的决定性因素。研究表明，优惠贷款援助方式有利于优化受援国财政，提高受援国的国内税收收入；应用于指定领域如农业、教育、能源等领域的优惠贷款，还可降低受援国流向这些领域的资源，改变其国内资源的投向结构。已有学者研究了不同援助方式对受援国经济的影响，发现与赠款或无偿援助相比，优惠贷款能提高受援国的长期经济增长能力。

与发达国家的官方发展援助贷款相比，中国政府对外优惠贷款强调受援国主导，施行"申请主义"，即贷款项目由受援国政府向我国商务部提出申请，或由中外双方企业提出贷款项目申请，这就充分考虑了受援国的自主性和自助努力。同时，中国优惠贷款援助方式充分尊重受援国主权，优惠贷款不附加任何政治条件，不干涉他国内政。

（二）优惠贷款的发展方向

1. 适当提高优惠贷款总量

随着经济实力的提高，国际社会呼吁中国应承担更多的国际责任。与中国日益增长的经济实力相比，中国对外援助总量还有一定的上升空间。1995 年援外方式改革以来，中国援外支出占 GNP 的比例保持在0.04%—0.05%，不仅远小于上世纪六七十年代援外支出占 GNP 达 1%

甚至 2% 的比例，也小于上世纪 80 年代 0.1%—0.2% 的比例，与联合国千年发展目标对外援助达到 GNP 0.7% 的目标相距甚远，与 OECD-DAC 国家对外援助占 GNP 的比例也有不小差距，甚至低于其他新兴援助国，如泰国 2003 年 ODA/GNP 的比例就达到 0.13%。优惠贷款若推行得当，可在不大幅增加政府援外支出的前提下，扩大对受援国援助，有效回应受援国和国际社会对中国增加对外援助的呼吁。但应避免为援助而援助的行为，坚持发展目的的援助支出，而非仅仅追求援助规模。

2. 优化国别结构

优惠贷款的最终目的是促进受援国经济发展，提高受援国福利水平。已有研究表明，不同援助方式对经济增长的作用不同，在政策良好的受援国，优惠贷款可带来较高的经济增长率。优惠贷款实施初期，我国与一些最不发达且没有偿贷能力的国家如苏丹、马里等签订了优惠贷款框架协议，一定程度上影响了我优惠贷款的援助效益。根据国务院援外改革精神，优惠贷款应贷给有偿还能力的国家，且要区别对待重点受援国和一般受援国，主要体现在贷款条件上的差别。在制定国别政策时，可参照国际组织如 IMF 等对发展中国家的债务可持续性与还款能力的评估，在保障优惠贷款可回收的前提下对外提供。

四 优惠贷款保障机制建设

自改革援外工作方式以来，优惠贷款在促进我国对其他发展中国家的援助上作出了较大贡献，但当前我国优惠贷款援助方式仍存在较多问题，急需建立一个完善的优惠贷款保障机制。从优惠贷款面临的国内外环境出发，我们认为优惠贷款的良好健康运行所需的保障机制应包括内部保障机制与外部保障机制两部分。

（一）构建内部保障机制

内部保障机制主要是建立并完善优惠贷款事前评估、事中管理与事后评价机制。目前来看，可从建立优惠贷款风险评估体系、优惠贷款风险基金以及海外投资风险基金三方面入手。

1. 建立优惠贷款风险评估体系

风险评估是在确定优惠贷款项目前对受援国主权风险和非主权风险进行评估，以确保款项的顺利收回。主权风险是指主权国家政府未能履行其债务所导致的风险。主权风险与一国政府的特质有关，对于主权风险，除充分掌握受援国政治体制、经济状况、军事变动等各方面信息，作出合理评价外，还需借鉴国际上国别风险测评机构如国际国别风险指南（ICRG）、穆迪、标普、世界市场研究中心等发布的国别风险报告。非主权风险是项目本身是否能获利的风险。优惠贷款能否能够顺利收回与项目本身是否能够盈利关系紧密，若项目能够盈利，具备偿还贷款能力，一国政府通常会按时还本付息，因为不这样做，其将很难再从国际资本市场借得资金，其他国家也将减少对该国的发展融资。

2. 建立优惠贷款风险基金

优惠贷款风险基金属于中国进出口银行的内部机制，其作用在于，当优惠贷款出现呆账或坏账损失而造成资金周转困难时，可用以保证优惠贷款业务的顺利进行。建立优惠贷款风险基金，可以分散风险，避免呆坏账的出现影响承贷行和优惠贷款业务本身的进展。与国内一般贷款计提一定比例的贷款风险准备金的做法类似，具体运作方式与计提比例可参照外国政府对外援助贷款类似机构的做法。

3. 建立海外投资保险制度

优惠贷款本质上支持的是国际投资项目，但由于优惠贷款的援助性质，所流向的大多数国家投资环境较差，为保障中方企业利益，需要国家给予相应的政策支持，海外投资保险制度是可行选择之一。美国是最早实施海外投资保险制度的国家，为美国企业海外新项目投资提供政治风险保险；日本则为本国企业的海外投资提供政治风险保险及信用风险补偿，涵盖资本金保险和利润保险两方面。

此外，加强援外统计工作，加快援外立法，也是完善内部保障机制的重要途径。2003 年中国已正式启动《中国对外援助条例》的起草工作，以加强援外工作管理，实现援外管理法制化。2004 年开展《援外统计管理规定》《援外计划办法》的征求意见工作，为建立国内良好的制度环境打下了基础，有利于优惠贷款的顺利实施。

（二）营造良好国际环境

外部保障机制指我国优惠贷款面临的国际环境，良好的外部保障机制可使优惠贷款更好地为我国对外经济交流、外交事务服务。良好国际环境的营造需要协调与受援国、其他援助国以及国际组织之间的关系。

为向其他发展中国家介绍我国援外改革措施，推进优惠贷款的实施，20世纪末的几年内，当时的外经贸部举办了多次推介会，受援国已普遍接受优惠贷款援助方式，但西方国家对我国优惠贷款援助方式仍存疑虑。国际社会对中国政府对外优惠贷款的诟病在于，中国优惠贷款的赠与成分较低，不认为其为对外援助而应作为商业贷款看待。既然是商业贷款，中国政府又对其存在财政贴息，使其可以较低利率流入其他发展中国家，挤占了其他国际商业贷款的市场，存在资本补贴之嫌。

自我国开展优惠贷款以来，基本上采取了封闭式运作的模式，这虽然有利于保持我国援外政策的自主性，却也失去了与国际、地区金融机构以及其他国家发展融资机构合作的机会。发达国家仍然是ODA市场的主角，居于援外政府贷款的垄断地位。在对外援助国际规则制定中具有较大话语权，如世界银行、国际货币基金组织（IMF）与OECD规定最不发达国家接受的外国政府贷款的赠与成分必须在35%以上，否则将不再对其提供相应援助。此外，20世纪七八十年代不发达国家产生、积累了大量无法偿还的主权债务，使发达国家开始加强了援外领域的国际合作，陆续调整了援外总体思路。中国政府对外优惠贷款毕竟只有15年历史，与发达国家动辄长达半个多世纪的援外政府贷款机制相比，还有相当的差距。加强与多边及其他双边发展性金融机构的联系与合作，可从管理体系、具体操作等各个层面借鉴其经验，不仅有助于宣传我援外工作方式，促进我优惠贷款业务的长期稳定发展，还可以与其他发展性金融机构联合开展融资业务，多家金融机构共同对项目评估，可提高对项目可行性的把握程度。

参考文献：

黄梅波、胡建梅：《中国对外援助管理体系的形成和发展》，《国际经济合作》2009年第5期。

王冲：《中国对外援助 60 年变迁史》，凤凰博报，2010 - 6 - 13，http：//
blog. ifeng. com/article/5827556 - 2. html。

《真诚相助 共谋发展——中国对外援助 60 周年综述》，新华网，2010 - 8 - 12，
http：//news. xinhuanet. com/politics/2010 -08/12/c_ 12440512_ 2. htm。

薛宏：《援外优惠贷款的条件和方式问题》，《国际经济合作》1997 年第 7 期。

易宗华、曾建业：《对优惠贷款借贷方式的探讨》，《国际经济合作》1997 年
第 5 期。

云宗国、韩晶：《我国政府优惠贷款的国际比较》，《国际经济合作》1997 年
第 4 期。

曾建业：《对政府优惠贷款业务风险的探讨》，《国际经济合作》1997 年第
6 期。

张艳：《从法国公共发展援助看我国优惠贷款的改进与完善》，《国际经济合
作》2002 年第 3 期。

张郁慧：《中国对外援助研究》，中共中央党校博士论文，2006 年。

朱稳根：《援外优惠贷款的现状、问题及思考》，《国际经济合作》1997 年第
3 期。

Feyzioglu Tarhan, Vinaya Swaroop, and Min Zhu, "A Panel Data Analysis of the
Fungibility of Foreign Aid", *The World Bank Economic Review*, 1998, Vol. 12, No. 1.

Gupta Sanjeev, Benedict Clements, Alexander Pivovarsky, and Erwin R. Tiongson,
"Foreign Aid and Revenue Response: Does the Composition of Aid Matter?" International
Monetary Fund, 2003, WP/03/xx.

IMF：《外债统计：编制者和使用者指南》（中文版），http：//www. imf. org/ex-
ternal/pubs/ft/eds/Eng/Guide/index. htm，2003。

IMF, Concessionality and the Design of Debt Limits in IMF-Supported Programs in
Low-Income Countries, March 2010, http：//www. imf. org/external/np/pdr/conc/.

Odedokun Matthew, "Multilateral and Bilateral Loans versus Grants: Issues and Evi-
dence", *The World Economy*, Vol. 27, Issue 2.

Richard Cantor and Frank Packer, "Determinants and Impact of Sovereign Credit
Ratings", *FRBNY Economic Policy Review*, October 1996.

Sawada, Y. , Kohama, H. , Kono, H. , 2004. Aid, policies, and growth: A further
comment. Mimeo.

中国政府对外优惠贷款的现状及前景[*]

胡建梅　黄梅波

摘要：中国政府对外优惠贷款是中国对外援助的重要组成部分，充分发挥了促进受援国和中国经济社会发展的作用。优惠贷款已形成较为完善的管理与执行机制，援外资金流动模式合理，优惠贷款年度分布、地区分布、受援国收入水平等与中国对外援助理念基本相符，优惠贷款在中国对外援助中地位逐步提高，取得了较好的援助绩效。

关键词：优惠贷款；管理机制；统计分析

2011 年 4 月 21 日，国务院新闻办发布《中国的对外援助》[①] 白皮书，这是中国政府第一次将中国对外援助以政府文件的形式公之于众。白皮书介绍了中国对外援助政策、资金、方式、分布、管理以及国际合作等情况。截至 2009 年底，中国累计提供了 2562.9 亿元人民币对外援助，其中优惠贷款 735.5 亿元，占中国对外援助总额的 28.7%。中国政府对外优惠贷款是 1995 年援外方式改革的产物，是中国政府向其他发展中国家提供的具有援助性质的中长期低息贷款。虽起步较晚，但优惠贷款在中国对外援助中的地位却不断上升。

---

　　* 原载于《国际论坛》2012 年第 1 期，第 49—54 页。
　　① 国务院新闻办：《中国的对外援助》，http：//www.scio.gov.cn/zxbd/wz/201104/t896869.htm。

一　优惠贷款的管理与执行

（一）优惠贷款的组织管理机制

中国的对外援助一直是在中央和国务院的直接领导下进行的。其中，优惠贷款的管理涉及较多部门，目前优惠贷款的政府归口管理部门为商务部，此外，外交部、财政部、中国人民银行、中国进出口银行等有关部门在优惠贷款政策和年度计划的制定上发挥各自职能范围内的作用。

商务部负责在国务院批准的对外新签援款年度计划内对外商签优惠贷款政府间框架协议，并原则性规定优惠贷款额度、利率、期限、使用范围等。商务部援外司是优惠贷款的主要负责机构，商务部各驻外商务参赞处协助援外司审核优惠贷款项目，并为中国企业外出考察项目提供必要服务。商务部国际经济合作事务局为优惠贷款业务提供促进、服务和保障工作。此外，商务部财务司、条法司等机构为优惠贷款援助提供各自领域的辅助服务。

外交部从外交领域考察优惠贷款的实施情况，外交部驻外机构是优惠贷款项目的一线管理阵地，为优惠贷款政策制定提供反馈信息，并负责审查援外项目建议。财政部提供优惠贷款贴息资金，中国人民银行负责监督中国进出口银行的优惠贷款业务。此外，地方商务主管部门在优惠贷款项目的管理过程中也起着重要作用，尤其表现在协助商务部对申请援外优惠贷款项目的企业进行资信审核，而且地方商务主管部门必须参加由属地企业执行的援外成套项目的检查验收及重大援外工程的联合检查。

（二）优惠贷款的执行机制

优惠贷款的中方执行主体包括中国进出口银行和中方企业，中国进出口银行是优惠贷款的唯一承贷行，中方企业是优惠贷款项目的施工单位。

1. 中国进出口银行

中国进出口银行（简称口行）是 1994 年为执行优惠贷款业务专门

成立的政策性银行。① 中国政府指定口行为优惠贷款的唯一承贷行，负责优惠贷款项目评审、贷款协议的签订、贷款发放、贷后管理和本息回收等。其中贷款协议须在优惠贷款框架协议规定的贷款条件下商签，涉及贷款种类、用途、金额、币种、利率、期限、采购限制、还款方式、违约责任、还款担保和双方认为需要约定的其他事项。

口行是中国政府的重要政策工具，其在收支平衡的基础上运作，既不获得收益也不需要中国政府的常规补贴。除1995年中央财政拨给口行5亿元外，自1996年起，中央财政援外资金不再对其拨款。口行拥有国际三大评级机构的评级，与中国国家主权信用评级一致，可在国际金融市场发行债券，筹集所需资金。

图1展示了一项典型的优惠贷款业务流程。从受援国向口行提出优惠贷款申请到优惠贷款的还本付息，可分为9个步骤。

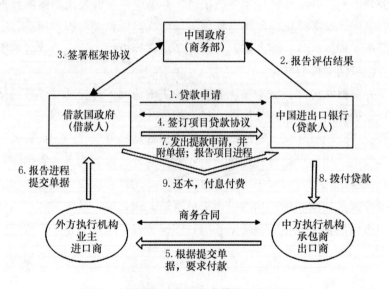

图1　中国进出口银行优惠贷款业务流程图

资料来源：中国进出口银行：《中国政府对外优惠贷款业务》，http://www. eximbank. gov. cn/yewuarticle/yewu/youhuidk/200811/7639_ 1. html，2011年4月25日。

---

① 中国进出口银行：《中国政府对外优惠贷款业务》，http://www. eximbank. gov. cn/yewuarticle/yewu/youhuidk/200811/7639_ 1. html。

2. 中方企业

优惠贷款的借贷方式可分为转贷方式和直贷方式两种①。转贷方式下，口行与受援国转贷机构签订贷款协议，由转贷机构将优惠贷款贷给最终用款人；直贷方式下，口行在征得受援国政府同意后，将优惠贷款直接贷给最终用款人。两种方式下的最终用款人既可以是中外合资企业，也可以是外方或中方企业。实际上，就已实施的优惠贷款项目而言，多数情况下中方企业在项目实施过程中发挥主导作用，尤其在优惠贷款援助方式实施初期，受受援国不利的国内条件以及中方企业资金短缺等因素限制，优惠贷款常直接贷给中方企业实施项目，比较典型的是苏丹模式。② 较低利率的优惠贷款为中方企业进行海外投资提供了便利，援建项目树立了中方企业的良好形象，为其进一步进入受援国市场创造了条件。

商务部历来重视援外企业建设。在主体选择和培育方面，当前形势下中方企业仍是优惠贷款援助方式的主要执行主体，国内企业也充分认识到执行优惠贷款援助项目的优势。随着援外管理机制建设的不断推进，援外主体得到长足发展。截至2006年底，全国共有187家工程建设企业和131家外贸经营企业以行政许可方式获得援外项目实施企业资格，基本形成固定的援外项目勘察设计、施工监理和咨询服务企业群组。

主体监管方面，为保障援外企业利益，2001年商务部建立了对外优惠贷款风险补偿机制，对由于受援国国内战争、政治原因等不可抗力造成的企业风险进行补偿。1999年颁布《对外援助项目奖惩办法》，2003年正式启动对外援助项目奖励评审工作，并出台《对外援助项目奖励表彰办法》。自2007年起，商务部构建了一整套援外企业资信评价制度，并在此基础上建立了鼓励政策和严格的退出机制。为强化援外企业资信鼓励，商务部建立了企业资信评估体系网络平台，并逐步形成高效运作、及时更新的企业资信信息数据库。中国政府还规定优惠贷款项目可享受所在国的有关优惠待遇，主要体现在减免受援国进口关税、我援外企业所得税及贷款本息汇出税等。

---

① 黄梅波：《中国政府对外优惠贷款的发展历程与前景》，《国际经济合作》2010年第11期。

② 受对方政府委托或经对方政府同意，中国进出口银行将优惠贷款直接贷给中方企业，由中方企业承担还本付息的全部责任。

（三）优惠贷款资金流动机制

优惠贷款作为对外援助的一种方式，说到底也是一种资本国际流动形式。中国政府对外优惠贷款资金流动模式如图2所示，因其最早使用在对安哥拉油田基础设施的援助中，故被称为"安哥拉模式"。该模式是在充分考虑受援国国情的基础上形成的、有利于实现三赢的援助资金流动机制，经过多年实践，已赢得受援国的充分肯定，并实现了其预期目的。

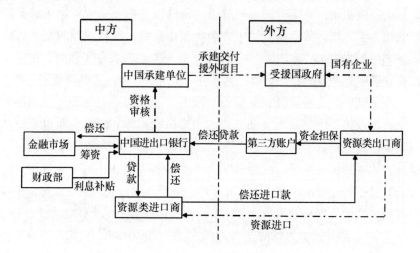

图2　中国政府对外优惠贷款资金流动模式

注：实线表示资金流动方向，虚线表示其他关系。

资料来源：根据陈传《中国在参与非洲基础设施开发中的角色及其影响》，ht-tp：//www. eu-chinapdsf. org/WebSite/eu/UpFile/2011/2011426153652593. pdf（2010年9月）整理。

在中国国内，优惠贷款资金的流动以口行为中心。口行通过发行债券等方式从国内外金融市场筹资，并获得财政部的优惠贷款利息补贴，这些资金构成口行的优惠贷款本金。优惠贷款项目的中方执行机构一般是国内大型企业，可实际承建优惠贷款项目，如石油开发等，通常也是援助项目生产产品的进口商。在征得受援国政府同意后，这些企业可以使用口行提供给受援国的优惠贷款在受援国开展业务。

优惠贷款资金在受援国的流动为：受援国政府根据与中国达成的协

议，利用优惠贷款开发国内资源，并以资源出口收益偿还贷款本息。具体业务过程中，受援国将在口行开立托管账户（escrow accounts），将资源出口收益存入该账户，用于偿本付息。

因此本质上看，上述优惠贷款资金的流动模式将援外资金留在了中国国内，受援国资源出口收益形成的第三方托管账户为优惠贷款本息偿还提供了担保。该模式有利于减少受援国的腐败现象并能有效避免援助资金被挪用，也有利于减少受援国当权者侵占资源出口收益的现象，可实现三赢，具体体现在：中国企业可从受援国直接采购产品，降低了交易成本；解决了受援国资金短缺问题；以受援国政府存在托管账户的资金偿本付息，确保了贷款安全。

二 对外优惠贷款的统计分析

中国尚未建立对外援助统计体系，优惠贷款的国别结构、规模等信息对多数人来说都是难解之谜。优惠贷款的年度规模、地区分布、部门分布等信息是进行深入研究的基础。

（一）对外援助统计现状

中国历来将对外援助作为国家秘密，不仅未公布对外援助统计数据，而且对受援国情况也讳莫如深。《中国的对外援助》白皮书的发布是中国对外援助透明化建设的一大进步。实际上，2008 年温家宝总理已对外公布了中国对外援助的部分信息，[①] 2010 年商务部公布了其对外援助财政预算，[②] 这些行为都是中国对外援助公开化的表现。

至于中国政府不公开对外援助数据的原因，兰开斯特（Lancaster）[③] 认为一是因为中国政府自己也不清楚本国的援助规模，除商务部

---

① 《温家宝在联合国千年发展目标高级别会议上的讲话》，http：//news. xinhuanet. com/world/2008 - 09/26/content_ 10112612. htm。

② 《商务部九成预算支出用于对外援助》，http：//finance. people. com. cn/GB/113 08795. html。

③ Carol Lancaster, "The Chinese Aid System", Center for Global Development, June, 2007, pp. 1 - 7.

的援外预算外，其他部委也有援外预算，当前中国并没有统计所有部委的预算；二是担心引起国内指责，即国内民众不能理解中国在自身仍有较多贫困人口的情况下提供对外援助的做法，甚至有些受援国比中国还富有。除这两个因素外，布罗伊蒂加姆（Bräutigam）[1] 还指出了另外两个因素，一是中国大陆与中国台湾的外交战仍未结束，对外援助仍是中国大陆争取外交资源的手段；二是受中国传统文化的影响，认为宣扬对外援助有炫耀之嫌，是不正确甚至不道德的。

对外援助统计数据的缺乏使得很多研究工作无法进行，降低了中国援外领域研究成果的质量。要想精确衡量中国政府对外优惠贷款对受援国的影响，以实际数据反驳国际社会的指责，需要中国政府公布更多信息，包括优惠贷款的规模与结构等。

（二）优惠贷款统计分析

为深入分析中国政府对外优惠贷款的实施情况，我们尝试性地利用所能找到的公开信息对 1995 年至 2010 年中国政府对外提供优惠贷款的情况进行统计分析。中国官方没有系统公布对外签署优惠贷款框架协议和贷款协议的情况，本文数据主要是根据中国政府官方网站公布的、明确为"优惠贷款框架协议"的签署仪式，以及中国进出口银行签署贷款协议的相关仪式等新闻报道整理得到。受限于早期中国政府较少公布对外经济合作信息，我们收集到的资料并不十分全面。具体的资料来源包括中国对外开放 30 周年回顾展筹备工作办公室编写的《中国对外开放 30 周年回顾展——双边经贸合作大事记》；商务部驻外经商机构网站提供的有关优惠贷款的报道；外交部双边往来有关优惠贷款的报道等。

1. 优惠贷款框架协议的签署情况

根据我们收集到的资料，1995—2010 年的 16 年里，接受中国政府对外优惠贷款的国家遍布各大洲。其中，中国与非洲和亚洲签署的优惠贷款框架协议数最多，占总数的 76.4%（见表 1）。

---

[1] Deborah Bräutigam, *The Dragon's Gift: the Real Story of China in Africa*, New York: Oxford University Press, 2009, p. 166.

表1　　中国政府对外签署优惠贷款框架协议个数（1995—2010 年）

单位：项

年份	亚洲	非洲	欧洲	南美洲	北美洲	大洋洲	小计
1995	..	4	..	..	..	..	4
1996	..	3	..	..	..	1	4
1997	1	2	..	2	1	..	6
1998	2	5	..	2	2	..	11
1999	2	3	..	..	1	..	6
2000	1	3	..	1	..	..	5
2001	2	2	..	1	..	1	6
2002	5	2	..	..	..	..	7
2003	3	..	..	..	..	..	3
2004	8	6	..	2	1	..	17
2005	7	4	..	1	2	..	14
2006	8	15	1	..	3	2	29
2007	5	17	2	3	..	3	30
2008	5	18	..	1	1	2	27
2009	8	15	..	2	4	3	32
2010	2	10	..	1	1	5	19
小计	59	109	3	16	16	17	220
占比（%）	49.5	26.8	7.7	7.3	7.3	1.4	100

注：虽然作者尽力多渠道地获取信息，但由于所能获得的数据均来自互联网上公布的协议签署情况，因此难免存在缺漏。当然，这也与早期中国政府较少公布对外交往情况有关。

资料来源：根据《中国对外开放 30 周年回顾展——双边经贸合作大事记》、商务部驻外经商机构网站等信息整理。

（1）年度分布

从优惠贷款框架协议签署的年度数量看，1995—2003 年，优惠贷款援助方式发展平稳。这与优惠贷款援助方式实施初期，受援国对其缺乏了解，对其效果存在疑虑不无关系。但随着优惠贷款项目的早期成功，越来越多的发展中国家开始理解并接受该种援助方式。优惠贷款援助方式的快速发展也与中国政府的积极推动密切相关，如商务部国际经济合作事务局就主办了多期援外优惠贷款方式研讨班，向广大发展中国家官员介绍优惠贷款援助方式。2004 年和 2005 年优惠贷款援助方式出现了大幅增长。2006 年是中非发展合作突飞猛进之年，该年 4 月和 6 月，胡锦涛主席和温家宝总理先后访问非洲，11 月中非合作论坛北京峰会上胡锦涛主席代表中国政府宣布了支持非洲国家发展的八项举措。为支持中非合作论坛北京峰会的召开，2006 年中国对非洲国家签署的优惠贷款框架协议快速上升。在中非新型战略伙伴关系下，为实现中国政府支持非洲发展八项举措，中国为非洲提供了更多的优惠贷款援助，2007—2009 年双方签署的优惠贷款框架协议较多。此外，自 2004 年起，中国也开始增加对亚洲周边国家的优惠贷款援助（见表 1）。

（2）国家与地区分布

1995—2010 年，共有 78 个国家接受了中国的优惠贷款，其中，非洲和亚洲是主要受援国，分别有 39 个和 20 个国家接受了优惠贷款，此外大洋洲、北美洲、南美洲、欧洲接受优惠贷款的国家数分别为 6 个、6 个、5 个和 2 个。与中国签署优惠贷款框架协议最多的 6 个国家中，非洲和亚洲各有 3 个，分别为博茨瓦纳（6 项）、加纳（6 项）、坦桑尼亚（8 项）和土库曼斯坦（10 项）、越南（8 项）、老挝（6 项）。

（3）受援国收入水平[①]

从优惠贷款受援国的收入水平看，低收入国家有 26 个，中低收入国家 31 个，中高收入国家 18 个，高收入国家 3 个。在与中国签署优惠贷款框架协议的国家中，有 34 个属于国际货币基金组织和世界银行共同发起的重债穷国（HIPC）倡议的受援国，约占总数的 43.6%。

2. 贷款协议发展情况

（1）贷款协议年度分布

再看口行批准的优惠贷款项目数（也即贷款协议）。2004 年之前，口行批准的优惠贷款项目数变化不大，平均每年有 14 个。但 2005 年和 2006 年口行批准的优惠贷款项目出现大幅提高，分别有 24 项和 29 项（如图 3 所示）。

---

① 收入水平标准根据 World Bank，World Bank list of economies，http：//siteresources. worldbank. org/DATASTATISTICS/Resources/CLASS. XLS。

（项）

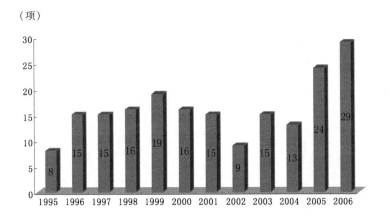

图3　中国进出口银行批准的优惠贷款项目数（1995—2006年）

资料来源：Deborah Bräutigam, *The Dragon's gift*：*the Real Story of China in Africa*，New York：Oxford University Press，2009。

（2）优惠贷款规模

1996—2000年，口行优惠贷款发展平稳，金额都在1亿美元以下。进入21世纪后，优惠贷款金额上升较快。2000年共贷出0.91亿美元，2001年则跃升为1.28亿美元。2004年突破3亿美元大关，2007年达到11.3亿美元，2009年则增长到30.03亿美元（见图4）。

（百万美元）

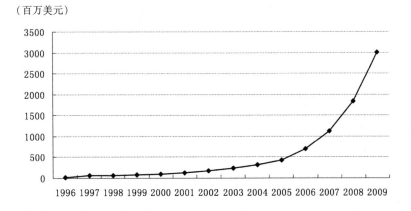

图4　中国进出口银行优惠贷款额（1996—2009年）

资料来源：同图3。

（3）优惠贷款增长率

从口行优惠贷款额年增长率看，除 1997 年优惠贷款实施初期出现过超过 200% 的增长率外，最初几年优惠贷款增长较为平稳，且低于最近几年的年增长率。1998 年规模下降了 7%，2001 年的增长率为40.7%。2002—2005 年的 4 年里，优惠贷款金额年增长率保持在 35%左右，而 2006—2009 年的年平均增长率为 63%（见图 5）。

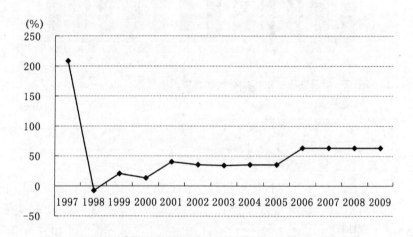

图 5 中国进出口银行优惠贷款金额年增长率（1997—2009 年）

注：本图数据只展示了中优惠贷款的概况，不能反映每年的真实规模。

资料来源：同图 3。

（4）优惠贷款在中国对外援助中的地位

随着优惠贷款援助方式的持续快速发展，其在中国对外援助中的地位也不断上升。1996 年，口行优惠贷款额 0.23 亿美元，占中国对外援助总额的 6%，1997 年这一比重上升到 14%，这一水平一直保持到2002 年。2003 年优惠贷款占中国对外援助中的比例升到 18%，2007 年则快速上升为 37%（见图 6）。

三 中国政府对外优惠贷款成效

截至 2009 年底，中国政府对外签署的优惠贷款框架协议总额达

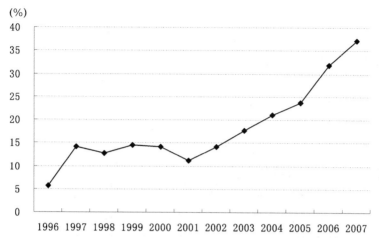

**图 6　中国政府对外优惠贷款额占中国对外援助总额的比重（1996—
2007 年）**

　　注：中国对外援助总额包括中国对外援助财政预算、中国进出口银行优惠贷款
和中国政府对债务国的债务减免三部分。中国的对外援助统计只覆盖了来自于中央
财政的直接转移，也即此处的对外援助财政预算；债务减免是中国政府公布的总债
务减免额的年平均值。

　　资料来源：同图 3。

770 亿元人民币，口行累计签署贷款协议总额达 594 亿元，共支持了 76
个国家的 325 个项目，有效地帮助受援国建设了各类有经济效益的生产
性项目，以及基础设施项目和社会福利项目，为受援国的经济社会发展
做出重要贡献，有效提高了受援国的发展能力和社会管理效率。在已贷
出的优惠贷款中，61% 用于建设交通、通信、电力等基础设施，8.9%
用于支持石油、矿产等能源和资源开发。[1] 截至 2009 年底，已交付受
援国的 157 个优惠贷款项目累计为受援国增加各种税收约 3 亿美元，增
加 30 多万人次就业机会，平均每个项目可使约 1000 万人口受益。[2] 此
外，随着中国优惠贷款项目在受援国的实施，带动受援国新增企业 300

---

　　[1]　《〈中国的对外援助〉白皮书发布（全文）》，http：//www. chinanews. com/gn/2011/04
−21/2989430. shtml。

　　[2]　陈濛：《中国政府签署援外优惠贷款 770 亿元人民币》，http：//gb. cri. cn/27824/
2010/08/12/5005s2952959. htm。

多家，增加受援国出口额 16 亿多美元。

与此同时，优惠贷款援助方式还带动了中国企业走出去，为中方企业赢得了积累海外经营经验、开拓海外市场的机会，促进了中国经济的发展。1995 年以来，优惠贷款项目共带动中方企业对外投资 18 亿美元，平均每个优惠贷款项目带动 2000 万美元，85% 的中方企业实施优惠贷款项目后在当地承担了后续项目或开展了新的投资项目，有效促进了中国企业与受援国企业的合资合作。虽然中国企业直接从援外项目中获得的收益较少，仅有 1%—2%，但从商业项目中的获益却高达 10%—15%。此外，中国援外优惠贷款质量稳定，截至 2009 年底，中国进出口银行共计发放优惠贷款 333 亿元，不良贷款率仅为 3.82%。[①]

随着优惠贷款援助成效的显现，越来越多的发展中国家开始向中国政府寻求优惠贷款援助。尤其是在西方国家开展多年的对外援助成效不显著的情况下，中国政府对外优惠贷款援助方式越来越受到国际社会的肯定。特别是在国际金融危机发生后，西方国家受自身财力等因素的影响，对国际发展援助的热情不高，而中国政府对外优惠贷款和其他对外投资活动则不断增加，相关政策的透明度不断提高，世界银行等国际组织的正面反应越来越多，对优惠贷款的认可度日渐上升。

四 优惠贷款前景

国际援助经验表明，影响援助成效的一个关键因素是援助是否符合受援国的需要。在充分考虑受援国国情的基础上为其提供力所能及的援助，是中国对外援助六十多年来的基本经验。中国对外援助重视从受援国角度考虑各种问题，中国对外援助八项原则在国际经济合作领域独树一帜，对亚非国家的民族解放和经济发展做出了突出贡献。长期来看，中国特色社会主义市场经济的长远发展需要中国维护世界发展道路的多样性，中国也有义务帮助其他发展中国家维护本国发展

---

① 陈濛：《中国政府签署援外优惠贷款 770 亿元人民币》，http://gb.cri.cn/27824/2010/08/12/5005s2952959.htm。

道路的特殊性。

随着中国经济的发展和人民生活水平的提高，中国公众对公共事务的关注度也不断上升。中国对外援助白皮书的发布进一步提高了社会各界对中国对外援助的重视，是积极宣传中国对外援助理念与实际、提高公众意识的重大举措，而公众支持是国家发展援助计划及其改革得以实现的最好保证。

优惠贷款的进一步发展首先需要改革现有的优惠贷款管理机制，适当扩大优惠贷款规模，优化优惠贷款国别结构，平衡内部财政转移和对外财政转移之间的关系，也即处理好国内地区发展不平衡和履行国际义务之间的关系，用有限资金撬动更多资源，产生更好效益。在制定对外援助战略规划尤其是在制定优惠贷款规划时，应考虑中国产业结构的调整方向，优化优惠贷款项目结构，为受援国提供中国的优势产业项目，鼓励更多国内企业利用优惠贷款援助方式走出国门，走向世界。

参考文献：

国务院新闻办：《中国的对外援助》，http：//www. scio. gov. cn/zxbd/wz/2011 04/t896869. htm。

中国进出口银行：《中国政府对外优惠贷款业务》，http：//www. eximbank. gov. cn/yewuarticle/yewu/youhuidk/200811/7639_ 1. html。

黄梅波：《中国政府对外优惠贷款的发展历程与前景》，《国际经济合作》2010 年第 11 期。

《温家宝在联合国千年发展目标高级别会议上的讲话》，http：//news. xinhuanet. com/world/2008－09/26/content_ 10112612. htm。

《商务部九成预算支出用于对外援助》，http：//finance. people. cn/GB/ 11308795. html。

Carol Lancaster, "The Chinese Aid System", Center for Global Development, June, 2007.

Deborah Bräutigam, *The Dragon's Gift*: *the Real Story of China in Africa*, New York: Oxford University Press, 2009, p. 166.

World Bank, World Bank list of economies, http：//siteresources. worldbank. org/ DATASTATISTICS/Resources/CLASS. XLS.

《〈中国的对外援助〉白皮书发布（全文）》，http：//www. chinanews. com/gn/2011/04 - 21/2989430. shtml。

陈濛：《中国政府签署援外优惠贷款 770 亿元人民币》，http：//gb. cri. cn/27824/2010/08/12/5005s2952959. htm。

政府优惠贷款与中国贷方责任的履行[*]

黄梅波　朱丹丹

摘要：1995 年，中国开始通过中国进出口银行向发展中国家提供具有政府援助性质的中长期低息优惠贷款。至今，中国政府优惠贷款在国际主权借贷市场上的地位日益显现，也成为中国履行国际责任的重要手段。但是，中国政府优惠贷款的原则和做法与主权贷方行为的国际规则及发达国家的做法存在较大不同，也因此受到国际社会特别是发达国家的批评和质疑。为充分发挥优惠贷款的作用，更好地履行国际责任，中国政府优惠贷款可以参照主权借贷的国际规则，并借鉴发达国家政府优惠贷款的做法，在透明度、项目融资的可行性调查、债务可持续性等方面进一步改进，提高优惠贷款的使用效果。

关键词：中国进出口银行；政府优惠贷款；国际规则；贷方

政府优惠贷款是一国政府（通常是发达国家和富裕国家政府）向另一国政府（通常是发展中国家）提供的长期、低息贷款，其优惠是通过低于市场的利率、较长的宽限期或两者的结合实现的①。1995 年，中国启动了对外援助机制改革，提出将政府优惠贷款作为主要的援助方式②。近年来，中国的对外优惠贷款数额不断增加，贷款利率由最初的 4%—5%逐渐降低到 2%—3%，偿还期也由 8—10 年扩展为 15—20 年（含 5—7

　＊　原载于《亚太经济》2014 年第 4 期，第 122—128 页。

　①　来自 OECD 术语表：http：//stats. oecd. org/glossary/detail. asp？ID＝5901.

　②　齐国强：《在新形势下进一步改革援外工作——全国援外改革工作会议在京召开》，《国际经济合作》1995 年第 11 期。

年宽限期)①。截至 2009 年底，中国共向 76 个国家提供了优惠贷款，支持项目 325 个，其中建成 142 个②。中国政府优惠贷款坚持互利共赢原则，有效地帮助受援国建设了各类有经济效益的生产性项目和重大的基础设施项目，为他们的可持续发展创造了条件③，充分体现了中国作为负责任的大国对其国际责任的履行，也提升了中国的国家形象。

但是，近年来中国政府优惠贷款也引起国际社会对中国主权借贷规则和做法的批评④，认为中国政府优惠贷款的实施与国际现存的主权借贷的国际规则和发达国家主权借贷的做法存在很大的不同，中国没有承担其应当承担的国际责任。迄今为止，国际组织以及相关 NGOs 为规范国际主权借贷行为，已经制定了近 20 个相关的规则和指南。2009—2012 年，联合国贸易和发展会议（UNCTAD）在这些规则和指南的基础上讨论和通过了《负责任的主权借贷行为原则》（以下简称《原则》）。参考这些国际规则，中国的主权借贷行为，特别是其贷方责任的履行仍存在一些与现有国际原则相悖的情况；与此同时，中国的政府优惠贷款与发达国家（以日元贷款为例）相比，在各方面也存在较大差异。为客观分析发达国家对中国政府优惠贷款诸多指责的依据和立场，判断批评的合理性和谬误之处，有必要深入研究现存的国际社会关于主权借贷行为的国际规则和指南，以及发达国家主权贷款的国别规则和实践，并以此为视角研究中国政府优惠贷款的规则和做法，分析其存在的问题和可改进之处。

一　负责任的主权借贷行为的国际规则

国际社会对主权债务问题的关注由来已久，特别是上世纪末墨西哥

---

① 《中国对外援助白皮书》，国务院新闻办公室，2011 年 4 月 21 日，www. scio. gov. cn（访问时间：2012 年 3 月 15 日）。

② 同上。

③ 《国际基础设施高峰论坛——中国进出口银行优惠贷款部处长王智洁演讲》，建筑英才网，2011 年 5 月 27 日，http://news. buildhr. com/1306473528/91536/1/0. html（访问时间：2013 年 5 月 11 日）。

④ 见 http://bbs. chinanews. com/forum. php? mod = viewthread&tid = 3157175&ordertype = 1（访问时间：2013 年 4 月 12 日）。

债务危机爆发后到现在，对于主权债务管理问题的探讨达到了一个新的高峰。国际社会纷纷要求主权借贷双方承担相应的国际责任，加强对主权债务的管理、防范债务问题和债务危机。为此国际组织及国际社会先后出台了一批规则和倡议，来规范主权债务借贷过程中的各方和各个环节，并尝试解决已经出现偿债困难的主权国家的债务偿还问题。

现有关于主权债务的国际规则可以分为三大类：第一类，债务初始形成规则，主要要求主权借贷双方特别是贷方进行债务发生前的事前审查。根据贷方的不同，国际上现有的债务初始形成规则，主要有规范国际金融组织贷款的国际金融公司出台的"环境和社会可持续性框架"（IFC's Policy and Performance Standards on Environmental and Social Sustainability, and Access to Information Policy）、规范外国政府贷款的"OECD 出口信贷规则"（The Arrangement on Guidelines for Officially Supported Export Credits）和规范私人金融机构贷款的"赤道原则"（Equator Principles），此外还有发挥监督、促进作用的非政府组织 Eurodad 制定的"负责任的融资宪章"（Responsible Finance Charter）。第二类，债务管理规则，主要约束借方在借贷发生后，应进行有效债务管理，减少借贷成本和借贷风险。一套完整的债务管理框架需要具备债务记录和统计、债务管理、分析和评估三个维度，因而该类规则又可据此划分为三个小类。其中，记录和统计维度主要包括 IMF 先后推出的数据公布特殊标准（Special Data Dissemination System, SDDS）和数据公布通用标准（General Data Dissemination System, GDDS）；债务管理维度主要包括 IMF 推出的债务可持续性框架（Debt Sustainability Framework, DSF）、新经济基金会（Nef）提出的可持续债务判断标准和 UNESCAP 制定的《有效债务管理手册》（Manual on Effective Debt Management）；分析和评估维度主要包括 UNCTAD 研制的债务管理与金融分析系统（Debt Management Financial Analysis System, DMFAS）和 WB 推出的债务管理绩效评估工具（Debt Management Performance Assessment Tool, DeMPA）。第三类，债务不可持续时的舒缓规则，主要规定当主权债务无法按期偿还时贷方应采取的应对措施，分为债务减免和债务重组两种。其中，重要的债务减免规则主要有拉美债务危机后期美国政府提出的贝克计划（Baker Plan）、布雷迪计划（Brady Plan）、IMF 和 WB 推出的重债穷国动议（Heavily Indebted Poor Countries Initiative，HIPC）和 G8 提出的多边减债倡议（Multilateral Debt Relief Initiative，MDRI）；根据重组方式的不同，债务重组规则主要包括传统自愿重组方法巴黎俱乐部（Paris Club）和伦敦俱乐部（London Club）、被称为司法方法的 IMF 的主权债务重组机制（Sovereign Debt Restructuring Mechanism，SDRM）、G10 提出的被称为契约/合同方法的集体行动条款（Collective Action Clauses，CACs）以及法兰西银行提出的自愿性方法《良好行为准则》（Code of Good Conduct）和国际金融公司提出《新兴市场稳定资本流动和公平债务重组原则》（Principles for Stable Capital Flows and Fair Debt Restructuring in Emerging Markets）（见表1）。这些规则和指南有的已经在比较广的国家和地区推行和使用，有的则因各种原因遭到搁置，没有得到应用。但是它们都反映了国际社会对主权债务问题的关注，也在一定程度上对提高主权借贷双方的责任性、加强主权债务管理、防范债务危机的爆发发挥了作用。

表1　　　　　　　　　　**主权借贷管理的国际规则**

		相关规则	发布机构/发布时间	
事前——债务初始形成规则		赤道规则	国际金融公司/2003	
		官方支持性出口信贷协议	OECD	1978
		促进对低收入国可持续官方出口信贷的指导意见		2008
		负责任的融资宪章	Eurodad/2008	
事中——债务管理规则	统计和记录维度	数据公布特别标准（SDDS）	IMF/1996	
		数据公布一般标准（GDDS）	IMF/1997	
	分析和评估维度	债务管理绩效评估工具（DEMPA）	WB/2008	
		债务管理与金融分析系统（DMFAS）	UNTACD/1982	
	债务管理维度	可持续债务判断标准	Nef/2006	
		债务可持续框架（DSF）	IMF/2005	
		有效债务管理手册	UNESCAP/2006	

		相关规则	发布机构/发布时间
事后——债务不可持续时的舒缓规则	债务减免	重债穷国计划（HIPC）	IMF&WB/1996
		多边减债计划（MDRI）	G8/2005
		贝克计划 & 布雷迪计划	美国/1985&1989
	债务重组	传统的自愿方法 巴黎俱乐部—官方债权人	十国集团/1961
		传统的自愿方法 伦敦俱乐部—私人债权人	1000 家私营商业银行/60 年代初
		合同方法 CACS 集体行动条款—私人债权人	G10/1996
		司法方法 SDRM 主权债务重组机制—官方债权人	IMF/2001
		自愿方法 良好行为准则—私人债权人	法兰西银行/2002
		自愿方法 新兴市场稳定资本流动与公平债务重组原则	国际金融协会/2004

资料来源：根据世界银行、OECD 等国际组织相关资料整理制作。

在 2012 年 UNCTAD《原则》制定之前，国际社会已有的债务规则几乎都是用来约束借方的，约束贷方行为的规则很少。长期以来，发达国家在国际主权借贷市场上一直以主权贷方的角色出现，他们普遍认为，债务危机主要是由于借方对主权债务管理不善造成的，因此他们制定了一系列借方规则约束主权借方的行为，提高借方的主权债务管理水平。但是近年来，中国等发展中国家新兴贷方异军突起，他们遵循自己的主权借贷原则和做法，具有"南南合作"的特点。新兴贷方的出现虽然可以扩大借贷资金来源，但也给主权债务管理带来新的挑战。鉴于此，2009 年，UNCTAD 推动了"促进负责任的主权借贷行为"倡议，旨在形成一套国际公认的有关"负责任的主权借贷行为"的原则和做法，希望以此规范主权借贷双方的行为，特别是新兴贷方不负责任的借贷行为，迫使其履行相关的国际责任。

经过多次的讨论和修改，2012 年 1 月，《原则》已经形成。该原则以现有主权借贷行为的国际规则为基础，从宏观上分别列出了贷方和借方的责任。《原则》规定的贷方责任主要包括 7 条，分别是（1）明确借款人的代理人职责，维护公共利益；（2）确保借款决策的公开可信；（3）确定借款行为被合法授权；（4）负责任的借贷决策；（5）融资项目的可行性调查；（6）尊重联合国的国际制裁协议；（7）尽快进行债务重组。其中，前三条是关于借款国借款行为的合法性和可信性的认定问题，（4）、（5）、（7）三条针对借贷行为本身，涉及项目的可行性调查、债务可持续性评估及债务减免与债务重组问题。

二 中国政府优惠贷款的做法及其国际 责任的履行情况

中国政府优惠贷款与发达国家的优惠贷款不仅在总额、条件及部门分布方面存在不同，而且在环境和社会影响评估、可持续性分析、透明度等方面的做法也存在较大差异。在通过优惠贷款履行国际责任的过程中，这些差异引起西方国家的非议甚至责难，加之中国自身秉承的原则和做法也存在一些问题，一定程度上影响了中国贷方责任的履行。

（一）借款国借款行为合法性和可信性的认定方面

UNCTAD 原则的前三条是关于借款国借款行为的合法性和可信性认定的。《原则》规定，贷款人贷款前应明确，参与主权借贷交易的借方政府官员作为其国家和公民的代理人有责任维护其公众利益；贷款人有义务尽其所能确保借款决策的公开可信和借款行为被合法授权。中国进出口银行对外优惠贷款的整个过程主要包括贷前评估和审查、贷时管理和监督及贷后偿还和总结[①]。在贷前评估和审查阶段，要确保使用优惠贷款的项目所在国政局稳定、经济状况良好、有偿还能力；同时借款人资信良好、有偿还能力，担保人有代偿能力[②]。可见，中国优惠贷款主要侧重于项目的盈利性，并未对借款国的代理人角色作出强调，更没有对借款国的政府治理、民众的支持度等作出规定，这和日元贷款等国

---

① 根据《中国进出口银行对外优惠贷款暂行办法》（1996 版和 2000 版）总结所得。
② 见中国进出口银行，《中国进出口银行对外优惠贷款暂行办法》（2000）第七条。

际做法差别很大，也不同于 UNCTAD 原则的规定。正因如此，西方国家对中国的对外援助一直都有非议，特别是对非洲的援助，各种标签都有，新殖民主义、资源掠夺、加剧腐败等；但实际上，最大的分歧还在于中国的援助坚持不附带任何政治条件，与西方的做法大相径庭①。中国政府优惠贷款的原则与中国对外援助的原则相同，主要体现为周恩来总理在 1964 年提出的"援外八项原则"。中国尊重各受援国自主选择发展道路和模式的权利，绝不把提供援助作为干涉他国内政、谋求政治特权的手段。

（二）融资项目的可行性调查方面

《中国进出口银行对外优惠贷款暂行办法》（下文简称《办法》）指出，在优惠贷款的贷前评估和审查阶段，中国进出口银行会对借款人和项目本身开展可行性调查，主要对受理项目的可行性及借款人的资信、财务状况和偿债能力进行审查。中国进出口银行也制定了一系列指导原则解决项目的环境和社会影响问题。2004 年，中国进出口银行采取了一项环境政策，用于处理工程实施前、实施中和实施后的环境问题。该政策要求对融资项目开展环境影响研究，并声明"对环境有害或未经环境部门批准的项目将无法获取贷款"，且"一旦项目实施过程中产生了任何负面的不可接受的环境影响，中国进出口银行可要求实施单位立即采取补救或预防措施，否则将停止贷款"。② 2007 年 5 月和 7 月，中国进出口银行分别与世行和国际金融公司（IFC）签订了谅解备忘录，该行将与世行和 IFC 合作提供环境问题咨询服务。③ 2007 年 8 月，中国进出口银行制定了更具体的社会和环境影响评估指导准则。④

尽管中国进出口银行在政府优惠贷款项目的可行性调查特别是环境和社会影响评估方面已经做了大量的工作，也取得了可喜的进展。但是与 UNCTAD 原则及发达国家的政府贷款如日元贷款对比仍存在较大差

---

① 见贺文萍《以经济优惠贷款为主方向，中国对外援助 1700 亿》，http://finance. 21cn. com/news/macro/2011/12/22/10221195. shtml（访问时间：2013 年 5 月 20 日）。

② 见 Peter Bosshard, "China's Environmental Footprint in Africa", p. 12.

③ Ibid. , p. 13.

④ Ibid. , p. 12.

距。UNCTAD《原则》的贷方原则第五条——项目融资的可行性调查——规定，在对债务国的项目提供融资时，贷方有义务对项目的可行性进行事前调查，如需要，还要进行拨款后的监督，项目可行性调查包括其财务、运作、民事、社会、文化和环境影响。至于日元贷款，首先，日元贷款对于环境和社会影响的评估有三个《指导原则》①，明确制定了预防环境和社会影响的具体标准和实施程序，并与国际标准如赤道原则挂钩；而相比之下，中国只是制定了较为模糊的政策和指南，与国际标准仍有差距且缺乏可执行性。其次，日元贷款制定了项目实施过程中具体的环保计划，利于预防和扭转负面的项目影响；而中国只是强调"可停止贷款"，并未提出有效的应对和解决方案。再次，日元贷款在项目完成后仍然强调对项目的环境及其他影响的监督，并要求受援国提交相关报告，中国对此并未作出规定。最后，日元贷款强调关于项目可行性调查的信息披露，并提高外部咨询委员会的参与度，这也是中国政府优惠贷款所欠缺的。

（三）借款国债务可持续性分析方面

UNCTAD 贷方原则第四条强调，贷方有责任基于最佳可得信息和关于尽职调查的技术规则，对借方偿还贷款的能力做出现实的评估。《办法》中虽然提及对借款人的偿债能力进行可行性调查，但并未明确提及债务可持续性问题。事实上，自 IMF 和世界银行 2005 年制定 DSF 以来，中国一直游离于国际债务可持续性框架之外。因此，和日元贷款不同，中国优惠贷款没有依据 DSF 开展 DSA，也基本没有进行系统的风险管理计划。而且，在提供优惠贷款时，中国很少和其他债权国合作，也未考虑它们提供债务和债务减免的情况。Todd Moss and Sarah Rose（2006）认为，中国的优惠贷款会出现"搭便车"问题，即因其

---

① 迄今为止，日本国际协力机构（Japan International Cooperation Agency，JICA）和日本国际协力银行（JBIC）共提出三个指南，用于指导日元优惠贷款中环境和社会影响的评估和审核，分别是 1999 年的《JBIC 日元贷款环境影响指导原则》（*JBIC Guidelines for Environmental Considerations for ODA Loans*）、2002 年的《JBIC 确定环境与社会影响指导原则》（*JBIC Guidelines for Confirmation of Environmental and Social Considerations*）和 2010 年的《JICA 环境与社会影响指导原则》（*JICA Guidelines for Environmental and Social Considerations*）。

他债权人的债务减免而使中国的优惠贷款增加，从而可能使债务国再次陷入债务不可持续状态。[①]

（四） 债务减免与债务重组方面

《原则》第七条规定，在主权借方明显无法偿还其债务的情况下，所有贷方有责任本着诚信为本、精诚合作的精神，尽快达成各方同意的债务重组协定。一直以来，中国在借贷市场上主要是作为借方角色存在。中国利用外部贷款始于 1979 年，1979—1982 年贷款总额仅为102.4 亿美元；截止到 2000 年，中国利用外部贷款的存量约为 282.82亿美元；2009 年则增加到 717.71 亿美元；2010 年略有回落，为 708.78亿美元。作为一个新兴的主权贷方，中国的债务减免方式一般是延期或减免政府无息贷款，同时采取措施加强双边贸易和投资往来，促进债务国的经济发展，提高其偿债能力。自 2000 年以来，中国多次减免了一些国家的债务[②]。到 2010 年，中国已减免了非洲重债穷国 200 多亿美元的贷款，但是中国并没有系统的债务减免框架。不仅如此，中国更缺少债务国债务不可持续后的债务重组框架。日元贷款减免是在重债穷国动议和多边减债倡议的框架下进行的，其债务重组则是依据巴黎俱乐部债务重组规则，因而与多边债权人合作密切，债务减免和重组机制也相对完善。然而，中国的债务减免不是在重债穷国动议和多边减债倡议框架下开展的，因而并未附加结构性调整限制，这与发达国家的债务减免有本质区别。中国的债务重组机制通常是单方面采取延长政府无息贷款的还款期或对其进行债务减免，极少与其他债权人协商开展债务重组。

（五） 优惠贷款的透明度方面

UNCTAD 借方原则第 10 和 11 条规定，借方应确保主权借贷的透明度，完整、准确地披露和公布与其债务状况相关的经济信息，但并未就

---

① 见 Todd Moss and Sarah Rose，"China ExIm Bank and Africa：New Lending，New Challenges"，2006，p. 3.

② 关于减免国家和数额见《中国再次大规模减免他国债务，已减免非洲国家 200 多亿》，《南方周末》电子报，2010 年 9 月 24 日，http：//www. infzm. com/content/50494（访问时间：2013 年 4 月 18 日）。

贷方的信息透明度做出规定。但是，国际社会普遍认为，贷方政府应向公众和投资者公布其经济状况及借贷信息，这既是对纳税人和投资者负责，也便于主权贷方之间的合作。我国对 IMF 的数据公布标准总体呈支持态度，但选择先加入标准相对较低的数据公布通用标准（GDDS），而把标准较高的数据公布特殊标准（SDDS）作为改进我国数据公布工作的框架目标。2002 年 4 月 15 日，中国正式成为 IMF 数据公布通用标准（GDDS）的签约国。之后，国家统计局于 2003 年 4 月印发《中国 GDDS 工作规则》，并据此规则制定了《短期改进计划》和《中期改进计划》，同时成立了"GDDS 工作（中国）领导小组"和"GDDS 工作办公室"①。通过贯彻执行 GDDS 标准，我国在提高统计数据编制和发布的透明度、改进统计数据的质量、扩大统计服务等方面都取得了明显的进展。对照国际标准，我国统计制度现状基本接近 GDDS 的要求，但与 SDDS 相比，还存在一定的距离。从国家统计局的短期及中期改进计划来看，存在一些为适应 SDDS 的改进措施，这说明我国已经开始向 SDDS 过渡。然而，中国进出口银行并未像日本或其他贷方那样公布其借贷活动，也未对借方提出向国际社会和公众报告借贷活动的要求。因此，很难了解每一笔贷款的确切数额、贷款条件和优惠程度，更无法进行国际间的比较。

三 中国政府优惠贷款的改进方向

中国在提供优惠贷款、承担国际责任时，要在坚持原则的基础上尽力提高自身的管理水平。一方面要适度借鉴国际社会的原则和做法，积极融入国际规则和制度中，另一方面要切记"共同但有区别的责任"这一原则，正确认识自身做法与国际社会的不同，并采取措施扬长避短。

（一）扩大贷款资金来源，适当提高优惠程度

在承担国际责任时，中国要平衡"有所作为"和"量力而行"之

---

① 中华人民共和国统计局网站，http：//www.stats.gov.cn/tjdt/zgjrgdds/t20031222_129061.htm（访问时间：2013 年 6 月 5 日）。

间的关系，处理好承担国际责任与发展自己之间的关系。一方面，可贷款余额与一国整体的经济状况密切相关，由于中国是发展中国家，因而中国的优惠贷款要量力而行，兼顾自身利益，争取互利共赢，切忌盲目增加贷款的做法。另一方面，在国力允许的范围内，中国应当适当增加贷款总额、尽可能地降低贷款利率并延长贷款期，从而提高优惠程度。2011 年《中国对外援助白皮书》中，中国政府已经承诺，作为国际社会的重要成员，中国将一如既往地推进"南南合作"，在经济不断发展的基础上逐步加大对外援助投入，推动实现联合国千年发展目标。

在可贷款总额不能迅速增加的前提下，中国必须提高优惠贷款使用的质量，从而提高贷款的有效性。近年来，瑞典等援助国逐渐减少受援国的数量，以集中利用有限的援助资金，实现最大的资金利用效益。中国优惠贷款也可效仿这一做法，优化贷款的国别结构，对不同借款国区别对待，减少对那些滥用优惠贷款或贷款使用有效性较低、偿债能力较差、政府治理能力较差的国家的优惠贷款，从而提高中国优惠贷款的经济和社会效益。

（二）注重借款国借款行为的合法性和可信性的认定

中国对外援助的一个重要特征就是不附加任何政治条件。但是为保证对外贷款的安全性和可持续性，在遵守中国对外援助基本原则的基础上，有必要对借款国借款行为的合法性和可信性进行认定。要认定借款国借款行为的合法性和可信性，最重要的就是在项目的可行性调查阶段进行信息的搜集和评估。信息的搜集既可以通过与当地官方机构、民间团体及其他利益相关方进行广泛的沟通直接获取，也可以通过本国在当地的使馆、办事处等间接获取，还可以通过与其他债权人的交流和合作了解借方的资信情况。在合法性和可信性评估过程中，中国要确保各债权方和债务方的参与度及评估结果的传播和获取，必要时可以聘请外部委员会进行咨询和指导。针对借贷活动中的腐败问题，中国要依据提前制定的应对方案，尽可能地采取整治措施，而不能仅仅采取停止贷款的方式。

（三）注重项目融资的可行性调查

为了确保中国的对外优惠贷款能够切实收到预期的经济效益及其他

效益，避免对东道国的环境和社会造成不良影响，中国应该在贷款协议中进一步明确规定环境和社会影响评估条款，并切实履行评估责任，监督项目的整个运作过程。更进一步，中国可以参考赤道原则，制定适合本国金融行业的环境和社会标准。首先，可以兴业银行为指导，组建一个赤道原则研究团队；并与国际金融公司、世界银行等国际金融组织加强沟通和合作，学习其赤道原则的实施经验。其次，结合本国国情，制定适合中国经济发展水平的环境和社会影响评估标准，并详细规定其实施方法和程序。最后，根据项目潜在的环境和社会影响有选择地采取相关标准，监督项目的实施，并在项目完成后再次进行环境和社会影响评估和总结，提出改进建议。

（四）注重债务国的债务可持续性分析

当评估借方的偿债能力时，中国可考虑联合国统计委员会所采用的国民账户系统，全面且真实地考虑借方的财政状况，并结合中国具体国情，建立中国的债务可持续框架。第一，把握总体原则。中国总体原则是，根据《蒙特雷共识》，提供发展援助是发达国家的义务，而中国愿意在力所能及的范围内为其他发展中国家提供发展援助。但中国无义务比照 OECD 的优惠贷款的条件，包括优惠水平和非捆绑援助水平等来提供贷款；当然，也无需完全按照债务可持续性框架的要求提供优惠贷款[1]。第二，积极参与协调，掌握主动。在把握总体原则的前提下，中国应尽可能地参与到债务可持续性框架的修订工作中；联合其他发展中贷款国，督促世行和 IMF 完善其债务可持续性框架，促进其重点从单纯控制贷款数量向提高贷款质量转变。第三，加强债务风险评估和监测，建立中国的优惠贷款保障机制。可适当借鉴世行和 IMF 的债务可持续性框架，加强债务风险评估和监测，保证借款国的债务可持续性；同时，可通过分析中国优惠贷款风险的形成机制和传导机制，建立优惠贷款风险基金和海外投资保险制度，从而建立中国优惠贷款的保障机制。

---

[1] 《低收入国家债务可持续性框架》，威海市财政局信息网，2007 年 6 月 20 日，http：//whcz. gov. cn/art/2007/6/20/art_ 5364_ 258769. html（访问时间：2013 年 6 月 22 日）。

（五）债务减免和重组的参与问题

中国应该意识到未来可能会出现需要债务减免与债务重组的情况。在债务减免方面，中国可借鉴重债穷国减免计划和多边减债计划进行债务减免，这就需要加强与多边组织的协调；债务重组则涉及其他债权人，因而需要与其他债权人合作进行。实际上，在全球一体化背景下，中国的对外优惠贷款要获得长远发展，必须适度采取开放式运作模式。中国要积极参加多边发展机构举办的会议和论坛等，并尽量参与到其贷款规则的讨论和制定中；加强与多边机构和其他债权国在该领域的经验借鉴和合作，从而更好地促进中国优惠贷款的实施，提高优惠贷款的有效性。到目前为止，国际上尚未形成一个统一的主权债务重组机制，中国可趁此机会积极参与国际主权债务重组机制的修订，争取在新规则中维护自身权利。

（六）提高优惠贷款的透明度

为了回应国际社会对中国援外数据透明度的要求，便于与其他债权国的协调，中国应切实提高优惠贷款的透明度，并改善数据的时效性和质量。首先，作为国际货币基金组织数据公布通用标准的签约国，中国应依照该标准的要求，逐步缩小其数据公布透明度与预期目标的差距，争取早日成为数据公布特殊标准的签约国。其次，作为贷方，中国进出口银行也应该及时、公正地公布优惠贷款的额度、分配及其执行情况的相关内容。最后，应在贷款协议中要求借方完整、准确、及时地公布其债务、财政和经济数据，提交项目进度报告；必要时实地检查项目实施进度、资金的使用情况及其他相关活动。

参考文献：

James Harmon, Jon Sohn, "Diverging Paths: What Future for Export Credit Agencies in Development Finance?" World Resources Institute Report, 2005.

"Operational Guidance on Preparation for Japan's ODA Loan Projects", JBIC, 2004.

"JICA Annual Report 2010", JICA, 2010.

"2010 Annual Evaluation Report", JICA, 2010.

OECD/DAC,《日本同行评议 2010》, 2010.

日本外交部经济合作局, "Japan's Official Development Assistance Charter", 2003.

Deborah Brautigam, *The Dragon's Gift: The Real Story of China in Africa*, Oxford University Press, 2009.

Yiagadeesen Samy, "China's Aid Policies in Africa: Opportunities and Challenges", The Round Table, 2007.

黄梅波、胡建梅:《中国政府对外优惠贷款的发展历程与前景》,《国际经济合作》2010 年第 11 期。

易宗华、曾建业:《对优惠贷款借贷方式的探讨》,《国际经济合作》1997 年第 5 期。

张艳:《从法国公共发展援助看我国优惠贷款的改进与完善》,《国际经济合作》2002 年第 3 期。

从人均收入视角看中国的对
外援助义务的履行[*]

黄梅波　　熊青龙

摘要：本文首先分析了发达国家发展援助的履行状况，探讨了现有基于国民总收入筹资模式的不足，并创新性地提出了基于人均收入水平的改进筹资模式。其次，利用发达国家的数据对人均收入筹资模型进行了参数估计。最后，本文探讨了中国对外援助的履行情况，如果按照人均收入模型，发现中国长期以来实质上是在"超标准"实行对外援助；与此同时测算了四种援助模式下中国未来10余年内的援助规模。本文的中心结论是：当前的国际发展援助筹资规则并不科学，而人均收入水平应纳入考虑因素；此外，按照人均收入水平看，中国当前在超标履行国际援助义务。

关键词：中国援助义务；官方发展援助；人均收入水平

近年来由于西方发达国家经济疲软，而包括中国在内的新兴市场国家经济迅速崛起，其国际地位持续上升，与此同时国际上要求新兴市场国家承担更多国际责任的呼声也不断高涨，这些责任涵盖国际援助、环境保护、气候变化、市场开放和金融稳定等方面。对于国际发展援助而言，西方发达国家不断对新兴市场国家施加压力，要求新兴市场国家分担更多国际援助义务，提高援助金额，弥补国际援助资金缺口。

对于中国而言，经济总量已跃居世界第二，而人均收入却低于世界

---

* 原载于《国际经济合作》2014年第6期，第55—61页。

平均水平。中国在存在大量贫困人口的同时，依然向广大的发展中国家提供力所能及的援助。实际上中国政府当前正面临着内外的双重压力，一方面是国内百姓对对外援助的质疑，另一方面是国际社会觉得中国援助得不够。中国究竟应该向外提供多少援助？现有按照经济总量基准提供援助是否合理？应该如何衡量中国在提供 ODA 方面的表现？这些正是本文尝试回答的问题。

本文提出了 ODA 筹资目标应基于人均国民收入指标，而不应基于国民总收入指标，由此构建了相应的 ODA 筹资模型，并利用 OECD 国家的 ODA 数据，对新模型的相关参数进行了简单估计。本文按照发达国家的援助行事标准来测度新世纪以来中国的援助情况，认为中国在"超标准"履行发展援助义务。同时假设了四种不同援助模式，并基于不同援助模式测算出中国 2025 年前的援助规模变化情况。

一 现有筹资模式的履行、不足与改进

多年以来，联合国要求发达国家按照国民总收入（Gross National Income，GNI）的 0.7% 的目标提供官方发展援助（Official Development Assistance，ODA）①，绝大多数发达国家也承诺按照 0.7% 的目标履行义务。早在 1970 年的联合国安理会改革中，按照 GNI 的 0.7% 目标提供官方援助被首次正式提出，并在后来的多次国际会议和协议上得到重复确认，其中包括非常重要的 2002 年蒙特雷筹资大会。蒙特雷筹资大会认为国际社会提供足够的援助是实现千年发展目标的关键，并重申了发达国家应提供 GNI 的 0.7% 资金进行官方发展援助。最近，在 2012 年的"里约 + 20"可持续发展大会上，又重申要求发达国家履行承诺，向发展中国家提供占其 GNI 的 0.7% 的官方发展援助。总之，按照国民总收入的 0.7% 的标准提供发展援助成为考察发达国家履行援助义务的关键指标。

---

① 这些要求体现在众多联合国会议成果文件中。其中，新世纪以来重要的会议包括 2002 年蒙特雷筹资大会和 2012 年联合国可持续发展大会。

（一）发达国家援助义务的履行状况

发达国家提供援助的主体是 OECD 的发展援助委员会（DAC）国家，OECD 国家占据国际 ODA 的绝大部分。虽然发达国家官方发展援助金额持续增加，2012 年底已达到 1300 亿美元，但援助金额与其承诺目标还相差甚远。绝大部分发达国家没能达到约定的 0.7% 的目标，其援助金额占比一直在 0.2%—0.4%，导致每年援助资金缺口 1500 亿美元左右。2003—2012 年的数据显示 OECD 的平均援助水平一直在 0.3% 附近徘徊，而 G7 国家的平均水平还要略微低于 OECD 的水平，G7 国家中如果按照援助占 GNI 比重来衡量，最慷慨的国家是英国和法国，而最吝啬的国家是意大利和美国。（数据参见表 1、图 1 和图 2）

从表 1、图 1 和图 2 可以清晰地知道，整体看，2003 年以来发达国家没有很好履行援助目标，实际所提供的援助离设定 0.7% 的目标相距甚远。

表1　各主要国家和组织援助数据（2003—2012 年）（ODA/GNI，%）

年份	OECD 平均	G7 平均	美国	日本	德国	法国	加拿大	英国	意大利
2003	0.24	0.21	0.15	0.2	0.28	0.4	0.24	0.34	0.17
2004	0.25	0.22	0.17	0.19	0.28	0.41	0.27	0.36	0.15
2005	0.32	0.3	0.23	0.28	0.36	0.47	0.34	0.47	0.29
2006	0.3	0.27	0.18	0.25	0.36	0.47	0.29	0.51	0.2
2007	0.27	0.23	0.16	0.17	0.37	0.38	0.29	0.36	0.19
2008	0.3	0.25	0.18	0.19	0.38	0.39	0.33	0.43	0.22
2009	0.31	0.26	0.21	0.18	0.36	0.47	0.3	0.51	0.16
2010	0.32	0.28	0.21	0.2	0.39	0.5	0.34	0.57	0.15
2011	0.31	0.27	0.2	0.18	0.39	0.46	0.32	0.56	0.2
2012	0.31	0.28	0.19	0.17	0.38	0.45	0.32	0.56	0.13

数据来源：OECD/DAC。

（二）现有筹资模式的不足

实际上，联合国要求发达国家按照 GNI 的固定比例提供 ODA，可

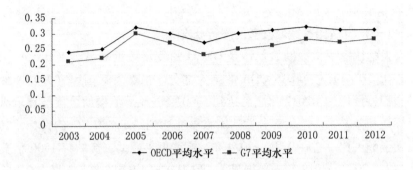

图1　OECD 和 G7 的平均援助水平（2003—2012 年）（%）

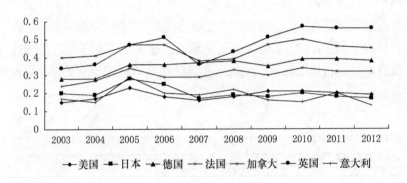

图2　G7 各国的援助水平（2003—2012 年）（%）

用公式表示为：

$$ODA = a \times GNI \tag{1}$$

其中，a 表示比例系数（目前 a 可以视为等于 0.7%），ODA 表示一国提供官方发展援助金额，GNI 表示一国的国民总收入。

按照 GNI 的 0.7% 的比例来安排各国提供 ODA 金额的大小，其背后的逻辑是国力强的国家应多提供援助资金，国力弱的国家可相应少提供援助资金。但是这里衡量一国国力使用的是一国国民总收入，而非人均国民收入，实际上忽视了国际援助人均负担的问题。

从政治上来讲，各国按照经济总量的 0.7% 的提供发展援助，表面看似乎比较"公平"，实则不公平。事实上发达国家间人均收入也存在较大差距，现有筹资模式不能体现人均收入高的应负担更多的原则。另外，将来逐渐会有更多的新兴市场国家也将步入发达国家的行列，如果简单按照 GNI 基数来分配资金的筹集，简单按照 0.7% 的原则提供援助，可能会导致人均收入 1 万美元和人均收入 5 万美元的国家的人均援助负担率都相同，不能体现收入差距的事实，这其实是一种新的不公平。所以说，援助资金的筹集应该既要考虑各国的经济总量水平，也要考虑人均收入水平。

（三）基于人均收入指标的改进

国际援助的终极目标是消除贫困，而贫困按照世界银行的标准是按照日人均收入来衡量的。官方发展援助的主体是国家，但是承担官方发展援助的是一国的纳税人，人均收入是衡量一国财富的更好的指标。如果将国际援助看成一种国际转移支付形式，那么资金提供方理应要考虑人均收入的指标来安排转移支付，即人均收入越高，则应该提高援助负担率，类似于一种累进税收。

我们不妨用 ANI（Average National Income）表示人均国民收入，用 N 表示各国人口数量，则，$GNI = ANI \times N$。用 ODA 表示各援助国官方发展援助金额，用 GR（Gross Rate）表示官方发展援助金额与国民总收入之比，即，

$$GR = ODA/GNI \tag{2}$$

用 AODA（Average ODA）表示援助国人均官方发展援助金额，AR（Average Rate）表示人均官方发展援助金额与人均国民收入之比，即，

$$AR = AODA/ANI \tag{3}$$

由于 $AODA \times N = ODA$，且综合式（1）、（2）、（3），显然有：

$$AR = （AODA \times N）/ （ANI \times N）= ODA/GNI = GR \tag{4}$$

依据前文的论述，国际援助的筹资目标如果着眼于人均国民收入（用 ANI 表示）来制定累进比例，而不是国民总收入（GNI），我们可以建立下述关键等式：

$$GR = AR = b_1 + b_2 \times ANI \tag{5}$$

其中 GR、AR 和 ANI 如前文定义，b_1 是基础比例系数，b_2 是随人均收入水平累进的系数。等式（5）的含义是：各国提供援助比例应该包括两部分，一部分是基础比例，另一部分是按照人均收入水平增长而增

长的比例。

由公式（5）自然可以得到等式：

$$ODA = b_1 \times GNI + b_2 \times (ANI \times GNI) \tag{6}$$

如果忽略 GNI 与 GDP 差异，ANI 与人均 GDP 的差异，可直接用 GDP 代替 GNI，用 AGDP（代表人均 GDP）代替 ANI，则等式（6）可以写为：

$$ODA = b_1 \times GDP + b_2 \times (AGDP \times GDP) \tag{7}$$

等式（7）意味着援助金额 ODA 主要取决于 GDP 和 AGDP 的影响，只不过其中 AGDP 是以交叉形式与 GDP 联合影响 ODA。

二　人均收入筹资模型的参数估计

至今为止，本文还未能确定新模型的参数，实际上确定新模型的参数必需依赖于国际社会的协商，但是如果从理论上先确定相关的参数，再利用所估计的模型与中国的对外援助进行比较分析，也许会得到有益的洞察。因此现在回到对等式（5）：$GR = AR = b_1 + b_2 \times ANI$ 的参数估算上来。

（一）数据选择

OECD 中的 34 个国家都对外提供发展援助，由于包括非 DAC 国家的人均收入水平的差距范围更大，有更多较低人均收入的国家包含在内，经济水平更接近新兴国家的情况，于是选用全部 34 个 OECD 国家作为样本。根据本文模型参数估计的需要，选用横截面模型进行估计更加合理。ANI 是根据世界银行公布的各年各国人均国民收入计算而来，同时为了减少经济数据的波动性，把 2009—2011 年共 3 年的平均数作为各国的 ANI 数据；同样，将各国 2009—2011 年共 3 年的 GR 的平均数值作为 GR 数据（具体数据参看表 2。）从这三年的平均数值看，智利、墨西哥和土耳其是 ODA 资金的净输入方，其余国家都为 ODA 资金的净输出方。

表2　OECD 国家 ANI 与 GR 平均值（2009—2011 年）

国家	澳大利亚	奥地利	比利时	加拿大	智利	捷克	丹麦	爱沙尼亚	芬兰	法国	德国	希腊
ANI	46063	47280	45563	43566	11003	18310	59363	14557	47147	42330	43363	26303
GR	0.32	0.297	0.577	0.32	-0.06	0.123	0.88	0.103	0.54	0.477	0.377	0.17
国家	匈牙利	冰岛	爱尔兰	以色列	意大利	日本	韩国	卢森堡	墨西哥	荷兰	新西兰	挪威
ANI	12857	35987	42467	27237	35470	41510	20080	72736	9000	48940	28940	87013
GR	0.1	0.283	0.523	0.073	0.17	0.187	0.113	1.02	-0.05	0.793	0.273	1.143
国家	波兰	葡萄牙	斯洛伐克	斯诺文尼亚	西班牙	瑞典	瑞士	土耳其	英国	美国		
ANI	12373	21590	15973	23757	31493	50920	72123	9787	39163	47310		
GR	0.083	0.277	0.09	0.137	0.393	1.037	0.427	-0.024	0.547	0.207		

注：ANI 单位为美元，GR 单位为%。

资料来源：Word Bank 和 OECD/DAC。

（二）数据处理和参数估计

为了消除异方差问题，本文将数据进行自然对数化处理，用 LGR 表示取自然对数后的 GR 数据，LANI 表示取自然对数后的 ANI 数据；为了使对数化有意义，将三个资金净输入方国家（智利、墨西哥和土耳其）剔除，因此样本数为 31 个。

将 ANI（LANI）和 GR（LGR）的散点图描绘如图 3 和图 4，图 4 的数据是取自然对数后的图形。综合图 3 和图 4，可以发现 GR 同 ANI 之间呈现较强的线性关系，进一步计算发现 GR 同 ANI 的线性相关系数为 0.81，LGR 和 LANI 的线性相关系数为 0.85，这也印证了采用线性模型的合理性。

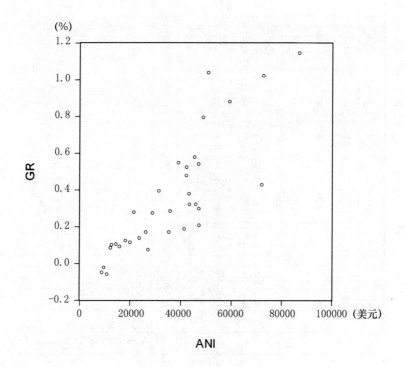

图 3　ANI 和 GR 分布散点图

本文用 OLS 方法，回归结果如下：

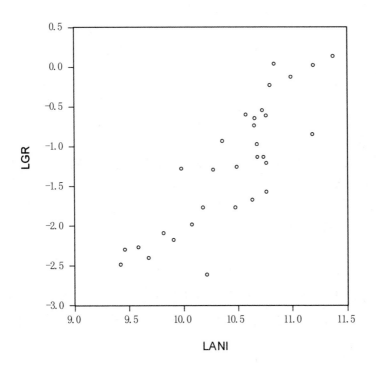

图 4　LANI 和 LGR 分布散点图

$$LGR = -15.2698 + 1.3422 \times LANI \qquad (8)$$

$$t = (-9.3201)(8.5705)$$

其中，$R^2 = 0.7169$，调整的 $R^2 = 0.7072$，$F = 73.4531$，$DW = 1.8332$。该模型表明，模型能够拟合数据的 70% 以上，t 统计量显示回归系数是显著的；在 5% 的显著水平上，DW 值显示残差不存在序列自相关性；在 5% 的显著水平上，用 White 检验异方差，模型不存在异方差问题。模型表明，随着人均收入的提高，援助比例是增加的。由于对数线性模型中的系数，实质上度量的是因变量对自变量的弹性。因此，该模型系数显示人均国民收入（ANI）每提高 1%，则可以引起 GR 提高 1.3422%；人均国民收入（ANI）每降低 1%，则 GR 降低 1.3422%。

等式（8）实际上是用发达国家的横截面数据所拟合出的一条援助

与人均收入的直线，它能够帮助我们按照人均收入水平来衡量各国的援助履行情况。当然，这种经济意义只是建立在"默认"现行 OECD 国家 2009—2011 年的援助行为之上，其目的是为中国的援助义务提供一个简单的参考基准。

三　中国对外援助的履行

进入新世纪以来，中国逐渐加大了对外援助，中国正从传统的受援国向援助国地位转变，正如本文开头所说一样，国际社会对中国当前的援助规模似乎是不满意的。因此，有必要对中国对外援助状况进行评估，以科学评判中国是否恰当地进行了对外援助。

（一）中国对外援助履行状况

实际上，中国尚属于发展中国家，使用发达国家的标准显然是不合适的。但是，目前国际上对发展中国家的对外援助义务并没有统一的标准，使我们缺乏对中国援助状况的一个比较基准。那么我们不妨按照人均收入标准来估算中国对外援助的履行情况。

现将中国 2000—2011 年的对外援助数据汇总于表 3。由表 3 可知，如果直接按照 GNI 的 0.7% 标准计算，中国显然是没有履行国际发展援助责任。如果按照 OECD 国家的实际援助规模平均为 GNI 的 0.3% 水平计算，中国也没有达到这一标准。

从前文的分析可以得知，OECD 国家的实际援助规模平均为 GNI 的 0.3%，距离 0.7% 目标还相距甚远，这里暂且不考虑 OECD 国家的人均国民收入接近 10000 美元的智利、墨西哥、土耳其还处在接受援助的边缘，不妨让人均国民收入比上述 3 国低得多的中国也参照模型预测的 OECD 的现有援助标准，也就是按照 OECD 高收入国家的行事方式进行援助。如果按照本文提出的人均收入的模式（公式 5）来衡量，即同样按照现在发达国家的援助"标准"，并使用等式（8）所得到的参数来估算。经测算，中国长期以来援外金额均超出新模型的目标值（参见表 3）。从表 3 数据可以发现，我国对外援助占 GNP 之比大致维持在 0.04% 附近，这一数据可以大致认为是我国 ODA/GNI 之比例，也基本

表3

中国对外援助（2000—2011年）

	2000	2001	2002	2003	2004	2005	2006	2007	2008	2009	2010	2011	2012
A（现价亿元）	45.88	47.11	50.03	52.23	60.69	74.7	82.37	111.54	125.59	132.96	136.14	159.09	NA
GNP（现价亿元）	98000.5	108068.2	119095.7	134977	159453.6	183617.4	215904.4	266422	316030.3	340320	399759.5	468562.4	516282.1
A 占 GNP 比重（%）	0.047	0.044	0.042	0.039	0.038	0.041	0.038	0.042	0.04	0.039	0.034	0.034	—
ANI（现价美元）	930	1000	1100	1270	1490	1740	2040	2480	3050	3610	4240	4900	5720
公式8测算比例（%）	0.0023	0.0025	0.0028	0.0034	0.0042	0.0052	0.0065	0.0084	0.0111	0.0139	0.0173	0.0210	0.0258

注：A代表援外支出，GNP代表国民总收入，单位：亿元人民币。ANI表示人均国民收入。

资料来源：ANI数据来源于世界银行数据库，2000和2001年对外援助数据来源自张郁慧《中国对外援助研究（1950—2010）》（九州出版社2012年版），2002—2011年对外援助数据来自于2003—2012年各年《中国统计年鉴》，GNP数据来自于《中国统计年鉴2013》。

上高于基于人均收入模型（见等式5）的简单测算值。例如，2011 年中国的援外支出达 159.09 亿元人民币，按照当年汇率计算折合 24.63 亿美元，援助占我国 GNP 比例达 0.034% ，高于基于新模型得到的理论比例。可见，如果按照新援助模型，比照 OECD 国家近年的援助行为，即使作为发展中国家的中国，长期以来也已超额履行了对外援助义务。

然而，中国在对外进行发展援助时，还应考虑国内的贫困问题。中国近年来经济虽快速增长，但其人均国民收入指标还远远落后于发达国家，且在本国国内依然存在众多的需要援助的贫困人口。中国对世界减贫的贡献首先应是解决国内贫困问题，其次才是对其他国家减贫事业的贡献。所以中国对外援助义务应是测算的目标值减去其预计该年用于国内减贫的资金。显然，如果考虑到中国国内存在的贫困现象和减贫事业，那么中国的"超标"程度就更大了。

表4　　　　　　　　　中国与主要新兴国家贫困水平

国家	中国 （2008）	阿根廷 （2009）	巴西 （2009）	印度 （2010）	印度尼西亚 （2011）	俄罗斯 （2009）	南非 （2009）	沙特阿 拉伯
总贫困人 口（百万）	157.08868	0.371443	11.88034	393.9981	39.49992	0	6.791385	NA
贫困率（%）	11.8	0.92	6.14	32.68	16.20	0	13.77	NA

注：总贫困人口按照每天低于 1.25 美元（购买力平价）标准计算。

数据来源：World Bank。

正如上文所述，如果基于 ANI 指标的测算，我国长期处于"超标"进行国际援助，这一现象主要原因来自两方面。一方面，由于我国经济增长强劲，经济实力增强，财政能力不断增强，我国有充足的财力持续增加对外发展援助。另一方面，开展对外援助是我国的对外经济和外交政策之一，我国为了加强与广大发展中国家的经济合作，巩固和强化各国对华关系，充实南南合作的内涵，而执行了积极对外发展援助政策的结果。

（二）未来中国的对外援助

在可见的未来，中国对世界的影响力会不断上升。从经济的角度看，中国对世界的影响主要来自于国际贸易、国际投资、国际金融合作和国际援助，其中前三项立足点是基于商业利益，而国际援助的立足点是国际关系和国际合作，其更强调单边资金输出。就发展规模来看，基于商业利益的国际贸易、国际投资和国际金融将是国际援助不可比拟的，但是就撬动国家双边关系、提供国际公共产品、履行国际义务等方面来看，国际援助的边际收益远远高于前三者。综合援助的国际义务和收益考虑，未来中国的对外援助规模将随经济实力的增强而增加，其比重也将会逐渐提高。

未来的 10 年内，中国的经济总量很可能接近或超越美国而居世界第一，所面临的援助压力会越来越大，但就人均国民收入而言，中国达到主要发达国家的水平还有漫长的路要走。此外，国内尚有近 1.3 亿的贫困人口，如果大规模提供国际援助，将面临巨大的国内舆论压力。总体看，中国的经济总量巨大，而人均收入水平远未发达，国内发展也极不均衡，扶贫任务依然艰巨。在这种国情下，如何提供对外援助、规模多少合适、参照标准是什么？这将是我国政府迫切需要考虑的课题。

如果将人均国民收入（或人均 GDP）为 1.2 万美元视为跨入高收入国家的门槛，显然中国还需要数年的时间，简单按照 7% 的经济增长速度，中国将在 2024 年进入高收入国家行列①，届时国际社会对中国的国际发展援助责任将提出更高的要求。基于对经济基本状况的如此判断，我国在 2024 年前按照现行的南南合作模式提供援助面临的政治压力较小，而如果进入高收入国家后，再按照当前基于南南合作方式提供对外援助就会承受较大的国际政治压力。而即便是在步入高收入国家之前的阶段，南南援助模式下我国每年又该提供多少援助，这种援助规模置于世界范围处于什么水平？而当步入高收入国家行列后，按照 GNI 的基准提供援助对我国而言是不利的，也是不合理的，这也是本文提出

---

① 笔者在另一篇工作论文中，用面板数据证明了发达国家的对外援助是考虑了人均收入水平的。

基于 ANI 标准的援助模型的出发点之一。为此，有必要对未来我国一段时间内的对外援助规模进行简单的估计。

对我国未来 10 年内的援助义务的测算必然需要尊重一定的模式标准。以下设计四种援助模式，并进行援助规模的大致测算，仅作为对比分析的一个大致参考。模式 1 是按照我国新世纪以来的行事基准进行援助[①]，即认为当前我国对外援助规模主要基于我国经济总量的考虑，而忽略人均收入的影响。模式 2 是按照现行发达国家基于 ANI 的援助标准，即基于等式（8）来推算。模式 3 是对照关键国家，即在步入高收入国家前参照俄罗斯标准，由于俄罗斯近年平均援助占 GNP 约 0.03%，另外，近年我国的援助额占 GNP 比重约为 0.04%，综合考虑选用 GNP 的 0.035% 用作对外援助；而在步入高收入国家后（2024 年后），可参照美国的援助标准，近年美国的援助额占国内总收入平均值约为 0.19%。模式 4 按照联合国提出的按照 GNI 的 0.7% 的标准进行援助。四种模式下援助数据测算见表 5，可见四种模式下，中国对外援助国模差异较大，模式 1 规模最小，而模式 4 援助规模最大。

四 结论与启示

通过前文的分析，本文得出以下主要结论与启示：

首先，现有的官方发展援助筹资模式是基于 20 世纪六七十年代的环境而制订的，并不符合当前国际形势的新变化，且在援助实践中，OECD 国家并没有良好的履行记录。当前按照经济总量指标—GNI 基数来指导筹集官方发展援助资金并不合理也不符合实际情况，国际社会在确定各国的国际援助义务时，应该充分考虑一国国民的富裕程度，即人均国民收入差异性。

其次，理论上讲，基于人均国民收入水平的援助模型更加科学和合理。本文建立了相应的计量模型，即 $GR = AR = b_1 + b_2 \times ANI$，认为人均收入越高，应该承担的援助责任应该越大，而不是笼统地按各国的经济总量简单规定 0.7% 的比例。此外，本文利用发达国家的数据，对基

---

① World Development Indicators，http：//www.aidflows.org/.

表5　中国援助规模估算（2014—2025年）

时间	中国经济发展水平估计①	模式1—4的援助额预测算（亿元）	援助动机和利益	援助可参照国家
2014	GNP：62.47 ANI：6921	模式1—4：213，208，219，4347		
2015	GNP：68.72 ANI：7613	模式1—4：231，260，241，4810		
2016	GNP：75.59 ANI：8375	模式1—4：251，325，265，5291		
2017	GNP：83.15 ANI：9212	模式1—4：273，407，291，5820		
2018	GNP：91.46 ANI：10133	模式1—4：296，508，320，6402 7043	以进行国际合作、改善国际关系为主，提供国际公共产品和履行国际义务为辅	新兴市场国家
2019	GNP：100.61 ANI：11147	模式1—4：322，636，352，7043		
2020	GNP：110.67 ANI：12261	模式1—4：350，794，387，7747		
2021	GNP：121.74 ANI：13487	模式1—4：380，993，426，8522		
2022	GNP：133.91 ANI：14836	模式1—4：412，1242，469，9374		
2023	GNP：147.30 ANI：16320	模式1—4：448，1552，516，10311		

① 按照2012年人均国民收入为5720美元的基准，且不考虑通货膨胀因素计算，即以2012年的价格计算。

续表

时间	中国经济发展水平估计	模式 1－4 的援助额测算（亿元）	援助动机和利益	援助可参照国家
2024	GNP：162.03 ANI：17952	模式 1－4：486，1940，3079，11342	履行国际义务，改善国际关系 国际公共产品 公共产品	高收入国家
2025	GNP：178.23 ANI：19747	模式 1－4：528，2426，3386，12476		

注：GNP 和 ANI 含义同前文，其中 GNP 单位为万亿人民币，ANI 单位为美元。

于人均收入筹资模型的参数进行了简单估计。

第三，如果基于经济总量指标来测度，发现中国对外援助水平是远远低于高收入国家的。实际上要衡量中国是否履行了对外援助的责任或义务，应该要考虑中国人均国民收入水平和本国的减贫问题。如果将这两个因素包括在内，并用发达国家的模型来度量中国的援助水平，发现中国长期以来，实质上是在"超标准"实行对外援助。未来，中国必然会步入高收入国家行列，在此之前中国沿用南南合作援助模式在政治上是可行的，但所受的国际压力会随着人均收入和经济总规模增长而不断增大。本文测算了四种援助模式下中国未来10余年内的援助规模变化情况，依照不同的模式，援助规模相差甚大，这些不同的援助模式为政策制订者提供了一些理论的对照。

参考文献：

黄梅波、熊青龙：《2012 联合国可持续大会与国际发展援助》，《国际经济合作》2013 年第 2 期。

张郁慧：《中国对外援助研究（1950—2010）》，九州出版社 2012 年版。

Clemens, M. A. and Moss, T. J., "The Ghost of 0.7 Per Cent: Origins and Relevance of the International Aid Target", *International Journal of Development Issues*, 2007 (1).

Clemens, M. A., Kenny, C. J. and Moss, T. J., "The Trouble with the MDGs: Confronting Expectations of Aid and Development Success", *World Development*, 2007 (5).

United Nation, Monterrey Consensus on Financing for Development, Monterrey, Mexico 18 – 22 March 2002.

United Nation, Rio + 20 Corporate Sustainability Forum, 2012.

United Nation, The Future We Wan, September 2012.

中国对外援助中的经济动机和经济利益[*]

黄梅波　刘爱兰

摘要：经过半个多世纪的发展，国际发展援助已经成为促进贫穷落后国家和地区经济社会发展的重要政策工具，也是援助国实现外交战略目标，加强对外贸易与投资，扩大国际影响力的重要手段。改革开放后，随着国家发展重心的转移，经济因素在中国对外援助中的作用不断加大，对外援助政策的制定越来越注重援外的经济效益。20 世纪 90 年代以来，中国采取对外援助与经贸和互利合作相结合的形式，对外援助成为中国促进出口，保障资源供应，以及为国内企业"走出去"创造更多机会的重要工具，中国的对外援助对于加强与发展中国家的经贸关系发挥了重要作用。但是，对外援助的终极目标是单一的，那就是减贫。因此随着中国经济的发展，中国国际政治经济地位的提高，中国对外援助的动机也面临着调整和升级。

关键词：对外援助；平等互利；"走出去"

随着和平与发展成为当今时代的主题，经济利益成为一国国家利益中最重要的部分。在此背景下，并结合中国的实际情况，改革开放以来，中国不断调整对外援助政策，对外援助实现了由弱化意识形态、拓宽合作领域到强调互利共赢的转变。中国通过对外援助扩大其在国际上的影响力；通过对外援助保持周围国家和地区的稳定与繁荣；同时也通过对外援助将国内企业带进国际市场，扩大国际市场份额，从而为中国

* 原载于《国际经济合作》2013 年第 4 期，第 62—67 页。

经济的发展创造有利的外部环境。通过对外援助促进双边贸易、投资的发展，成为中国对外援助战略乃至"大经贸战略"以及"走出去战略"的重要组成部分。从根本上讲，中国的对外援助是以援助促发展，以发展促合作，最终实现双方共同发展的重要手段。

一　对外援助的经济动机和历史经验

一国提供对外援助的一个重要目的是为了实现本国的国家利益。经济利益作为国家利益的重要组成部分，是一国生存和发展的物质基础。关于对外援助中的经济动机问题，从战后国际发展援助的演变和趋势可以发现以下的规律：

首先，在市场经济逻辑下，对外援助在帮助发展中国家脱离贫穷的同时，通过对外援助来追求本国的经济利益，达到促进与受援国维持良好贸易投资关系，也成为对外援助中一种正常理性的行为。这从战后西方国家对外援助的历史中即可发现这一规律。

对美国来讲，战后其贸易的拓展和市场的扩大至关重要。作为经济外交的工具，美国一方面通过对外援助帮助美国建立并维持与受援国的良好经贸关系，为本国商品、服务和资本的输出扩大市场。基于经济战略和贸易利益的考虑，美国的双边援助一般都附加捆绑性条件，要求受援国必须购买美国的商品和服务，从而推动美国商品和服务进入受援国，达到扩展美国出口市场的目的。在美国战后的对外援助实践中，"食品换和平计划"是美国将对外援助作为获取经济利益工具的典型例证。另一方面，美国也利用对外援助促使受援国贸易和投资的自由化，推动受援国经济基础设施建设，改善投资环境。战后初期，美国在西欧实施马歇尔计划期间颁布的《1948年对外援助法》第115条规定，受援国彼此之间必须做出多边承诺并承担双边义务，这是接受援助的前提条件。

其次，随着一国国际政治经济地位的变化以及对国际发展在一国对外关系中的地位的认识，经济因素在一国对外援助战略决策中的地位和作用在逐渐下降。

战后日本对外援助的实践可以很好地说明随着一国政治经济地位的变化其对外援助动机的调整过程。20世纪五六十年代，日本的对外援助以"开发援助"为核心理念，在该理念的指导下，日本在这个阶段的对外援助带有浓厚的为日本出口与对外投资服务的色彩。70年代，随着国内外环境出现对日本有利的变化，日本开始以对外援助获取对外经济、政治和安全方面的综合利益，其对外援助的核心理念开始了由"开发援助"向"战略援助"为主的转换过程。之后，虽然经济因素仍是其对外援助政策制定中不容忽视的重要影响因素，政治方面的因素在日本对外援助中的地位在逐渐增强。

经济动机与一国经济发展水平的关系也可以从战后DAC国家捆绑援助的比例及其变化观察出来。到了20世纪90年代，虽然各DAC援助国的对外援助的相当比例仍对援助项目附加捆绑性条款，但就DAC国家的整体水平而言，捆绑性援助在双边援助的比例在逐渐下降。90年代初，DAC双边援助中捆绑性援助的比例大致在40%，1996年下降为30%，1997年又降为20%，2003年这一比例已达8.9%，2005年达到最小值为8.75%，近几年又略微有所上升，2009年为15.5%（见图1）。当然，援助的捆绑程度因各个援助国的经济发展水平而不同，就2008—2009年的平均值来看，希腊、韩国和葡萄牙捆绑性援助的比例仍达50%，澳大利亚、比利时、加拿大、丹麦、芬兰、德国、日本、新西兰和瑞士九个国家都小于10%，爱尔兰、卢森堡、挪威和英国更是已降为0（见表1）。

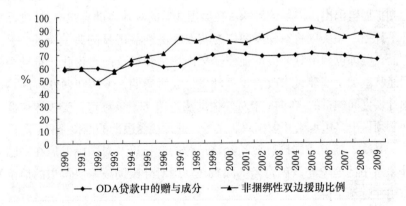

图1 ODA贷款中的赠予成分及非捆绑性双边援助的变化情况（1990—2009年）

资料来源：OECD, 2011, "Development Cooperation Report 2011", OECD Publishing, p. 224.

表1   DAC 国家 ODA 的平均捆绑性情况（2008—2009 年）

单位:%

援助国	非捆绑性	捆绑性
澳大利亚	95	5
奥地利	76	24
比利时	94	6
加拿大	93	7
丹麦	97	3
芬兰	91	9
法国	86	14
德国	98	2
希腊	43	57
爱尔兰	100	0
意大利	72	28
日本	96	4
韩国	42	58
卢森堡	100	0
荷兰	86	14
新西兰	92	8
挪威	100	0
葡萄牙	42	58
西班牙	73	27
瑞典	100	0
瑞士	98	2
英国	100	0
美国	72	28

资料来源：OECD, 2011, "Development Cooperation Report 2011", OECD Publishing.

二　中国对外援助的经济动机

（一）中国对外援助的发展阶段及其动机

回顾中国对外援助六十多年的历程可以发现，在不同时期，随着国内外环境的变化，中国关注的国家利益的侧重点是不同的，改革开放以来，中国外援决策政治考虑的重要性降低，经济因素的影响度则相对上升。

从新中国成立到改革开放前，对外援助的目标主要是帮助受援国巩固新建立的社会主义政权，争取和维护民族独立，发展民族经济，反对帝国主义、殖民主义、霸权主义及建立国际政治经济新秩序。1964 年周恩来提出了中国对外援助的八项原则。1971 年，众多第三世界国家帮助中国恢复了在联合国的合法权利。这一阶段中国的对外援助方式表现出明显的单向性，以无偿赠予或无息贷款、单向性成套项目援助以及经济技术援助为主，而很少有双向的经济技术合作和互动。中国的援助加强了中国与第三世界国家之间的友谊，赢得了受援国的信任和支持，越来越多的亚非拉国家与中国建交，改善了中国的国际环境。

改革开放后，特别是 20 世纪 90 年代中期以来，中国的对外援助进入了调整转型与初步改革阶段。随着国际形势的变化和中国改革开放的实行，中国发展的重心逐步转移到经济建设上，中国外交战略的指导思想也从"经济为外交服务"发展为"外交为经济服务"。经济因素在对外援助中的作用不断加大，对外援助政策的制定更加强调平等互利，并开始注重援外的经济效益。1983 年 1 月，中国政府提出了"平等互利、讲求实效、形式多样、共同发展"的对外援助四项原则，该原则明确将对外援助纳入了国家经济发展的战略之中，中国的对外援助不再单纯地普遍提供援助，而要量力而行并且开始重视经济利益。可以说，对外援助四项原则是 1964 年周恩来总理提出的对外援助八项原则在新的历史条件下的继承和发展。

20 世纪 90 年代中期以来，随着"大经贸战略"的贯彻实施，中国的对外援助进入了援助与贸易、投资等互利合作为一体的全面的经济合作与互惠互利阶段。

（二）中国的对外援助及其对贸易、投资的作用机制

20 世纪 90 年代以来，中国的对外援助以促进受援国的经济发展和社会发展为前提，同时也是中国促进出口，保障资源供应，以及为国内企业"走出去"创造更多机会的重要工具。通过开展多种形式的互利

合作，促进双边友好关系的发展，实现互利共赢和可持续发展。

为更加有效地帮助受援国发展民族经济，同时带动中国企业到发展中国家开拓市场，增加贸易和投资合作机会，促进中国与发展中国家的友好经贸合作关系，1995 年，中国对援外方式进行了重大改革，大力推行政府贴息优惠贷款，援外项目实行合资合作的经营方式，对最不发达国家适当增加无偿援助规模等。中国将政府援外资金与银行资金、企业资金结合起来，充分发挥金融机构和企业的作用，使有限的援外资金效益达到最大化。借着实施援外项目的东风，中国企业和金融机构积极"走出去"，与受援国政府或企业开展合资、合作经营，使中国与受援国在经济上形成了共同受益，取长补短，互通有无的局面。

1. 政府贴息优惠贷款

政府贴息优惠贷款是中国政府指定的金融机构对外提供的具有政府援助性质、含有赠予成分的中、长期低息贷款。其优惠利率与中国人民银行公布的基准利率之间的利息差额由中国政府从援外费中对承贷机构进行补贴。政府贴息优惠贷款主要用于中国企业与受援国企业合资合作建设、经营的生产性项目，或提供中国生产的成套设备和机电产品等。对外贸易经济合作部以及后来的商务部是中国政府对外援助的归口管理部门，中国进出口银行是中国政府指定的优惠贷款承贷银行。1995 年 7 月，中国同津巴布韦签订了第一笔优惠贷款政府间框架协议；12 月，中国进出口银行批准向苏丹石油项目提供 1 亿元人民币的优惠贷款，这是第一个利用中国政府对外优惠贷款的项目。据统计，1995—2009 年，中国政府与受援国政府签订优惠贷款框架协议共计 770 亿元人民币，共支持 76 个国家的 325 个项目，其中建成 142 个。中国提供的优惠贷款61% 用于帮助发展中国家建设交通、通信、电力等基础设施，8.9% 用于支持石油、矿产等能源和资源开发。这些优惠贷款项目，有效扩大了援外资金来源，使受援国能够获得更多的优惠资金支持国内经济建设，在缓解受援国生产资金不足境况的同时，也进一步推动了双方企业在投资、设备、技术等方面的互利合作，带动了中国大型机器设备的出口。由于项目效益与企业利益挂钩，因此能调动企业的积极性，使双方企业共同受益。1995—2010 年，中国援外优惠贷款项目共带动中方企业对外投资 18 亿美元，平均每个优惠贷款项目带动 2000 万美元，85% 的中方企业实施优惠贷款项目和在当地承担了后续项目或开展了新的投资项目，有效促进了中国企业与受援国企业的合资合作。

2. 援外项目实行合资合作的方式

援外项目合资合作是在中国政府与受援国政府原则协议的范围内，双方政府给予政策和资金支持，中国企业同受援国企业以合资经营、合作经营的方式实施的项目。该方式用于中国政府援建的或拟援建的受援国既有需要又有资源的中小型生产性项目。中国自 1992 年开始试行援外项目合资合作方式，该方式是把对外援助与贸易、投资等互利合作形式有效结合的一种新的援助方式，对促进受援国经济发展，积极开拓国内外两个市场、两种资源，加强中国同发展中国家的友好关系和经贸合作具有重要作用。

援外合资合作项目的实施，有利于促进中国企业对发展中国家的投资合作，增加当地就业和税收，实现共同发展，从而有助于援助效益的提高，另一方面，借着实施援外项目的东风，中国企业和金融机构积极"走出去"，与受援国政府或企业开展合资、合作经营，使中国与受援国在经济上形成了共同受益、取长补短、互通有无的局面。

三　中国对外援助的贸易、投资效应分析

通过对外援助，中国在帮助发展中国家克服经济社会发展中遇到的困难，实现经济社会发展的同时，也为自身开辟了广阔的国外资源市场和商品市场，获得了巨大的经济效益。

（一）直接促进了中国的产品出口

中国对外援助直接贸易效应下的出口货物分为一般物资援助项下的出口货物和利用中国政府的优惠贷款及合资合作项目基金方式下出口的货物两类。前者是由中国政府向受援国政府提供民用、生活等物资，承办企业代政府执行采购和运送任务，企业在执行完任务后与政府办理结算。后者是中国企业利用中国政府的优惠贷款和合资合作项目基金到受援国兴办合资企业或合资合作项目，以项目投资带动中国国内物资设备的出口，以及利用中国政府的优惠贷款向受援国提供中国生产的成套设

备和机电产品的出口。

中国援外物资一般都是国内生产的优质产品，这在满足受援国生产生活需要，促进受援国经济发展的基础上，还提高了中国产品在当地市场的知名度，成为中国对外宣传国内产品的窗口。例如，中国对非洲的医疗援助被视为提高中国医药产品在非洲市场知名度的工具，为治疟特效药青蒿素、医疗器械以及其他医药产品进入非洲市场奠定了良好的基础。

按照中国对外优惠贷款的实施条件，贷款项下所需设备、材料、技术或服务优先从中国采购或引进，设备采购中来自中国的部分原则上不低于50%，这一做法带动了中国的技术、设备和原材料的出口。例如，2008年5月，中国和津巴布韦政府正式启动农业合作项目二期，由中国进出口银行向津巴布韦提供2.8亿元人民币优惠贷款，津巴布韦"农民世界"股份有限公司从中国中工国际股份有限公司进口2480多台拖拉机、联合收割机等农机具以及装载机、挖掘机等工程设备。

许多发达国家在早期的对外援助过程中也采用过捆绑性援助的做法。20世纪90年代之前，发达国家援助捆绑援助的平均比例基本都在50%以上，90年代之后，捆绑援助的比例才开始逐渐下降。随着物美价廉的中国产品逐渐被受援国认识和接受，其他更多种类的中国产品也进入了国际市场，从而扩大了中国的对外贸易额。

（二）扩大了自受援国的进口

随着中国经济的不断发展，对能源的需求也日益增加，但国内的资源已远远不能满足经济发展的需要，能源问题日益成为中国经济发展的"瓶颈"。例如，自1993年以来，中国已成为石油纯进口国，1996年，中国已成为美、日之后的世界第三大石油消费国，近年来，中国的石油对外依存度超过50%。因此，为实现经济可持续发展，中国以受援国的资源为后盾提供贷款融资，这一措施主要是针对资源丰富的非洲国家，其中最具代表性的是始于2004年"以基础设施换石油的方式"进行合作的"安哥拉模式"。"安哥拉模式"是在同一时期，相关国家基于共同的经济和政治利益需求，在政府政策支持和影响下，以企业行为为主体的平等互利的新型经贸合作模式。该援助方式极大地促进了受援国对中国的资源出口。

（三）拓展了中国企业的海外市场

随着中国经济的发展，国内生产成本的逐渐提高，企业走出国门，可以有效降低成本，同时，发展中国家人口出生率高，劳动力资源和自然资源丰富，是极具发展潜力的市场。因此，中国政府积极提供优惠贷款推动有实力、守信誉的企业"走出去"，与受援国政府企业开展合资、合作经营，与东道国共同分享发展利益，使中国企业走出了一条互惠共赢的经贸合作之路，这不仅促进了中国经济与世界经济的接轨，更增加了中国与受援国政治和经济上的关系，推动了中国与广大发展中国家直接长期互信的伙伴关系的建立。

随着中国企业实力的不断壮大，中国的对外直接投资取得了长足进展。截至 2010 年底，中国对外直接投资企业 16000 多家，分布于全球 178 个国家和地区，投资金额累计 3172.1 亿美元。近年来，在中国政府的大力支持下，不少中国企业开始跨国经营和投资，中国政府的援助政策在帮助该类企业与外国企业竞争、获取资源方面，发挥了非常重要的作用。例如，海信南非发展有限公司是第一个打出自有品牌进入南非大型连锁店，实现彩电月度销量南非第一并被评为"最佳供应商"的中国品牌。目前，海信的销售已遍布南部非洲大多数国家，并在纳米比亚、莱索托、赞比亚等国的家电领域中占据绝对优势。

四 对外援助经济动机的历史阶段性及其转变的必要性

随着国内外政治经济环境的变化，影响一国对外援助的因素也会发生变化，对外援助的目标会随之改变，其对外援助政策也必然不断进行调整。从战后发达国家对外援助的历史来看，利用对外援助作为促进本国对外贸易和投资的手段具有历史阶段性。首先，只有在特定的经济发展阶段，即一国的政治经济发展的初期阶段，经济动机才会成为对外援助的主要动机。其次，随着一国经济的发展以及国际政治经济地位的提高，非经济因素的影响则会逐渐凸显。对外援助应逐渐强化其在整个国家战略安全中的地位，弱化经济因素的影响。

一直以来，中国强调其对外援助属于南南合作的范畴，是发展中国家间的互相帮助。中国对外提供的一些生产型项目、基础设施、技术合作、人员培训、专家服务等援助项目，在促进受援国经济发展的同时，也加强了受援国对中国企业、产品和技术的了解，推动了双边贸易和投资的发展，因此，中国的对外援助工作，对于加强与发展中国家友好关系和经贸合作，促进中国对外关系发展和推动在全球建立和谐稳定的国际发展环境中发挥着重要作用。但是，随着中国的发展以及国际政治经济地位的提高，其对外援助的动机必然也会经过类似的转变。

首先，在经济全球化的背景下，贫困成为"系统性风险"，它是恐怖主义、武装冲突等问题滋生的温床，贫困国家成为新世纪全球性问题的生发地。贫困国家的问题具有溢出效应，其内部的战争、种族灭绝以及拖延的政治暴力、衍生的恐怖主义都会跨出国界威胁到其他国家的安全，而对外援助则是解决这类全球问题的重要手段。基于此，中国也必然需要在更加广阔的国际环境下制定对外援助的目标。

其次，中国当前的对外援助模式，符合中国自身国情及其经济发展的阶段。作为世界上最大的发展中国家，中国经济发展过程中面临着人口多、底子薄，人均收入水平仍然较低和经济发展不平衡的问题，发展仍然是中国长期面临的艰巨任务。因此，平等互利、共同发展是当前以及未来一段时期内需要继续遵循的原则。

但是中国的对外援助在促进援助国对外贸易与投资具有现实性的同时，其弊端也日益暴露。过分强调对外援助的经济利益，使国家利益与企业利益相混淆，一定程度上不利于国家形象的树立，影响援助作为实现国家利益的重要手段的作用。在实施对外援助项目过程中，一些企业过于关注企业利益，对外援助项目执行过程中，出现了不注意保护当地劳工的合法权益，不注意履行企业社会责任的行为，一定程度上影响了中国的国家形象。正因如此，西方国家将中国在非洲的援助、贸易和投资的势头称为"东印度公司又回来了"。同时，西方媒体将中国在东南亚的援助和投资宣扬为是重新控制"东南亚后院"的工具，认为其带有"帝国"企图。受此影响，中国对东南亚一些国家的援助甚至得不到当地百姓的理解。

对于国际社会对中国对外援助的一些看法,主观上,固然有一些组织被某些发达国家势力所左右,当地一些团体为了局部利益故意挑起是非,客观上也存在中国对外援助实施企业不了解当地政治生态,对援外项目宣传不够,导致当地群众和团体误读中国对外援助的成分,但也与中国对外援助中过于强调经济动机,没有充分认识到对外援助在整个国家对外关系中的战略地位有关。

总之,随着中国经济实力的不断强大,以及国际政治经济地位的上升,中国应适时转变对外援助的主要目标,逐步弱化经济因素的影响,在更广阔的国际视野下,不断增强对外援助在整个国家对外关系中的地位,在实现自身利益的同时,帮助世界上的落后国家实现联合国千年发展目标,最终实现世界经济整体协调发展。

参考文献:

丁韶彬:《大国对外援助:社会交换论的视角》,社会科学文献出版社 2010 年版。

李安山:《改革开放以来中国对非政策的三种转变》,载杨光主编《中东非洲发展报告 (2006—2007)》,社会科学文献出版社 2007 年版。

李小云、武晋:《中国对非援助的实践经验与面临的挑战》,《中国农业大学学报》(社会科学版) 2009 年第 4 期。

毛小菁:《发达国家对外援助中的经济利益》,《国际经济合作》2009 年第 10 期。

王成安:《推行对外援助的新方式促进与发展中国家的友好合作》,《国际经济合作》1996 年第 2 期。

王迎新:《中国对外援助与外贸、对外投资的协调发展》,《经济研究参考》2012 年第 56 期。

魏红:《我国对外援助方式改革的经验与问题》,《国际经济合作》1999 年第 5 期。

张海冰:《发展引导型援助:中国对非洲援助模式研究》,上海人民出版社 2013 年版。

周宝根:《援外带动互利合作的六大效应》,《国际经济合作》2010 年第 9 期。

Shanthi Kalathil, "Influence for Sale? China's Trade, Investment and Assistance Policies in Southeast Asia", *East and South China Seas Bulletin*, No. 4, CNAS, September 5, 2012.

Dreher, Axel and Fuchs, Andreas, 2011, "Rogue Aid? The Determinants of China's Aid Allocation", ECSIFO Working Paper 3581.

Gurría, Angel, 2011, "'We Must Do Better' Trends in Development Assistance", Available at: http://www.oecd.org/japan/wemustdobettertrendsindevelopmentassistance.htm, Tokyo, 4 April 2008.

Kobayashi, Takaaki, 2008, "Evolution of China's Aid Policy", JBICI Working Paper 27.

OECD, 2011, "Development Cooperation Report 2011", OECD Publishing.

澄清对中国对外援助的几种误解[*]

谢　琪　田　丰　黄梅波

摘要：进入新世纪特别是 2004 年以来，中国对外援助迅速兴起，援助范围与规模不断扩大，引起国际社会的广泛关注。中国是最近才开始对外援助的吗？中国的对外援助是要搞新殖民主义吗？中国的对外援助妨碍了受援国的发展了吗？中国的对外援助是为了驱逐西方国家吗？这些问题近年来备受西方媒体关注，甚至产生误解，文章对此一一进行了辨析。

关键词：对外援助；南南合作；新殖民主义；资源掠夺

对外援助是一国或国家集团对另外一国或国家集团提供的无偿或优惠的货物或资金，用以解决受援国所面临的政治经济困难或问题，或达到援助国特定目标的一种或多种[①]。近些年来，中国对外援助的影响力逐渐增强，但是对外援助遵循的原则和做法、在援助数据的公开方面与西方国家存在很大的不同，国际社会存在对中国对外援助的误解和曲解。2007 年美国《外交政策》（*Foreign Policy*）杂志总编摩西·纳伊姆（Moisés Naím）在《流氓援助》（*Rogue Aid*）一文中提出："中国、委内瑞拉以及沙特阿拉伯等国家的对外援助项目究竟有何意图？他们都非

---

　　* 原载于《国际经济评论》2012 年第 4 期，第 147—157 页，该文后经《新华文摘》全文转摘。

　　① 宋新宁、陈岳：《国际政治经济学概论》，中国人民出版社 1999 年版，第 216 页。

常的慷慨，但是他们的援助是有毒的。"① 2011 年 9 月 12 日，美中经济
与安全评估委员会（U. S. -China Economic and Security Review Commis-
sion）发布了一份题为"中国对外援助概况及其对美国的启示"
（China's Foreign Assistance in Review：Implication for the United States）的
报告。该报告认为过去十年，中国通过在发展中国家援建基础设施来满
足其战略目标和经济需求——获取中国发展需要的石油、天然气等自然
资源及产品市场准入；随着对外援助的上升，中国政府在发展中国家的
影响力加大，进一步促进其战略目标实现；这可能会削弱美国发展援助
目标，包括促进民主统治和以市场为导向的经济改革。②

由于中国政府援外信息的保密性、宣传力度的不够、交流渠道的有
限以及关于援助研究的不足，国际上这些误解和曲解在西方及受援国广
泛传播。那么中国的对外援助是近些年才开始的吗？中国在非洲是搞新
殖民主义吗？中国的对外援助是促进了受援国的发展还是在援助领域里
对西方国家实行驱逐？本文试图对这些问题和观点进行客观阐述和
分析。

一 中国是最近才开始对外援助的吗

随着援外战略地位的提升，特别是 2004 年以来经济持续快速增长，
中国对外援助支出发展迅速，对非援助更是大幅上升，但是有些西方学
者认为中国对外援助是近年才开始的。有的国外学者认为，中国在过去
30 年对非洲不闻不问，近年因资源需要才对非洲进行渗透。南非特兰
斯凯大学外交关系部副秘书长多明戈斯（Domingos Jardo Muekalia）认
为，中国"在沉寂了 30 年后卷入非洲反映了一种野心勃勃的新观点。
今天，能源、贸易和不断增加的地缘政治利益成为中国在非洲议事日程

① Moisés Naím，"Rogue Aid"，*Foreign Policy*，2007，http：//www. foreignpolicy. com/arti-
cles/ 2007/02/14/rogue_ aid.

② U. S. -China Economic and Security Review Commission，China's Foreign Assistance in Re-
view：Implication for the United States，2011，9，pp. 1 – 2.

上极重要的因素"①。"新兴援助国"（Emerging Donor）这个名称也反映了国际社会认为中国对外援助活动始于近年的观念。

　　然而，事实是中国的对外援助已有较长的历史。1950 年，中国开始向朝鲜和越南两国提供物资帮助，从此开启了中国对外援助的序幕。1955 年万隆亚非会议后，随着对外关系的发展，中国对外援助范围从社会主义国家扩展到其他发展中国家。1956 年中国开始向非洲国家提供援助。20 世纪 50 年代始，非洲各国开始了轰轰烈烈的民族独立运动。对于民族独立斗争中的艰难和辛酸，中国与非洲国家感同身受，因此在自身经济非常困难的情况下，中国依然给予非洲力所能及的无私帮助。1971 年，中国援建了坦赞铁路等一批重大基础设施项目。② 赞比亚总统卡翁达（Kenneth David Kaunda）称赞，中国的援助对非洲的解放"起了决定性的作用"③。

　　改革开放以来，80 年代，作为发展中国家，中国根据国情适度调整了对外援助的规模、布局、结构和领域，从 1983 年起，中国开始减少援助的支出。中国一方面逐渐认识到要根据自身能力，在力所能及的范围实行对外援助；④ 另一方面更加侧重于与发展中国家的经济合作，即南南合作，力求与发展中国家形成互利共赢的发展模式。经过调整巩固，中国对外援助走上了更加适合中国国情和受援国实际需求的发展道路。

　　20 世纪 90 年代，中国开始对对外援助进行一系列改革，重点是推动援助资金来源和方式的多样化，在过去的政府无息和低息贷款基础上，大力发展具有援助性质的中长期政府贴息优惠贷款；按照国际惯例，推动有竞争力的中国企业和受援国企业就援助项目开展合作；实施以援助和投资带动贸易的战略，拓展非洲市场。⑤ 进入新世纪特别是

---

　　① Domingos Jardo Muekalia, "Africa and China Strategic Partnership", *African Security Review*, 2010. 7.

　　② 中国国务院新闻办公室：《中国对外援助白皮书》2011 年 4 月。

　　③ 胡美：《中国援非五十年与国际援助理论创新》，《社会主义研究》2011 年第 1 期。

　　④ Brautigam, D, *The Dragon's Gift, The Real Story of China in Africa*, Oxford：Oxford University Press, 2009, p. 41.

　　⑤ 黄梅波、郎建燕：《中国的对非援助及其面临的挑战》，《国际经济合作》2010 年第 6 期。

2004 年以来，随着经济的快速发展，中国加大了对发展中国家的援助。截至 2009 年底，中国累计向 161 个国家以及 30 多个国际和区域组织提供了援助，经常性接受中国援助的发展中国家有 123 个，其中亚洲 30 个、非洲 51 个、拉丁美洲和加勒比 18 个、大洋洲 12 个、东欧 12 个。①

因此，中国的对外援助，尤其是对非洲的援助活动并非是近年来出现的现象，中国一直是乐善好施、富有同情心的。中国对外援助的"历史厚度和经验广度不亚于任何一种成熟的西方援助"②。

二　中国的对外援助是要搞新殖民主义吗？

英国外交大臣杰克·斯特劳（Jack Straw）于 2006 年 2 月访问尼日利亚时，将中国与贫困、地区冲突、恐怖主义等一起列为非洲面临的十大挑战之一，他还声称："中国今天在非洲所做的，多数是 150 年前我们在非洲做的"。③ 这是"新殖民主义论"的含蓄表达。持该观点的人认为，中国在对外援助中是居高临下的态度，中国通过援助对受援国的资源进行掠夺。

（一）"南南合作"下的平等互信

西方一些媒体声称"中国通过对外援助向受援国提出不利于后者发展的要求，中国在与发展中国家的合作中处于强势地位"。④ 然而，事实是中国与其他发展中国家的关系建立在"政治上平等互信、相互尊重主权和互不干涉内政"的基础之上的。中国与广大发展中国家都有过沦为殖民地或半殖民地的经历，共同的历史遭遇和现实的发展问题使得它们在处理国际关系时有相同的准则：相互尊重，平等相待。中国

---

① 中国国务院新闻办公室：《中国对外援助白皮书》2011 年 4 月。

② Deborah Brautingam, *Chinese Aid and African Development: Exporting Green Revolution*, London: Macmillan Press, 1998, p. 4.

③ 中宣部：《"新殖民主义"帽子扣不到中国头上》，《时事报告》2006 年 9 月。

④ Kristian Kjollesdal, Anne Welle-Strand, "Foreign Aid Strategy: China Taking Over?" *Asian Social Science*, 2010.

对外援助政策之一是"坚持平等互利、共同发展。中国坚持把对外援助视为发展中国家之间的相互帮助,注重实际效果,照顾对方利益"。①不论是1953年周恩来总理提出的国家之间和平共处五项原则,还是1964年提出的中国对外经济技术援助的"八项援助",其中强调的都是中国对外援助是建立在施受双方平等的基础上的。

中国对非洲的援助也是如此。2006年中国政府发布的《中国对非洲政策文件》提到,"真诚友好、平等互利、团结合作、共同发展是中非交往与合作的原则,也是中非关系长盛不衰的动力"。中国援非实际上是中国和非洲围绕着平等友好、合作发展的主题而展开。中国突破了传统援助的赐予观念,打破了既定的援助结构图式,观察援助关系的视角不再停留在援助者的层面,而是延伸到受援者的维度,在援非中强调双方互为主客体的角色。博茨瓦纳总统菲斯特斯·摩格(Festus Mogae)表示,中国的援助已经摆脱了传统援助中的恩赐与等级,而形成了一种平等互助的关系,"我们发现中国人对待我们是平等的。西方对待我们像他们的子民"。②

(二)"资源掠夺论"

中国与非洲进行的资源合作,不少西方媒体把其诬称为中国对非洲资源的疯狂掠夺,称中国不择手段地攫取非洲石油和其他矿产资源,并认为中国感兴趣的不仅仅是苏丹、安哥拉和尼日利亚的石油,还有赞比亚的铜矿、南非的黄金、刚果(金)的稀有金属、津巴布韦的烟草。③2011年美中经济与安全评估委员会的一份报告指出:"中国的对外援助只关注满足其战略目标和经济利益的活动。例如,建设开采石油和其他资源的基础设施并将这些资源输送到中国;获取石油、天然气以及其他自然资源的供应渠道,满足中国国内发展需求。"④ 事实却绝非如此。

---

① 中国国务院新闻办公室:《中国对外援助白皮书》2011年4月。

② 胡美、刘鸿武:《中国援非五十年:中国南南合作理念的成长》,《国际问题研究》2012年第1期。

③ 王洪一:《试论"中国威胁论"》,《西亚非洲》2006年第8期。

④ U. S. -China Economic and Security Review Commission, China's Foreign Assistance in Review: Implication for the United States, 2011, 9, p. 1.

首先，实际上中国对每一个遵循"一个中国"原则的撒哈拉以南非洲的国家都提供了援助，甚至包括在台湾政策上动摇的国家。截至2009年底，中国已向51个非洲国家提供对外援助。[①] 中国对外援助资金也没有向资源丰富国家倾斜，而是根据工程性质提供不同方式的援助资金。对外援助中的赠款和无息贷款公平地向非洲各个国家提供，这类资金一般用于援建具有政治信誉的工程；优惠贷款则向具有信用和偿还能力的国家提供，例如对毛里求斯的下水系统、博茨瓦纳的公租房的优惠融资；对于信誉较差的国家，优惠贷款只向能确保获得收益的项目融资，如肯尼亚的水泥电线杆工厂、厄立特里亚或塞拉利昂的移动电话网络。[②]

其次，中国一边得到资源，一边也在帮助受援国的经济发展。中国自己的历史经验证明了，通过国内资源换取经济发展所需的技术和资金能够有效促进国家的发展。中国如今已是一个工业强国、世界工厂，其在20世纪70年代仅仅是一个拥有丰富自然资源的农业国家。正如当前非洲的许多国家，其石油、煤炭、金、铜等矿藏资源巨大。从混乱的"文化大革命"和社会动荡中走出后，中国政府向发达国家开放矿山、森林等资源，吸引外来的投资和援助，实现工业化和经济增长。中国当前对非洲的援助模式正是20世纪七八十年代自己作为受援国的经验总结。中国通过自身的实践证实，在这种合作模式下，只要政府牢牢把握住国家发展的主动权，合作就可以是双赢的。[③]

（三）援建基础设施的成功经验

基础设施建设是中国对外援助的一个重要组成部分，也是中非合作的重点。自20世纪60年代起，中国在同非洲的发展合作中就非常重视基础设施建设。多年来中国向非洲国家提供各类资金，用于支持非洲国家的基础设施建设。截至2011年，中国在非洲的884个全套（交钥

---

① 中国国务院新闻办公室：《中国对外援助白皮书》2011年4月。

② Deborah Brautigam, *The Dragon's Gift*, *The Real Story of China in Africa*, Oxford University, 2009, p. 279.

③ Deborah Brautingam, *Chinese Aid and African Development：Exporting Green Revolution*, London：Macmillan Press, 1998, p. 51.

匙）工程中有 500 个是关于基础设施的。① 南非标准银行的一份统计报告指出，非洲基础设施建设 2/3 的资金来自中国。② 中国已成为非洲基础设施建设的最大外援。正因为此，一些西方媒体认为中国在非洲实行"新殖民主义"，殊不知中国在非洲进行的基础设施建设恰恰有利于后者的发展。

首先，基础设施的重要性历来得到经济学家的肯定。亚当·斯密（Adam Smith）在《国富论》中明确提出政府职能之一是"建设并维持某些公共事业及某些公共设施"，即基础设施建设，其著名的分工理论说明了分工水平由市场大小决定，而市场大小及商业发展程度取决于道路、桥梁、运河、港口等公共设施建设水平。③ 发展经济学中的大推进理论（The Theory of the Big-push）认为发展中国家或地区应对国民经济各个部门同时进行大规模投资，促进这些部门的平均增长，从而推动整个国民经济的高速增长和全面发展；而大推动理论认为重点投资的领域集中于基础设施和轻工业部门。

其次，非洲存在巨大的基础设施需求。基础设施不足是制约非洲商业发展的一个重大因素。根据世界经济论坛、世界银行以及非洲发展银行的一份报告，由于电力短缺非洲公司失去了高达 8% 的销售额，而运输延迟造成了至少 3% 的销售额的损失。落后的基础设施也阻碍了非洲的农业商业化。如果非洲，尤其是撒哈拉以南非洲各国要多样化其出口产品、提升产业价值链、实现可持续发展，基础设施的改进至关重要。④

实践证明，中国在非洲的基础设施建设有利于非洲经济社会的长远发展。2008 年世界银行推出了一份名为《建设桥梁：中国在撒哈拉以南非洲基础设施建设融资中日益增长的作用》（Building Bridges：China's

① 数据来源：中国国际扶贫中心：《基础设施——发展与减贫的基础：综合报告》2011 年第 3 期。

② 《商务部官员：非洲基础设施建设 2/3 资金来自中国》，中国网，http://www.china.com.cn/。

③ 李平、王春晖、于国才：《基础设施与经济发展的文献综述》，《世界经济》2011 年第 5 期。

④ Jian-Ye Wang, "What Drives China's Growing Role in Africa?" IMF Working Paper, 2007, 10, p. 12.

Growing Role as Infrastructure Financier for Africa）的报告。该报告专门
锁定中国发挥巨大作用的非洲基础设施建设领域，通过对该领域的深入
分析得出了中国在非洲经济增长中发挥了积极推动作用这一客观和积极
的评价。[①]"要致富，先修路"的发展经验让中国经济获得成功。中国
希望通过增强非洲自力更生、自主发展的能力，提升其"造血功能"，
实现受援国经济能力的成长。

三 中国的对外援助妨碍了受援国的发展了吗？

非洲国家在重债穷国计划（HIPC Initiative）和多边减债计划
（Multilateral Debt Relief Initiative MDRI）下，一定程度上从严重的债务
负担中解脱出来，获得了发展经济的机会。中国向非洲提供贷款以支持
其发展。西方国家认为非洲国家缺乏管理能力，中国向非洲提供的贷款
不仅难以帮助其正常发展，反而会使其背上债务负担。"即使中国对非
洲的融资条件非常优惠，也可能引发非洲新一轮的债务危机"。[②] 2011
年美国国务卿希拉里·克林顿（Hillary Clinton）在访问缅甸时警告说
"要警惕那些对采掘你们的资源（而非构建你们的能力）更感兴趣的援
助国"，她表示，"某些资金也许有助于填补短期预算缺口，但我们已
经一而再，再而三地看到，这些权宜之计不会产生自我持续的结果"。[③]

中国对非洲的融资贷款是否会危害非洲国家的债务可持续性？首先
从政府优惠贷款来看，中国对非洲的贷款是可持续的。到目前为止，中
国向非洲提供的政府优惠贷款都是以非洲的资源（石油、原材料或者
农业产出）作为还款保证，现有的信息显示中国的政府优惠贷款与借
款国的偿还能力是联系在一起的。此外考虑到用于还款的抵押品易受国
际市场价格的影响，而借款国在价格冲击、自然灾害及其他不可控因素

---

① Vivien Foster, William Butterfield, Chuan Chen, Nataliya Pushak, Building Bridges: China's Growing Role as Infrastructure Financier for Africa, The World Bank, 2008, 7.

② David Haroz, "China in Africa: Symbiosis or Exploitation?" The Fletcher Forum of World Affairs, 2011, p. 76.

③ Ben Bland, Geoff Dyer, "Clinton Warning over Aid from China", *Financial Times*, 2011, 11.

下无能为力，中国给予借款国较长的宽限期和还款期，以保证后者在经济发展的前提下进行还款。2007 年世界银行行长罗伯特·佐利克（C Robert Zoellick）提到"至少根据我的观察，中国非常重视债务的持续性并且积极参与该问题的讨论，因为他们也非常希望获取报酬。"①

其次，对于政府无息债务，中国政府对受援国从不施加还款压力。在受援国偿还到期无息贷款遇到困难时，中国政府一向采取灵活的处理方式，或通过双边协商延长还款期限，或进行债务减免。为进一步减轻经济困难国家的债务负担，中国政府在 2000 年中非合作论坛第一届部长级会议、2005 年联合国发展筹资高级别会议、2006 年中非合作论坛北京峰会、2008 年联合国千年发展目标高级别会议、2009 年中非合作论坛第四届部长级会议和 2010 年联合国千年发展目标高级别会议上，先后 6 次宣布免除与中国有外交关系的重债穷国和最不发达国家对华到期无息贷款债务。截至 2009 年底，中国与非洲、亚洲、拉丁美洲、加勒比和大洋洲的 50 个国家签署免债议定书，免除到期债务 380 笔，金额达 255.8 亿元人民币。②

事实上，从非洲国家的发展来看，中国的援助有利于其发展。自 2001 年非洲联盟成立及随后"非洲发展新伙伴计划"的蓝图制定以来，"让贫困成为历史"和"实现复兴"成为非洲各国领导人和广大人民的奋斗目标。近十年来中国、印度等新兴国家与非洲建立紧密联系，随着中国对非洲的援助增大以及援助带动的贸易大发展，非洲整个大陆的年平均增长率保持在 5%—6%，通货膨胀率也一直控制在两位数下。③ 因此，那些认为中国对低收入国家的贷款会对该国偿债能力带来负面影响、中国对外援助会妨碍受援国发展的观点是完全没有事实根据的。④

---

① David Haroz, "China in Africa: Symbiosis or Exploitation?" The Fletcher Forum of World Affairs, 2011, p. 77.

② 中国国务院新闻办公室：《中国对外援助白皮书》2011 年 4 月。

③ 贺文萍：《中国援助非洲：发展特点、作用及而临的挑战》，《西亚非洲》2010 年第 7 期。

④ Ngaire Woods, "Whose Aid? Whose Influence? China, Emerging Donors and the Silent Revolution in Development Assistance", International Affairs, 2008, p. 4.

四 中国的对外援助是为了驱逐西方国家吗？

进入 21 世纪后，在经济规模逐渐壮大、综合国力日益增强的基础上，中国加大了对发展中国家的援助，援助规模不断扩大。截至 2009 年底，中国累计援助金额达 2562.9 亿元人民币。[①] "驱逐西方国家说"的观点认为中国对外援助活动规模已远远超出国际组织或者传统援助国，中国试图通过在援助数量上超过传统援助国而将它们"赶出"国际援助市场。德国《明镜周刊》（*Der Spiegel*）一篇标题为"武器、石油和肮脏的交易——中国如何把西方国家赶出非洲"的文章显示了西方国家认为中国在援助领域对它们造成了威胁。[②]

从援助规模和数量上看，中国与西方发达国家还存在巨大差异。2009 年，西方主要国家官方发展援助净额如表 1 所示。美国是世界提供对外援助最多的国家，2009 年美国官方发展援助净额为 288.3 亿美元，紧随其后的法国、德国、英国、日本的官方开发援助（ODA）也保持较大规模。中国对外援助发展五十多年，截至 2009 年底，中国累计对外提供援助金额达 2562.9 亿元人民币。尽管中国与经合组织发展援助委员会（OECD-DAC）国家关于援助的定义不同，但是也可以看出中国的对外援助规模与传统援助国相差甚远。

表1　　　　西方主要发达国家官方发展援助净额（2009 年）

单位：十亿美元

美国	法国	德国	英国	日本	荷兰	瑞典	挪威
28.83	12.60	12.08	11.28	9.46	6.43	4.55	4.08

数据来源：OECD-DAC，http://www.oecd.org/countrylist/.

西方国家之所以对中国援助规模大加指责，一方面是因为西方把中

[①] 中国国务院新闻办公室：《中国对外援助白皮书》2011 年 4 月。

[②] Axel Berge, Deborah Brautigam, Philipp Baumgartner, "Why are We so Critical about China's Engagement in Africa?" German Development Institution, 2011, 8.

国政府贷款的总额都算作援助，而中国的援助定义中，只有政府贷款的贴息部分才属于对外援助的内容，另一方面西方常常将中国的出口信贷也算成是援助。如有西方学者认为，2009 年，西方政府向非洲提供了32 亿美元官方贷款，而中国提供的出口信贷则高达 500 亿美元。① 然而，出口信贷是一国政府对出口产品给予利息补贴、提供出口信用保险及信贷担保，鼓励本国的银行或非银行金融机构对本国的出口商或外国的进口商（或其银行）提供利率较低的贷款的一种国际信贷方式。

此外，中国也没有和西方存在直接竞争，中国企业都是到西方不去的地方，更没有"驱逐"一说。中国因"资源掠夺论"备受批评，实际上中国连"掠夺"的能力尚不具备。中国在非洲的石油项目多数是西方公司放弃或者撤走的，少数项目是通过激烈竞标获得的。非洲比较好的区块，多数都在产油国国家石油公司或西方公司手中；招标区块基本是经过一轮勘探后没有发现可开采资源，或进入衰竭期需要提高采收率的项目。2010 年阿尔及利亚对十个区块招标，只有两个区块有人购买。中石化在阿尔及利亚的一个合作项目，也是已开采 60 年的老油田。②

经过多年的发展，中国对外援助规模逐渐加大，与传统援助体系不可避免地产生了碰撞和摩擦。西方国家应如何看待中国的对外援助，中国的对外援助是否需要和西方援助国进行交流与合作。这是世界及中国都要面对的问题。

2004 年 5 月 11 日美国《时代》周刊高级编辑、美国高盛公司资深顾问乔舒亚·库拍·雷默在英国伦敦外交政策中心发表了一篇题为"北京共识"的调查论文。该论文指出中国通过艰苦努力、主动创新和大胆实践，摸索出一个适合本国国情的发展模式。他把这一模式称为"北京共识"。③ 从更高层面上说，越来越多的发展中国家将会通过效仿

① Axel Berge, Deborah Brautigam, Philipp Baumgartner, "Why are We so Critical about China's Engagement in Africa?" German Development Institution, 2011, 8.

② "中国油企：夹缝中生存"，《中国企业家》2011 年第 24 期。

③ Ramo, Joshua Cooper, "The Beijing Consensus", The foreign Centre, Retrieved January, 2004.

中国成功的经济体制来回应中国在世界范围内软实力的影响。[①]

"北京共识"在对外援助方面的实践正好填补了世界银行等国际机构没有涉及的领域，而且与国际机构的援外方式形成了互补。实际上，在如何实现落后国家脱贫、自主发展的问题上，中国根据自身的发展经验已经形成了其特有的理念和实践方式，那就是"独立自主、渐进式、累进式的变革之路以及和平发展的道路"，[②] 由此在对外援助领域也产生了相对成功的效果。非洲学者指出，"中国在非洲的存在，实际上已经成为了非洲发展的催化剂，将非洲人民的生活水平提高到几十年都想不到的新水平"。[③]

国际社会应充分认识以中国为代表的新兴援助国的这种南南合作的援助方式。作为世界上最大的发展中国家，中国人口多、底子薄、经济发展不平衡。发展仍然是中国长期面临的艰巨任务，这决定了当前中国的对外援助仍属于南南合作范畴，是发展中国家间的相互帮助。2002年3月达成的《蒙特罗共识》（Monterrey Consensus）以及2008年11月关于审查《蒙特罗共识》执行情况均表示"支持南南合作及三边合作"，并承认"南南合作的重要性和不同的历史及其特殊性"，是"南北合作的重要补充"。2008年9月《阿克拉行动议程》（Accra Agenda For Action）也明确指出，在国际援助领域中，南南合作是南北合作的有益、有效补充。传统援助国和新兴援助国应该更多地沟通，相互学习。

坚持在南南合作框架下开展对外援助的同时，中国倡导与时俱进、改革创新。在对外援助的原则和做法方面，中国应加强援外国际交流，积极参与联合国发展筹资问题会议、联合国千年发展目标高级别会议和援助有效性高级别论坛；同时加强与其他援助方的交流与沟通，相互学习借鉴成功经验，加快援助体系建设。

---

① 罗纳德·麦金农：《北京共识的建设性作用——中国对外经济援助与投资模式分析》，《中国金融》2010年。

② 王伟明、韩梅梅：《新世纪中美的发展援助政策：比较研究的视角》，《美国问题研究》2011年第1期。

③ 胡美：《中国援非五十年与国际援助理沦创新》，《社会主义研究》2011年第1期。

国际援助体系与中国对外援助：
影响、挑战及应对[*]

朱丹丹

摘要： 进入 21 世纪以来，国际发展援助体系发生了一系列变化，其中最引人注目的就是中国等新兴援助国日益扩大的影响力。中国等新兴援助国扩大了国际援助规模、使援助资金来源进一步多样化，而且它们遵循与传统援助国不同的原则和做法，在不同方面对现有国际援助体系造成了冲击。与此同时，国际发展援助体系的变化也对中国的对外援助产生了影响。面对挑战，中国在对外援助战略以及管理体系方面应采取措施积极应对，形成具有中国特色的对外援助战略，进一步优化完善中国的对外援助管理体系。

关键词： 国际发展援助；新兴援助国；中国对外援助

中国作为一个新兴援助国，近年来对外援助规模不断上升，在国际援助舞台上发挥着越来越重要的作用，中国的参与对国际援助及其改革也产生了一定的影响。与此同时，中国的援助管理体系尚不完善，在国际发展援助领域也面临诸多挑战。中国应该理性看待和积极应对这些挑战，进一步完善对外援助管理体系，并调整对外援助战略，以提高援助的有效性，更好地参与到国际援助及其改革中。

---

* 原载于《国际经济合作》2013 年第 3 期，第 67—71 页。

一　国际发展援助的趋势分析

经过六十多年的发展，国际发展援助规模迅速扩大，援助体系日趋完善，在援助理念、援助主体、援助领域、援助方式、援助管理、援助资金来源等方面都产生了一些新的变化。

（一）援助理念：从"数量"向"质量"转变，从"方式"向"结果"转变

长期以来，援助各方普遍认为，官方发展援助数额不足是影响援助效果的主要原因。因而，增加援助数量一直是提高援助效果的主要方式。特别是在 2002 年达成的《蒙特雷共识》中，各援助国更是一致通过了援助额占 GNI 的 0.7％ 这一量化指标，以期增加对发展中国家的援助。然而，尽管援助规模不断扩大，援助效果却始终差强人意。一个重要原因就是援助各方只注重援助"数量"或"投入"，没有深刻意识到援助"质量"的重要性。

2005 年，《关于援助有效性的巴黎宣言》（以下简称《巴黎宣言》）签署，提出在增加援助资金数量的同时必须提高援助资金的使用效果。援助方与受援方之间就主事权、一致性、协调、结果导向型管理和相互问责制五项原则达成协议，并制定了 12 个具体指标评估其进展。《巴黎宣言》第一次明确提出"援助有效性"理念，标志着援助理念从"数量"到"质量"的重要转变；2008 年通过的《阿克拉行动议程》进一步强调了加强各方协调、增加援助有效性的重要性。但是，《巴黎宣言》和《阿克拉行动议程》所强调的"援助有效性"侧重的是援助本身的操作方法和程序是否科学、合理，而不是真正意义上的援助的实施效果。

援助是否有效从根本上来讲需要考察其对受援国经济增长、就业、减贫等方面的影响，特别是要与千年发展目标（MDGs）及其他国际公认的发展目标相一致。2011 年，《釜山宣言》提出了"发展有效性"理念，指出援助是其他发展融资的重要补充，应当确保援助与人权、就业、性别平等、环境可持续性等国际承诺相一致，以实现基

础广泛的、包容性的、可持续的增长。"发展有效性"是真正意义上的"援助有效性"，它的提出标志着援助理念从注重"方式"的"援助有效性"向注重"结果"的"发展有效性"转变，是援助理念的又一次创新。

(二) 援助主体：仍以 DAC 援助国为主，但日趋多元化

随着援助活动的不断深入，国际发展援助主体也日趋多元化。长期以来，西方发达国家特别是 DAC 成员国一直是国际发展援助的主要提供国，其对外援助一直占官方发展援助的 80% 左右。但近年来，以新兴市场国家为代表的非 DAC 成员国提供的官方发展援助明显呈上升趋势。随着新兴援助国在国际舞台地位和作用的日益显现，其对外援助的影响力也越来越大。以往政府在对外援助中一直发挥主导作用，非政府组织的参与和作用十分有限。但是，近年来非政府组织对国际发展援助的贡献越来越大。

(三) 援助领域：逐渐向千年发展目标集中

在援助早期，国际发展援助主要投向经济基础设施和服务部门、生产部门，强调对经济的直接干预；联合国制定千年发展目标后，社会基础设施和服务部门开始受到援助国的关注，并逐渐向 MDGs 集中。目前，社会基础设施和服务已经成为国际发展援助的重要领域，其援助额在官方发展援助总额中的占比越来越高。相反，经济基础设施和服务部门、生产部门的受援比重则在迅速减小。在对社会基础设施和服务的援助中，教育、医疗和人口、环境保护成为援助的重点，这些领域显然都是千年发展目标重点关注的。

(四) 援助方式：多边援助占比不断上升，知识合作与资金合作并重，方案援助占比逐渐增加

从宏观方面来讲，一方面，双边援助一直是发达国家提供援助的主要方式，但多边援助占比有上升趋势，多边援助机构的作用正日益显现。另一方面，随着援助国援助活动的不断深入和受援国经济的快速发展，国际发展援助的方式逐步从以单纯的资金合作为主转变为资金合作

和知识合作并重。

从援助的具体方式来看，一方面，双边 ODA 中赠款所占的比例越来越大，而贷款援助的比例则有较大幅度的下降；紧急援助和债务减免的比例有所上升，技术合作援助的占比显著增加。另一方面，方案援助的占比逐渐增加，而项目援助的比例逐渐下降。随着新兴援助国的兴起和发展，其采取的"南南合作"、"三方合作"形式的援助方式越来越受到青睐。

（五）资金来源：新型融资机制不断产生

传统的公共援助资金与实际的援助需求存在很大的缺口，因而援助国不断探索新的援助资金来源渠道，以补充传统发展资金的不足。目前正在考虑或已经实施的新型融资方式主要有：全球货币交易和能源使用税（Global taxes on currency transactions and energy use）、机票团结税（Solidarity taxes on air tickets）、先进市场承诺（Advance Market Commitments，AMC）、主权财富基金（Sovereign wealth funds）、SDR 等。作为传统资金的一种补充，创新融资对发展援助所起的作用越来越大，但每种融资方式都有其优势和劣势，在选择时要综合考虑这些融资方式的政治可行性、融资潜力和融资速度、额外性、可预测性和可持续性等。

二　中国对外援助的特点及影响（新兴市场国家与发达国家对外援助的比较）

近年来，中国等新兴援助国的对外援助数额大幅增长，在国际援助体系中开始发挥越来越重要的作用。与此同时，它们坚持不同于传统援助国的原则和做法，凸显了国际援助体系现存的缺陷，推动了国际援助体系的改革。

（一）援助理念、援助原则

自《巴黎宣言》签署以后，发达国家一直以"援助有效性"理念为依据开展和评估其对外援助，而新兴援助国则以"发展有效性"

理念为依据开展其对外援助活动。中国等新兴援助国影响力的逐渐显现及其援助实效的不断提升，使得发达国家开始考虑援助对受援国的实际效果，釜山会议后国际发展援助理念由"援助有效性"开始向"发展有效性"转变就是一个重要标志。"发展有效性"与"援助有效性"的相互配合，将从实际操作和最终结果两方面提高援助的效果。

在传统的援助体系中，施受双方的地位是不对等的，发达国家始终处于主导地位。在提供援助时，发达国家总是在援助中附加种种条件，其中最为典型的为"民主"和"良治"，试图在对外援助的同时向受援国输出自己的价值观念和国家制度。这种不对等的关系在很大程度上影响了援助的有效性，并引起受援国的不满和抵触。与此相反，中国等新兴援助国的对外援助是在"南南合作"的框架下展开的，以"平等互利、共同发展"作为援助的根本原则。中国等新兴援助国的参与迫使国际社会重新考虑施受双方的关系，倡导构建各援助主体之间平等协作的伙伴关系；尊重受援国对本国发展的自主权，援助国必须尊重这种自主权并帮助受援国提高发展能力。

（二）援助主体

近年来，中国等新兴援助国的发展壮大客观上削弱了发达国家在国际援助体系中的主导地位，成为国际发展援助体系中具有重要影响力的一极。对受援国来说，中国作为援助国角色的出现和发展使国际发展援助的数额不断增加、渠道更加多样化，受援国在援助类型和援助国方面不再像以前一样仅限于在"标准化"的 DAC 援助国范围内进行选择。更重要的是，中国也曾面临过与受援国当前所面临的相类似的发展问题，在减贫和经济发展方面，有许多可以与受援国分享的经验。

（三）援助领域

对于经济较为贫困的国家来讲，落后的经济基础设施已经成为其减贫和发展的首要障碍，这些国家实现千年发展目标的机会在很大程度上取决于经济基础设施薄弱问题的解决；而且，与发达国家相比，经济基础设施建设是中国等新兴援助国的比较优势。因此，与传统援助国侧重于援助社会基础设施和服务部门不同，在提供对外援助时，中国等新兴援助国主要关注经济基础设施和服务部门及生产部门，以期为受援国的经济增长、就业和减贫奠定经济基础，这也是"发展有效性"理念的充分体现。

（四）援助方式

中国等新兴援助国的对外援助是以"南南合作"的方式开展的，这种方式不仅仅为合作伙伴（指受援国）提供发展所需的资金，更重要的是发展知识的交流和共享。在对外援助中，新兴援助国往往会通过提供政策咨询和建议、研讨会、人员培训等方式，与受援国分享其在减贫和发展方面的经验。尽管发达国家也有一些发展经验可以与受援国分享，但由于其与发展中国家在经济、历史、文化等方面存在较大差异，其发展经验和知识不一定适合后者的需要。

发达国家拥有雄厚的援助资金和丰富的发展援助经验，而新兴援助国拥有更符合受援国实际需求的发展经验。三方合作具有把新兴援助国和传统援助国各自的力量和经验结合起来的潜在优势，是增强新兴援助国、传统援助国和受援国合作以提高援助有效性的重要手段，新兴援助国的参与也使三方合作的形式更受青睐。

（五）援助体系构建

今后国际援助体系的发展方向虽仍不明朗，但是，从总的发展趋势看，一方面，传统援助国将加强与新兴援助国的对话与合作，调整其现行对外援助规范，以兼容新兴市场国家的对外援助理念；另一方面，随着新兴援助国对外援助的发展，它们也会借鉴国际经验不断完善自身对外援助管理，形成一套具有该类国家特色的对外援助体系。在长期内，两种援助规范必将不断地相互借鉴、取长补短。

三　中国对外援助与国际援助体系：挑战及应对

自新中国开展对外援助以来，中国的援助活动取得了良好的效果，受到了当地政府和人民的广泛好评。但随着中国援助活动的进一步深入，一些问题也逐渐凸显，影响了中国对外援助的效率和效果。中国必须理性看待和积极应对这些挑战，以在国际发展援助体系中争取主动。

（一）面临的挑战

1. 对外援助缺乏完整的理论指导

开展援助活动需要科学的援助理论做指导，而中国至今没有形成完整的对外援助理论。长期以来不重视对国际发展援助的研究，对该领域最新的变化和趋势也把握不够，从事国际发展援助研究的专家学者有限，对国际发展援助的研究也刚刚开始，至今尚未形成一套较为完整的、有中国特色的、适合中国国情和经济发展水平的对外援助理论体系。

2. 管理体系不完善

对外援助管理的总体框架包括援助的法律和政治基础、援助一致性（协调）、组织机构设置、执行、监督和评估等诸方面的内容。在法律和政治基础方面，到目前为止，我国对外援助尚无统一的立法，现有援外制度体系主要以部门规章为主体，包括一系列规范性的文件和内部规则。在援助一致性和组织机构设置方面，整体来讲，中国对外援助活动的一致性程度较低，组织机构设置不合理。具体来讲：在内部协调方面，中国没有独立的对外援助管理和执行部门，对外援助一直由多个部门共同管理和执行，虽然存在部级协调机制，但是各部门之间的协调仍存在难度大、协调成本高的问题；在外部协调方面，中国的对外援助活动很少与其他援助国以及多边援助机构合作，使得对外援助的有效性大打折扣。在执行方面，中国对外援助由多个部门执行，因而难免出现重复执行或权责不明确等问题。在监督和评估方面，中国尚未建立科学系统的援助监督和评估体系，独立、透明的监督和评估体系的建设迫在眉睫。

3. 援助方式和资金来源有待进一步优化

从宏观方面来讲，中国的对外援助主要采取双边援助方式，多边援助占比较小，多边渠道还未得到充分的重视。从援助的具体方式来看，一方面，双边援助中赠款占比较小，贷款援助的比例虽有所下降，但仍是我国对外援助的主要方式，且政府优惠贷款的优惠程度有待进一步提高；另一方面，援助方式以项目援助为主，而项目之间相对独立，缺乏系统性的前期规划，这在一定程度上影响了援助的效果。

4. NGOs 在援助中的作用未得到有效发挥

NGOs 往往规模庞大，具有很强的政治影响力，在官方发展援助中纳入 NGOs 的参与，可以适当缓冲和"稀释"官方发展援助的政治性，有时更容易被受援国国民接受。然而，中国的对外援助一直由政府主导，私人部门和民间社会团体等 NGOs 的作用尚未得到重视。

（二）应对措施

1. 加强国际发展援助理论研究，形成具有中国特色的发展援助战略

加快对现有国际发展援助理论的研究，充分认识对外援助在一国对外关系中的重要性。应充分考虑国际政治经济格局，我国与其他援助国特别是 DAC 援助国在政治制度、经济发展水平、历史文化等方面的区别，并结合自身情况，尽早形成具有中国特色的援助战略。

2. 适度扩大援助规模，逐渐减少附加条件的援助

对一些贫穷国家进行适当援助，是一个大国对国际事务负责任的表现，但是中国自身仍然是一个发展中国家，因此，在提供对外援助时要密切结合中国整体的经济状况，尽力而为、量力而行。在国力允许的范围内，中国应当适度扩大援助规模、尽可能地减少捆绑援助。在援助资金不能迅速增加的情况下，着力提高援助的使用质量，尽可能地发挥援助资金的效力。

3. 增加多边援助，推动援助方式和资金来源渠道的多样化

从宏观方面来讲，增加对多边机构特别是其知识合作活动的援助。从具体的援助方式来讲：第一，科学调整无偿援助、无息贷款、优惠贷款的结构和比例，提高无偿援助的比例。同时，加大债务减免的力度，加强与其他新兴援助国的合作，努力成为"南南合作"的典范。第二，试行方案援助。具体包括一般预算援助和部门方案援助。一般预算援助主要用于一般发展目的，没有设定具体的援助部门，对资金的具体使用也基本没有限制；部门方案援助主要是对受援国某一具体的部门，如农

业部门、工业部门、教育部门等进行援助。

要开展对外援助活动，必须有雄厚的资金作支撑，而中国公共援助资金存在较大缺口。因此，应积极鼓励创新融资方式，吸收更多的援助主体参与对外援助。发达国家受援国和国际组织已经采取了多种新的融资机制，可为中国推动援助资金来源和方式的多样化提供借鉴。另外，除了发挥政府部门的作用，中国要采取措施鼓励企业和非政府组织参与到援助中来，从而扩大资金来源渠道。

4. 建立科学完善的对外援助管理体系

在法律和政治基础方面，一方面，制定一部总括性且具可操作性的援助法案，系统地规定中国的对外援助战略和政策，用于指导中国中长期的对外援助工作；另一方面，根据受援国的实际情况和具体发展需求制定短期（3—5 年）的国别援助规划，有针对性地开展援助活动。在援助一致性和组织机构设置方面：首先，进行组织机构改革，可考虑成立独立的对外援助机构，统一对援助进行管理和协调。其次，完善部级协调机制，加快信息化网络平台建设，凭借该平台促进各援助机构之间的信息共享和经验交流。最后，加强与其他援助国特别是新兴援助国、多边机构的协调与合作。中国要尽可能地增加与多双边援助方开展联合任务的比例，但要采取不同的合作战略。

在政策执行方面，可考虑实施"结果导向型"管理，以更好地管理整个援助进程。在监督和评估方面，建立独立、透明的监督和评估体系。完整的监督和评估体系应当包括内部和外部的监督和评估两方面。机构内部的监督和评估最重要的就是建立一个独立于援助决策和执行部门的监督和评估部门；而外部监督和评估，可通过加大宣传，发挥公众对援助政策和活动的监督作用来实现，还可聘请专门的外部委员会来进行，该外部委员会由来自高校、民间社会团体和部分援助部门的专家构成。

5. 坚持以政府为主导，同时重视 NGOs 的作用

由于政府在筹资、政策配套等方面具有比较优势，因而国际发展援助应坚持以政府为主导。然而，非政府组织在成本管理、技术转移、人才培养、民间交流等方面具备更多优势，因此，引入非政府组织参与对外援助势在必行。中国可以参考借鉴国际经验，推动本国甚至受援国私

人部门和民间社会团体的发展。首先，增加对私人部门和民间社会团体的资金支持，为其援助活动提供坚实的物质基础；其次，与私人部门和民间社会团体联合开展援助活动，相互交流援助经验和信息；再次，通过发挥私人部门和民间社会团体的作用，增加民众对援助活动的理解和支持；最后，敦促和帮助私人部门及民间社会团体加强彼此之间的联系，尽快形成统一的管理机构，协调和管理其对外援助活动，避免对外援助的分散化和重复性。

参考文献：

United Nations, Monterrey Consensus of the International Conference on Financing for Development, 2003.

OECD, The Paris Declaration on Aid Effectiveness, 2005.

The Fourth High Level Forum on Aid Effectiveness, The Busan Partnership for Effective Development Cooperation, 2012.

李小云等：《国际发展援助概论》，社会科学文献出版社 2009 年版。

张严冰、黄莺：《中国和西方在对外援助理念上的差异性辨析》，《现代国际关系》2012 年第 2 期。

毛晓菁：《国际援助格局演变趋势与中国对外援助的定位》，《国际经济合作》2010 年第 9 期。

周强、鲁新：《发达国家官方发展援助新趋势》，《国经济合作》2011 年第 11 期。

黄梅波、陈岳：《国际发展援助的创新融资机制分析》，《国际经济合作》2011 年第 4 期。

胡美、刘鸿武：《中国援非五十年与中国南南合作理念的成长》，《国际问题研究》2012 年第 1 期。

刘爱兰、黄梅波：《非 DAC 援助国与国际援助体系：影响及比较》，《国际经济合作》2011 年第 11 期。

金玲：《对非援助：中国与欧盟能否经验共享》，《国际问题研究》2010 年第 1 期。

王蕊：《国际发展援助经验对我国援外工作的借鉴》，《国际经济合作》2012 年第 8 期。

黄梅波：《中国对外援助机制：现状和趋势》，《国际经济合作》2007 年第 6 期。

黄梅波、郎建燕：《主要发达国家对外援助管理体系的总体框架》，《国际经济合作》2011 年第 1 期。

熊厚：《中国对外多边援助的理念与实践》，《外交评论》2010 年第 5 期。

毛小菁：《中国对外援助方式回顾与创新》，《国际经济合作》2012 年第 3 期。

刁莉、何帆：《中国的对外发展援助战略反思》，《当代亚太》2008 年第 6 期。

国际发展援助趋势与中国援助
管理体系改革*

吕朝凤　朱丹丹　黄梅波

摘要：《关于援助有效性的巴黎宣言》（以下简称《巴黎宣言》）
签署于 2005 年，是数十年来在改善援助效果方面所做努力的最高成就，
是援助领域国际协议和项目改革的里程碑。在《巴黎宣言》五项原则
和 12 项具体指标的指引和约束下，国际发展援助规模和效果都取得了
极大的进展。本文基于《巴黎宣言》的核心精神，结合国际发展援助
近年来的变化和进展，前瞻性地分析国际发展援助管理体系未来的发展
趋势和制度安排，并基于此，探讨了中国对外援助管理体系存在的问
题，以及进一步改进的政策建议，以期中国对外援助能够把握趋势、改
革创新，不断提高对外援助效果。

关键词：巴黎宣言；国际发展援助；有效性；管理体系

为了提高援助的有效性，2005 年《巴黎宣言》在自主性（Owner-
ship）、一致性（Alignment）、协调（Harmonization）、结果导向型管理
（Management for Results）和相互问责制（Mutual Accountability）五个方
面对援助国和受援国的行为做出了规定，并制定了 12 项具体的指标评
估其进展。自此之后，《阿克拉行动议程》《釜山宣言》等国际议程纷
纷出台，国际发展援助管理体系以及实际操作都发生了深刻的变化。近
年来，中国等新兴市场国家逐渐由受援国转变为援助国，在国际发展援

---

* 原载于《国际经济合作》2014 年第 11 期，第 41—46 页。

助领域的影响和作用越来越大。因此，国际社会要求它们承担更多的发展责任。然而，作为一个新兴援助国，中国的对外援助管理体制尚不完善，国内也缺乏系统的发展援助理论，研究国际发展援助最新的发展动态和管理框架十分必要且意义重大。鉴于此，本文基于《巴黎宣言》签署后国际发展援助管理体系已有的进展和变化，从一定程度上探析其未来的发展方向和制度安排，从而为中国从整体上把握该领域的最新趋势并据此改革本国对外援助管理体系提供参考。

一 国际发展援助管理体系未来的趋势分析

在分析具体的管理框架之前，本文先对国际发展援助未来的管理目标的变化予以分析，然后探讨在这些目标的指引和约束下，援助管理框架将作出哪些调整。

（一）管理目标："援助有效性"与"发展有效性"并重

2005 年《巴黎宣言》发布以来，其所倡导的"援助有效性"理念在发达国家较为盛行，其设定的 12 项指标侧重于援助本身的操作方法和程序的有效、科学，也成为发达国家衡量其援助效果的主要参考；而2011 年《釜山宣言》提出的"发展有效性"理念则侧重于援助实施后对受援国的经济增长、减贫等的促进作用，是为了确立符合新兴援助国的援助地位和责任的援助规范，因而在新兴援助国较为普及。实际上，"发展有效性"和"援助有效性"并不是相互矛盾、相互替代的，相反，两者之间是相互补充、相互促进的，是"方式"和"目标"、"形式"和"内容"的关系，两者对提高援助的效果都不可或缺，因而未来援助的管理或许会考虑将两者结合起来，不断改善衡量援助效果的方法和指标。

（二）管理框架

当今国际援助框架主要是由 OECD 发展援助委员会（DAC）成员国构建的，经过多年的发展，DAC 国家的对外援助框架经过不断改革，已经渐趋规范。其对外援助管理的总体框架主要包括援助的法律和政治基础、援助一致性（协调）、组织机构设置、执行、监督和评估等诸方面的内容。结合援助管理的总体框架和《巴黎宣言》的五项原则，我们将从以下几个方面分析国际发展援助管理框架未来的发展方向。

1. 法律和政策基础

国际援助需要各国建立相应的法律和政治基础以确保其发展援助政策和对外援助工作具有合法性和操作权力，且立法及高级别的政策声明能够确立发展援助的目标和工作重点，以明确规定政府在发展合作中的责任，确定援助的优先事项和目标，协调各部门在发展援助方面的职责，其在保证发展援助的有效性方面作用十分明显。相反，没有发展援助相关立法的国家，其援助可能会受到不断变化的其他政治事项的影响。目前，一半以上的 DAC 成员国已通过相关立法确立了发展援助的优先事项和主要目标。尚未拥有正式立法的援助国也在努力通过白皮书或其他政策文件确立援助的地位。未来将有更多国家建立专门的、规范性的援助法律法规，为对外援助奠定坚实的法律基础。

每个援助国都必须考虑如何在对外援助所追求的发展目标和其他政策目标之间进行权衡和取舍，这可能涉及一国的短期利益与长期利益，政治、外交、经济、人道主义等目标之间的权衡。超过一半的 DAC 成员国都认为发展援助是一国对外关系的重要组成部分。美国历来都认为，发展援助无论从受援国的需要还是自己的外交政策目标来看都是十分重要的；近年来，美国已将发展和外交、国防并列，提升至美国对外政策的三大支柱之一。芬兰、法国、荷兰和葡萄牙也都明确声明，发展是全球稳定中外交政策和国家利益的重要组成部分。援助也逐渐成为各国对外贸易、投资的催化剂，未来可能演变为贸易、投资、援助"三驾马车"齐头并进的对外经济格局，这一点从日本的对外援助中可窥见一斑。

2. 一致性

一致性包含以下几个层次：（1）发展合作政策内部的一致性；（2）一国（施受双方）内部援助与非援助政策的一致性；（3）不同援助方之间援助与非援助政策的一致性；（4）援助国与受援国之间发展目标的一致性。自《巴黎宣言》签署以来，DAC 各国的援助一致性有所提升，但为了提高援助有效性，援助的一致性需要进一步提高。具体而言，在发展政策方面，未来发展中国家都将依据千年发展目标（MDGs）或2015年后的可持续发展目标（SDGs）等国际目标制定系统、适合且可操作性的发展战略，而援助国也将依据受援国的发展战略制定其援助方案，并不断增强自身的政策制定和协调能力，以提高发展合作政策整体的一致性以及援助与非援助政策的协调性。在援助的支付系统方面，鉴于未来更多的援助将通过受援国的体制和制度来开展，因而受援国完善的政治、经济体制以及良好的政策和公共治理能力将受到更多重视，并可能成为一个至关重要的影响援助决策特别是援助分配的因素。援助国之间在协调方面将使用更多统一的援助安排，开展更多的联合任务，并增加方案援助的比例。与此同时，不同援助国当地的办事处之间的信息交流和经验共享将逐渐增加，并开展更多联合培训和建立更多联合实践小组，也可能出现更多的类似于世界银行学院的全球性的交流和学习平台或国家性、区域性的协作平台。

3. 组织机构设置

从总体发展趋势看，越来越多的援助国设立了专门机构来管理其发展援助活动，援助活动的独立性不断提高。例如，美国、德国是由独立于外交部的某个部门制定政策，另有独立的机构负责执行；而日本、法国、挪威、瑞典则是由外交部制定对外援助政策，另有独立的机构负责执行；英国则设立了一个独立于外交部的专门机构负责其发展援助政策的制定和执行。为了进一步突出对外援助的重要地位，援助国援助机构和援助活动的独立性将进一步增强，因而未来将有越来越多的援助国设立专门机构来管理其发展援助活动。与此同时，援助国将更加明确各援助部门的职能和分工，并逐渐减少项目执行单位（project implementation unit，PIU）的数量；援助部门与其他政府部门之间的协调机制也将进一步增强。减少PIU和加强内外部协调都是《巴黎宣言》的基本要求和各国的承诺，根据对《巴黎宣言》实施效果的评估，两者都已经取得一定进展，但与承诺目标仍存在差距，未来援助国需要进一步努力兑现承诺。

随着国际发展援助管理分权化趋势的日益加强，一些援助国当地的代表处的自主权将越来越大，"基层导向型管理"可能成为未来的一种趋势，英国所实行的"集权与分权"的管理模式可能成为一种参考。

但是，权力下放程度取决于很多因素，包括政治意愿、管理的复杂性（涉及的部门和执行机构数）、援助数量等，如何更好地权衡集权与分权之间的关系将成为一个非常重要的课题。

4. 执行

通过对《巴黎宣言》的评估发现，总体而言，在五个原则中，国家主事权原则推进得最为深远，而"结果导向型管理"和相互问责制原则进步最小。因此，在未来执行援助时，"结果导向型"管理将更加受到重视，且施受双方都将建立系统的"结果导向型"管理框架。在初始阶段，这一管理框架可能是相互独立的，较少考虑对方的评估指标和程序，但随着合作的进一步深入，双方将更多基于受援国的发展战略，并兼顾双方的需求和具体国情。到一定阶段，双方将合作建立统一的、规范化、制度化的"结果导向型"管理体系。

5. 监督和评估

对援助结果的监督和评估在未来将受到更多重视。其发展方向主要包括以下几个方面：第一，由只关注援助机构的管理和绩效转向更加关注相互问责以及受援国的评估能力建设。第二，更多的援助国将设立相对独立的评估机构，评估政策的独立性将不断增强。第三，更多的市场主体参与到援助评估过程中，越来越多的国家将聘请外部咨询专家和指导小组指导本国的评估。因此，评估过程将更为透明，这也对援助信息的公布和获取提出了更高的要求。第四，将有更多的援助国开展联合评估，且受援国的参与度将不断提高。第五，更加重视对评估结果的反馈，以及对评估反馈和建议的实施，从而使评估真正发挥作用。

二　中国对外援助管理体系及其存在的问题

（一）忽略"援助有效性"目标

与其他新兴援助国一样，中国目前主要依据"发展有效性"理念指导和评价援助的有效性。从根本上来讲，这种方式既契合"结果导向型"管理的基本理念，也充分考虑了受援国的真正需求。然而，任何目标的实现都需要相应的方法和程序做支撑，发达国家所倡导的"援助有效性"在具体操作程序方面提供了一定的参考。例如，"援助有效性"强调尊重受援国的主事权、更多地利用受援国的公共部门和财政体系，强调加强各援助主体之间的协调、增加联合援助、联合评估，注重利用"结果导向型"管理方法，等等。这些原则虽然不是提供援助的最终目标，但对最终目标的实现无疑可以发挥事半功倍的效果；而且从广义上来讲，援助的有效性也应该适度考虑所采用的方法和程序的合理性以及机会成本的大小等。所以，"发展有效性"和"援助有效性"可以相互借鉴、互相补充，不断完善。目前，我国几乎完全忽略了"援助有效性"理念，过于强调"发展有效性"所倡导的对经济效果的评估，不仅会阻碍我国援助体系的构建和完善，而且会影响援助的实际效果。

（二）管理框架

1. 援助法律与政策基础

虽然中国的对外援助始于建国初期，但与此相关的立法工作却相当滞后。中国对外援助一直没有类似于日本《对外援助宪章》或美国《对外援助法案》之类的法律文件做支撑，这导致中国对外援助政策和执行极不规范，效果也大打折扣。这一方面是因为中国长期以来在国际援助体系中以受援国的角色存在，另一方面则是由于中国一直缺乏规范的援助理论做指导。2011 年《中国对外援助白皮书》首次发布了中国对外援助的基本情况，对中国对外援助的政策、方式、分配、管理等进行了较为清晰的界定和阐释。《中国对外援助白皮书》实际上相当于中国对外援助的法律文件，从官方层面肯定了中国对外援助的地位和作用。当然，为了推进援外活动的制度化、规范化和法制化，进一步完善相关的援助立法工作，构建系统的援助法律体系迫在眉睫。

中国对外援助是中国外交的重要组成部分，新中国成立到改革开放之前，中国的对外援助主要服务于国家的安全和政治利益，为获取第三世界支持、拓展外交空间、提高国际地位发挥了重要作用，这充分体现在周恩来总理 1964 年提出的对外援助"八项原则"上。改革开放以后，中国对外援助的政治色彩和外交角色逐渐褪去，转而主要服务于中国的经济利益，成为中国参与国际经济合作和推行"大经贸战略"的途径之一。尽管拥有官方的政策支持，但由于透明度不高，导致中国对外援助不被国内民众理解和接受，对外援助政策也因此缺乏坚实的群众基础。

2. 一致性和组织机构设置

从整体上来看，我国对外援助的一致性和协调性程度较低，这与我国的援助管理体系的设置有很大关系。在援助初期，援外规模较小，援外事务也相对较少，仅靠单个部门基本上就可以承担整个援助工作，因而几乎不存在国内各部门之间的协调和一致性问题。随着援外工作的开展和扩张，我国的援助管理体系也经历了几次调整。目前，我国已经建立了由商务部、外交部和财政部三个部门为主，23个部委以及地方省区市商务部门共同参与的对外援助管理体系。这一管理体系存在三个主要问题：其一，三大部门共同管理对外援助难免会出现政出多门和行政低效率问题，设立专门的援助机构则可以及时地做出援助决策，有效且迅速地引导和汇聚援助资源、援助活动。从国际发展援助总体的发展趋势来看，越来越多的援助国通过设立专门机构来管理对外援助，该模式已经成为国际上最典型的援助管理机构设置模式。其二，评估本身是对援助政策和执行的一种间接的激励机制，其评估结果和反馈机制对援助效果的进一步改进不可或缺。主要发达国家基本上都设立了独立的评估机构，这亦已成为发展援助未来的发展趋势。但是，我国并没有设立援助评估和监督机构，更不用说独立的评估机构了。其三，多部门共同参与对外援助固然有利于调动各方资金和人力资源，但也面临较大的协调难度和较高的协调成本，因而完善的部际和部内协调机制对统筹整个援助工作至关重要。一直以来，中国各个援助部门之间基本上是相互独立、"各自为政"的，2008年，我国商务部会同财政部和外交部等有关部门和机构，正式成立了对外援助部际联系机制，并于2011年升级为部际协调机制，迈出了援助活动部际协调的重要一步。不过，该协调机制实际的实施效果如何尚待检验，而且部门内部的协调机制也急需构建和推行。此外，我国的对外援助一直游离于国际规则和做法之外，缺少与其他援助国、多边机构及其他援助主体的协调与合作。这不仅可能加大受援国的协调和管理成本，影响其整体援助的使用效果，而且导致中国的对外援助一直遭受西方发达国家的批评和非议。

3. 执行

虽然中国对外援助的总体目标是促进受援国的经济和社会发展，但在援助活动具体的执行过程中，各援助部门之间并没有明确而统一的目标，更未提及"结果导向型"管理方法。

正因如此，中国的对外援助往往没有系统和详细的支出和分配方案，也缺乏精细的成本—收益管理规划，加之有太多部门参与援助的执行，彼此之间又缺乏协调，这使得中国早期的对外援助出现了过度援助、重复执行、资源浪费等现象，严重违背了实事求是、量力而行的原则，也导致目前中国一些对外援助项目失败和严重亏损。在开展对外援助项目的过程中，中国企业多是援助的接收方和受益主体，而受援国自身的发展战略常常被忽略，其实际的参与度很低，特别是在援助目标设定阶段。

4. 监督和评估

从决策制定到最终项目完成，在整个援助过程中，监督和评估对确保资金的有效利用和项目的顺利进行无疑发挥着至关重要的作用。然而，中国一直不太重视对援助效果的监督和评估，缺乏系统的援助监督和评估体系。因此，建立独立、透明的监督和评估体系迫在眉睫。

三　中国对外援助管理体系改革的政策建议

目前，中国的对外援助在国际援助体系中已经产生了广泛的影响，已经不可能像过去那样独立于国际发展援助体系之外了。鉴于此，我们有必要基于国际发展援助管理体系未来的发展趋势，并根据国内外政治经济形势的变化，进一步改革我国的对外援助事业，不断完善中国的对外援助管理体系。

（一）援助的目标：坚持"援助有效性"与"发展有效性"相结合

中国在对外援助过程中，需要顺应国际发展援助的发展趋势，兼顾"发展有效性"和"援助有效性"，真正提高援助的效果。具体来讲，实施"援助有效性"原则将使一国面临政治、政策和实施等方面的挑战，如需要重新分配援助资源、改革援助实施程序等，这往往与一国的政治目标、与某些利益集团的利益相悖，从而可能对援助本身乃至本国政治、经济造成重大影响；而实施"发展有效性"往往需要很多援助主体的参与，协调难度较大，且衡量"发展"的指标体系除了可测量的经济指标，可能还涉及文化、道德等方面的指标，主观性太强，会产生不真实、片面的评估结果。因此，中国在考察援助的效果时，必须根据本国的援助实践，适当参考"发展有效性"和"援助有效性"评估框架，建立符合自身实际情况的援助有效性评估体系，以切实提高援助的效果。

（二）援助管理体系改革

1. 援助法律与政策基础

中国应考虑尽早制定一部总括性且可操作的援助法案，系统地规定中国对外援助的战略和政策、目标和工作重点，提高各部门对发展援助工作的重视程度，并指导中国中长期的对外援助工作。在制定相关立法之前，政府也可以通过发表政策声明明确发展援助的地位。政府发表政策声明的方式包括白皮书、经济发展总体规划中的发展援助计划等。政策声明涉及援助的地理范围、部门领域和全球、区域和国别战略，还可以包含援助有效性的原则，可以在一定程度上补充立法方面的暂时缺失。2011年《中国对外援助白皮书》明确了中国对外援助的原则和目标等，今后可将此工作进一步常规化、法制化，进一步增加对外援助的透明度和法律、政治基础。

2. 建立系统的组织机构框架

首先，进行发展援助组织机构改革，建立独立的对外援助机构，统筹中国的对外援助活动，同时建立援助部门与其他相关政府部门之间的协调机制。可以考虑设立独立的"国家国际发展合作署"，将分散在各个部门的涉及对外援助的工作综合到一个部门，从而改变目前仅靠商务部的一个司几十个人管理全国对外援助工作，同时又有多达十多个部门都在从事不同类型的对外援助工作的复杂状况。

其次，在受援国当地中国可以委托大使馆经商处管理和执行各项具体的援助活动；考虑到国际发展援助管理分权化的趋势，中国也可在当地建立办事处，并适当增加受援国当地的代表处的自主权，可以考虑实施"基层导向型管理"和"集权与分权"的管理模式。更加明确各援助部门的职能和分工，并尽量避免和减少职能重复的援助执行单位的数量。

3. 实施"结果导向型"管理

在政策执行方面，可考虑实施"结果导向型"管理，以更好地管理整个援助进程。具体来讲，第一步，通过事前的项目可行性调查和分析，合理确定援助的目标和进程。这可以通过与受援国的政策对话、实地调查等方式来实现。第二步，以确定的目标为导向和标准，实时监控援助项目的实施状况，适时、适当地调整援助活动和进程，以求最终达成预期的援助目标。最后，在援助实施后，针对援助的结果进一步分析，并在各援助机构中交流结果，总结经验教训，为以后的援助规划做准备。

4. 重视对援助活动的监督和评估

完整的监督和评估体系包括内部和外部的监督和评估两方面。机构内部的监督和评估最重要的是建立独立于援助的决策和执行部门的监督和评估部门，建议在对外援助项目中引入包括前期社会、经济和环境影响评价在内的、科学的中期监测以及后期影响评估系统，可参考国际金融公司的《赤道原则》；而外部监督和评估，一方面可通过加大宣传，发挥公众对援助政策和活动的监督作用来实现，另一方面可聘请专门的外部委员会来进行，该外部委员会可由来自高校、民间社会团体和部分援助部门的专家构成，具备完全的中立地位。

在建立独立、透明的监督和评估体系后，中国在执行援助监督和评估时，应当：第一，尽可能地确保监督和评估职能的独立性以及监督和评估过程的透明性，要求中国援助信息的公布和获取要尽量符合相关的国际准则；第二，监督和评估政策应该更加关注相互问责以及受援国的能力建设。同时，要重视对评估结果的反馈，建立管理层监督和评估应对系统，从而使评估真正发挥作用。第三，积极参与区域性、全球性的监督和评估体系的构建，增强与其他援助方的相互监督和评估，并开展更多联合监督和评估，尤其是要增加受援国的参与。

5. 尊重受援国的主事权，提高受援国的参与度

援助有效性标准的两个核心问题是受援国的参与程度和援助的条件

性。国际发展援助效果一直低下的一个重要原因就是缺少受援国的参与。所以，中国在提供援助时，应充分尊重受援国在制定和实施发展战略上的自主权，确保受援国切实参与到援助活动中。尊重和发挥受援国的主事权应当贯穿在整个援助过程中。在项目的准备阶段，中国需与受援国的各利益相关方密切沟通，深入、全面地了解其发展需求，以进行项目的可行性分析；在项目执行阶段，要确保受援国的企业和相关人员真正参与到项目执行中来，通过项目的实施提高受援国独立开展项目规划、实施和管理的水平；在项目评估阶段，受援国的参与度尤为重要。中国可以与受援国开展联合评估，并确保受援国的利益相关者能获得同等、及时的信息。

6. 加强与其他援助主体的协调

为了获得预期的效果，中国对外援助要顺应国际发展援助的趋势，加强援助的内外部协调。国际发展援助体系由四大部分构成，即国际多边发展机构，如世界银行，双边发展机构，如 OECD 发展援助委员会的 24 个成员国，各种发展基金会以及各种企业。因此，中国应加强与其他援助国、多边机构及其他援助主体的协调与合作，但要采取不同的合作战略。

在与双边发展合作机构合作时，既要坚持中国的基本原则和自主权，也要考虑和学习其他援助国有益的援助经验。应改变中国当前不参与或被动参与国际发展援助议程的政策，积极参与有关国际发展政策制定的高级别会议，通过积极介入使中国逐渐成为国际发展援助政策和框架制定的重要影响者。DAC 是西方对外发展援助体系的代表，在国际发展援助体系中有很大的影响力，应积极与其接触，了解其发展趋势和运作规律，学习其对外援助管理方面的经验和做法，提高中国对外援助的效率。加强与新兴援助国的合作，主要采取"南南合作"形式，彼此之间可以在联合融资、联合监督和评估、减贫经验共享等方面相互协商与合作，增强发展援助的联合效能，树立"南南合作"的典范。

按照增强中国的话语权和软实力影响力的原则，要加大对多边国际发展机构和区域发展机构的支持力度。在与多边援助机构合作时，一方面，要充分发挥不同多边机构的比较优势，与国际货币基金组织、世界银行以及联合国开发计划署等联合国系统合作时要有不同的侧重点。而且，中国可增加对区域发展银行，如亚洲开发银行、非洲发展银行的援助，以增强在亚洲和非洲大陆的影响力。另一方面，中国要及时向多边机构呈报本年度的援助预算报告，便于多边援助机构对援助资金进行合理的分配和使用；与其他援助国合作，共同开展对多边援助机构援助活动的评估，以敦促其提高援助有效性；充分发挥多边机构在知识合作方面的比较优势，并加强与其在知识合作方面的学习和交流。

积极探索与国际非政府发展组织的合作。这些组织在国际上影响巨大，基层穿透力很强，但其地位和影响力尚未得到中国的重视。尤其是，要开始探索如何支持中国的非政府组织"走出去"和如何支持当地的本土非政府组织。中国的大型国有企业应该设法参与到国际发展援助的进程中，这样一方面有助于改善中国国有企业的形象，同时也有助于这些企业顺利经营国际业务。

参考文献：

刁莉、何帆：《中国的对外发展援助战略反思》，《当代亚太》2008 年第 6 期。

国务院新闻办公室：《中国对外援助白皮书》2011 年；2014 年。

黄梅波、朱丹：《知识合作在国际发展援助中的作用》，《国际论坛》2013 年第 2 期。

李小云等：《国际发展援助概论》，社会科学文献出版社 2009 年版。

张郁慧：《中国对外援助研究（1950—2010）》，九州出版社 2012 年版。

OECD, Managing Aid: Practices of DAC Member Countries, 2009.

OECD, The Paris Declaration on Aid Effectiveness and the Accra Agenda for Action, 2008.

中国对外援助管理体系的改革[*]

胡建梅　黄梅波

摘要：对外援助管理体系应满足援外工作的需要。随着中国对外援助的快速发展，新形势下，中国对外援助管理体系正处在改革与发展的关键期。决策体制上，可设立独立的对外援助机构，完善对外援助部际协调机制；管理机制上，应创新现有对外援助管理机制，强化对外援助人力资源管理，建立并完善对外援助评估机制，加强与其他援助方的合作；保障机制上，需建立健全法律法规体系，建立并完善对外援助统计体系，加强研究机构建设，并重视内外宣传。

关键词：对外援助；决策体系；管理机制；保障机制；改革

受不同时期援外工作实际需要和政府机构改革总体方针等因素影响，1950 年至今，中国对外援助管理体系不断调整，已经发展成为在国际援助领域具有独特体系的新兴援助国，但是，中国目前的对外援助管理体系尚不健全，中国经济市场化改革和发展对中国援外管理体系的发展产生了重要影响。改革和完善援外管理体系已成为进一步加强中国对外经济合作的当务之急。

---

* 原载于《国际经济合作》2012 年第 10 期，第 55—58 页。原题为："中国对外援助管理体系的现状与改革"

一 决策体制建设

（一）设立独立的对外援助机构

有些西方国家的对外援助决策是由正部级发展援助机构全权负责的，如英国国际发展部（DFID）、加拿大国际发展援助署（CIDA）。当前我国的对外援助管理体系除主管部门商务部外，涉及外交部、财政部等二十多个中央部委和机构，以及地方省市商务部门、驻外使领馆等。在商务部为主导的援外协调管理体系中，由于援助项目所涉及的行业领域较为宽泛而且大多具有特殊性，各部门分头实施，多点对外的状况加大了管理工作的难度。

当前，中国援外管理规模和范围日益扩大，援外管理工作愈加繁重，中国在国际发展援助中的地位和话语权也在与日俱增，现有的体系已不能满足援外实践的需要。实行对外援助的统一管理，提升援外决策的水平和项目实施的效率，是中国援外管理体系改革的主要目标之一。可以考虑设立直属于国务院的对外援助专门机构，全面负责中国的对外援助事务。独立的对外援助管理机构拥有较高自主权，可在全面考虑国内外形势的基础上作决策，更好地为中国的内外战略服务，提高对外援助的决策效率，促进援外事业的发展。建立专门机构可以改善对外援助效果，使有限援外资金发挥更大效用，避免各部门间的相互牵制或重复援助，形成中国对外援助领域决策、管理、评估一体化的系统机制。

（二）完善对外援助部际协调机制

发达国家对外援助决策多具有明确且完善的协调机制，多数国家的对外援助政策是由多个部门协调一致做出的，如法国国际合作与发展部际委员会、澳大利亚发展有效性指导委员会等，这有利于形成具有明确指导、符合国内外发展趋势的对外援助政策。日本将对外援助决策分为政治决策和常规决策，其中政治决策由首相和各省厅大臣组成的内阁会议审批，是日本最高级别的对外援助决策。

如前所述，当前中国对外援助管理涉及商务部、外交部、财政部等二十多个中央部委和机构，以及地方省市商务部门、驻外使领馆等，体系庞大繁杂，效率不高，尚未形成对外援助的网络化管理，对外援助协调机制有待完善。

完善中国对外援助协调机制有相对集权和相对分权两种可选方案，前者是指设立中央援外工作领导小组，后者是指提高现有援外协调机制级别。

为减少援外领域的条块分割，商务部专门成立了任务小组，定期召集相关援外机构磋商问题，但对外援助政策的制定仍主要由商务部负责，外交部、财政部等在政策制定中的作用和地位并未体现。因此，在当前多部门分头管理对外援助的情况下，部门间协调更加重要。可考虑成立由国务院主要领导出任组长的中央援外工作领导小组，负责召集有关援外机构定期协商中国对外援助的大政方针，协调各部门的援外活动。小组成员包括商务部、外交部、财政部以及国家发改委、农业部、教育部、卫生部、中国人民银行、中国进出口银行等部委和机构分管本部门援外工作的领导。

2008年，二十多个中央部委和单位组成了对外援助部际联系机制，这是中国对外援助管理体系改革跨出的重要一步，强化了各机构在援外政策制定中的协调，使其在援外工作中能够与相关部委深化沟通、密切合作、统一行动，提高应对新形势、解决新问题的能力，提高援外管理水平，推动中国援外事业全面、协调并且可持续地发展。2011年初，对外援助部际联系机制升级为对外援助部际协调机制，协调程度进一步提高。但总的看来，现有的协调机制尚不完善，难以充分发挥应有的机制和作用，这也是下一步援外工作改革和发展的方向。

以上两种机制，目的都是要建立并完善高级别协调机制，优化援外政策制定的流程，提高援外的效率和效应。实际改革可根据援外工作形势发展，采用其中一种协调机制，或者把两种机制予以有机的结合。

二　管理机制改革

（一）创新对外援助管理机制

许多发达国家对外援助的决策和管理是由不同机构负责的，除上述援外决策机制外，还设立独立的援外管理机构，如德国经济合作与发展部（BMZ）全权负责德国对外援助、瑞典外交部全球发展局全权负责瑞典的对外援助等。创新中国对外援助的管理机制，首先要统一所有类型的援外管理。短期内应加强管理机构与执行机构的业务联系，充分利用对外援助部际协调机制，使管理机构与执行机构间的沟通常规化。长期内若成立独立的对外援助机构，其应承担主要的援外管理工作，并协调管理机构与执行机构间的业务关系。

创新援外管理机制还包括设立驻受援国现场管理机构，以强化对外援助的现场管理，提高援外资金使用效率，实时监督援外项目进度，及时发现并解决项目执行过程中的问题，同时还可以加强援助国与受援国之间的沟通与联系，确保援外项目的顺利实施。设置现场管理机构也是国际发展援助体系分权化趋势的一个特点，越来越多的发展援助委员会（DAC）成员国将援外管理体系分权化列入政策文件，如2003年欧委会将援助项目的日常管理与日常决策权下放到欧盟驻受援国外交机构，避免因管理者与决策者远离项目实施地而出现决策不符合实际的现象。目前中国尚未在受援国设立专门现场管理机构，而是由驻外经商机构承担援外项目的现场管理，但驻外商务参赞多不是援外领域的专家，实际工作面临较多困难。现场管理机构的设置需平衡分权和效率间的关系，且应与本国的援助规模相符。

此外，培育有利于援外项目执行企业发展的竞争性市场是援外管理机制改革的重要组成部分，需要政府和企业长期的共同努力。对中国政府而言，应制定并严格执行援外企业资质审查机制；对援外企业而言，要提升自身素质，具备敏锐的国际政治视角，明确执行援外项目的职责。

（二）建立并完善对外援助评估机制

中国目前的对外援助评估尚未形成科学完整的体系，十分零散。但主管机构已经开始借鉴国内外成熟经验，探索援外项目的后评估工作，对部分援外项目进行中期质量检查、竣工验收和质量巡查。援外工程项目引入了 ISO9000 国际质量管理体系，以强化援外项目的过程管理和监控。2007 年商务部起草了援外项目后评估工作方案，制定并实施了美大地区 2 个试点项目的后评估。然而，实践表明，现有援外评估机制不能满足援外发展的需要，亟须建立和完善科学而系统的对外援助评估机制。

对外援助管理体系本身即是一个复杂系统，涉及众多政策领域与行业范畴，援外评估机制应与其适应。为此，需要根据援助项目的不同特点，建立相应的评估机构，并定期商讨援外评估领域的最新动向。对外援助评估机制需要有评估政策与评估指南，能确保其公正性与独立性，并应构建积极的信息回馈机制。

（三）强化对外援助人力资源管理

从国际经验看，通过人员流动、信息共享、团队间相互学习等方式推进援外机构间的广泛沟通是援外人力资源管理的有效方式，缺乏专业援外管理人员是中国对外援助管理体系的一大难题。中国现有专业援外人员就人数和专业水平而言，远不能满足当前我国援外工作的需要。因此，应将援外人力资源建设与援外管理体系改革结合起来。一方面增加援外人力资源配置，另一方面提高援外人员技能。为此，应尽快制定针对援外人员的行为规范以及统一人员管理的政策文件，加快援外人力资源建设。

（四）加强与其他援助方的合作

新世纪发展援助面对着更加复杂的形势，援助国应对发展中国家的多样化处境、需求和期望做出及时反应，并与其他援助方建立新型援助同盟。加强援助合作可协调援助机构对受援国的援助量，有效避免援助重叠，简化受援国外援管理程序，降低交易成本，使有限援助资金获得最大效用。就中国而言，加强与其他援助方的合作一方面可借鉴西方国家的管理经验，另一方面可通过广泛的交流与沟通消除西方对中国对外援助的不正确看法，正面引导国际舆论。中国已经与联合国有关机构、世界银行、经合组织等国际组织以及美国、日本、法国、英国、澳大利亚、加拿大、新西兰等 DAC 成员国在多个层面就国际援助议题开展了交流活动，积极参加 G8＋5 海利根达姆进程发展工作组会议、阿克拉援助有效性高级别论坛等重要多边活动，与联合国开发计划署、国际金融公司（IFC）、非洲国家援助协调组织等展开实质联系。此外，一些非政府组织如英国海外志愿服务社、英国救助儿童会、欧洲债务和发展组织等也表达了与我政府部门和科研机构的合作意愿。

三 保障机制建设

（一）建立健全法律法规体系

对外援助立法可高度规范援外管理，为援外实践提供明确方针，也是国家对援外工作重视的体现。从国际经验看，是否以立法形式规范对外援助与援助国法律传统有关。经合组织发展援助委员会的 24 个成员中已有 10 个成员制定了对外援助法律。设计良好的援外立法应具有较高透明度，明确各援助机构责任。但立法会降低援外效率，尤其是在国际援助环境急剧变化时，由于法律不能及时修改，很可能会阻碍援助实践的发展，因此，日本、法国、德国等援助大国均未设立援外法律。

对于中国来说，对外援助立法一方面可总结中国六十多年的援外经验教训，另一方面，在当前国际社会对中国对外援助十分重视的情况下，可将中国对外援助战略、方式、目标等以法的形式提供给世人。当前中国对外援助多是以行政条例或行政法令进行调节的，援外立法的讨论已有多时，2003 年中国正式启动《中国对外援助条例》的起草工作，但进展缓慢。援外立法应充分论证其对中国对外援助的影响，深入研究各国援外立法的经验教训，周密考虑是采用立法还是行政条例形式管理对外援助；立法过程中应理顺对外援助管理体系内的各种关系，确定科学合理的立法内容，同时援外立法应与援外机构改革紧密结合。

（二）建立并完善对外援助统计体系

援外统计体系建设不仅是完善中国对外援助管理体系建设的要求，也是国际规则的要求。2009 年 11 月在塞内加尔达喀尔召开的 21 世纪统计促进发展（Statistics for Development）伙伴关系专题研讨会呼吁各国采取必要行动完善对外援助统计工作。中国政府不公布对外援助数据，可能有多方面的考虑。但是，随着对外援助重要性的提高，中国政府援外政策的制定需要更坚实的数据资料支撑，而详尽数据也是研究中国对外援助效果的基础。在中国与 DAC 对对外援助的界定存在较大差异的情况下，可借鉴美国对外援助统计方法，采用两套统计标准：一套按照当前中国对外援助实践构建，面向国内，用于指导援外政策制定；另一套根据国际规则制定，用于国际比较。但不论哪种标准，对尚无任何援外统计基础的中国而言，都是一项浩大工程。

（三）加强研究机构建设

随着中国对外援助国际地位的上升，西方社会对中国的诟病也不断增加，主要集中在良治、社会和环境责任、信息不透明等方面。加强对外援助研究不仅是对抗西方国家不当指责的重要途径，也是改革中国对外援助体系的必然要求。中国的智库虽多，但专门研究对外援助的机构很少，总体而言，目前中国对外援助的研究机构和研究能力还十分微弱，西方援助国与智囊机构想与中国建立联系时很难找到合适的对话者。

中国政府应采取必要措施，促进援外研究工作的开展，如设立对外援助专项研究基金、拨款资助对外援助宣传项目等，并重视研究成果的使用，使援外研究真正起到为对外援助服务的作用。

（四）重视内外宣传

公众支持是对外援助及其改革得以实现的最好保证。通过多种方式宣传援外工作，可增强社会各界对援外工作的认同感，提高公众意识及公众支持。有必要开拓更多有效的宣传手段，向公众传递更多援外信息，如定期、不定期发布援外宣传资料，开展一系列综合性、技术性援外知识竞赛，为市民组织提供讨论援外事务的场所与机会，加强援外教育，发展良好的公众关系。

中国对外援助对受援国的经济社会产生了良好的效果，但由于缺乏主动宣传的意识和措施，国际社会对中国对外援助产生了许多扭曲看法。中国援外宣传远落后于援外实践的发展，应意识到积极并及时地宣传我援外政策、立场和成效，是正确引导国际舆论的重要途径，也是提高我援外影响力的重要手段。援外宣传要遵循韬光养晦、有所作为的原则，注意提法，把握尺度，对西方国家的中国威胁论、新殖民主义论等错误言论准备有针对性的宣传预案，还应重视向受援国和潜在受援国宣传我援外政策和做法。通过积极地对外宣传，营造良好的国际环境，使国际社会认识到中国对外援助是真心实意地提供帮助，是为了促进发展中国家经济社会的可持续发展，是为了加强中外友好合作促进共同发展。

参考文献：

刁莉、何帆：《中国的对外发展援助战略反思》，《当代亚太》2008 年第 6 期。

黄梅波：《中国对外援助机制：现状和趋势》，《国际经济合作》2007 年第 6 期。

黄梅波、胡建梅：《中国对外援助管理体系的形成和发展》，《国际经济合作》2009 年第 5 期。

黄梅波、郎建燕：《主要发达国家对外援助管理体系的总体框架》，《国际经济合作》2011 年第 1 期。

胡建梅、黄梅波：《中国政府对外优惠贷款的现状及前景》，《国际论坛》2012 年第 1 期。

李安山：《浅析法国对非洲援助的历史与现状——兼谈对中国援助非洲工作的几点思考》，《西亚非洲》2009 年第 11 期。

王晨燕：《西方国家发展援助管理模式及特点》，《国际经济合作》2005 年第 8 期。

周弘：《中国对外援助与改革开放 30 年》，《世界经济与政治》2008 年第 11 期。

Asian Development Bank, Impact Evaluation: Methodological and Operational Issues, Manila: Asian Development Bank, 2006.

Banerjee, Abhijit V., *Making Aid Work*, Cambridge: MIT Press, 2007.

World Bank, *Assessing Aid*, New York: Oxford University Press, 1998.

World Bank, Impact Evaluation: The Experience of the Independent Evaluation Group of the World Bank, Washington DC: World Bank, 2006.

后　记

　　《南南合作与中国的发展援助》是我和我的研究团队近年来对南南合作、新兴市场国家特别是中国的发展援助政策与管理问题进行研究和探讨的成果汇总。所有内容均已经在《国际经济合作》及其他期刊发表，但具体文字在书稿编辑过程中又经过了进一步的校对和修正，所以会与期刊上发表的论文有细微的不同。商务部国际贸易与经济合作研究院齐国强研究员在论文的选题及写作中均进行了指导和帮助。瑞士国际关系与发展研究院（The Graduate Institute for International and Development Studies）国际关系硕士吴仪君女士积极参与了书稿的编辑工作。

　　本书主要对南南合作与新兴援助国特别是中国的发展援助政策与管理进行了研究。全书在对南南合作的特点进行研究的基础上，具体讨论了印度、巴西、南非、墨西哥、哥伦比亚、印度尼西亚、土耳其等新兴市场国家的发展援助及其管理问题，对这些国家发展援助的研究有利于把握其南南合作的特点及其与发达国家发展援助政策和管理的区别。本书特别对中国发展援助的政策与管理进行了探讨，包括中国发展援助的动机和原则、形成和发展、现状和趋势、组织与管理、挑战与改革等问题。通过研究可以发现，中国及其他新兴市场国家的发展援助具有典型的南南合作特征，这既体现为其发展援助的原则和长期积累的发展与减贫经验在发展援助中的应用，在管理体系上也展现了与发达国家的不同和差距，这为中国及其他新兴市场国家发展援助的改革，为南南合作的未来发展，提供了一个思考的方向。

　　本书为 2016 年度国家社会科学基金重大项目："中国国际援助和开发合作体系创新研究"（16ZDA037）阶段性成果。

黄梅波

2018 年 5 月